민족·국가와 나

장호권 저

민족·국가와 나

장호권 저

역사로

차례

2 ────────────────────────────────────── **193**

3　_____　**250**

2022년 새해가 밝았다. 칠순을 넘기고도 네 번째 겨울을 보내고 있다. 70세는 종심(從心)이라 하여 "뜻대로 행해도 어긋나지 않는 나이"라고 하는데 되돌아보면, 꼭 그렇지는 않은 것 같다. 자의에 의해서 혹은 타의에 떠밀려 굴곡진 삶을 살아온 인생길이었기에 더욱 그러한 것 같다. 그런데도 내가 어렵게 펜을 든 것은 나 자신을 되돌아보려는 마음도 있지만, 얼마 남지 않은 여생을 어떻게 살아가야 할지를 설계하려는 의도도 있다.

책 제목을 '민족·국가와 나'라고 정했다. 아버지가 걸었던 민족운동과 민주주의 국가를 만들고자 했던 정신이 올곧아 나에게 이어져 왔기 때문이다. 이는 우리 집 거실에 걸려있던 '일주명창(一炷明窓)'을 실천하였던 아버지의 정신이 나로 이어졌음을 의미한다. 일주명창의 뜻은 '심지 하나가 창을 밝힌다'라는 것이다. 불의한 정권에 맞서 '하나의 심지', '하나의 불꽃'처럼 사셨던 아버지의 삶을 대변한다. 그래서였는지 아버지도 이 글귀를 좋아하셨다. 나는 이 글을 준비하면서 기념사업회에 '일주명창' 족자를 내걸고 그 길을 다시금 되새겼다.

아버지는 박정희가 1961년 5·16군사 쿠데타로 정권을 잡은 뒤부터 줄곧 그의 독재정권에 맞서 이 땅에 민주주의를 실현하고자 투쟁하셨다. 14년 동안 세 번 구속되었고 37번 연행되있다. 결국 아버시는 1975년 8월 17일, 포천의 약사봉 계곡에서 등산 중 의문의 주검으로 불귀의 객이 되고 말았다. 당신의 꿈 꾸던 민주의 나라, 정의의 나라를 세우지도 못한 채 허망하게 가셨다.

나 역시 장준하의 아들로서 세상 풍파에 시달리며 쫓기듯 살아야 했다. 이제 70을 넘기고서야 비로소 아버지를 이해하게 되었다. 그러면서 아버지의 아름드리 그림자에서 벗어나 나만의 길을 걸을 수 있게 되었다. 아버지가 못다 이룬 꿈을 이루고자 한 것이다. 이를 위해 내가 바라본 '장준하의 삶'을 기록하고 내 삶을 회고하면서 나 자신의 길을 찾아가려 한다. 민족과 국가의 미래를 위해 나는 통합의 길을 갈 것이다.

01

아버지와 나;
나의 아버지 장준하

아버지와
어머니가 만나다

내가 아버지와 함께 생활한 것은 27년 동안이다. 기억 저편에 있는 어린 시절을 빼면 20여 년에 불과하다. 아버지는 1918년 8월에 태어나 1975년 8월에 돌아가셨으니 환갑도 채우지 못하셨다. 아버지라고 쓰고 있지만, 지금은 '선생'이란 호칭이 편하다. 내 삶 속에서 독립운동가이자 민주화운동가로서 고달팠던 아버지의 삶을 들여다보고자 한다.

내가 태어난 것은 1949년 5월 14일이다. 부모님이 혼인한 것은 1944년 1월이니 한참 뒤의 일이다. 나와 관련하여 이런저런 일을 얘기하려면 80여 년 전으로 돌아가야 한다. 아버지는 평안북도 의주군 고성면에서 태어났는데, 몇 년 뒤 이웃한 삭주군 외남면 청계동으로 이사하여 그곳에서 자랐다. 개신교 집안이었기에 아버지도 자연스럽게 그 영향을 받았다. 장윤희 증조할아버지는 '장로님', '동의보감 할아버지', '장 교사 어른' 등으로 불릴 정도로 주변 사람들로부터 존경을 받았다 한다. 그래서인지 아들인 장석인(張錫仁) 할아버지는 목사가 되셨다. 할아버지는 1914년 어린 나이인 14세에 2년 연상인 김경문(金京文) 할머니를 만나 1918년 아버지를 보셨으니 나이 차이가 얼마 되지 않는다. 그 뒤로도 명하, 익하 삼촌 둘을 더 두셨다.

아버지는 1938년 4월 선천의 신성 중학을 졸업한 뒤 평북 정주에 있는 신안소학교 선생으로 부임했다. 평양 숭실전문에 진학하고자 하였지만, 신사참배 거부로 학교가 폐교되는 바람에 뜻을 이루지 못했다. 두 동생이 있었기에 서울로도 유학 갈 형편도 되지 못하였다. 이때 신안소학교의 교원 자리가 나서 교편을 잡게 되었다.

이때 훗날 어머니가 되는 김희숙(金熙淑, 1926~2018)을 만났다. 어머니는 신안소학교를 졸업한 뒤 평안북도 선천에 있는 보성여학교를 다니던 때였다. 두 분의 나이가 8살 정도 차이가 난다. 공교롭게도 아버지는 신안소학교를 설립한 어머니의 외삼촌 댁에서 하숙하였다. 어느 날 아버지가 교사로 근무하면서 폐병에 걸리신 적이 있다. 외할머니 노선삼(盧仙三, 천주교인 세례명은 비리스도)이 아버지를 돌봐주셨는데, 젊은 남정네이고 병도 있으니까 새끼줄을 치워서 딸들을 못 들어가게 하셨다고 한다. 그런데 어머니는 왈가닥 스타일 말괄량이셨는데, 외할머니 몰래 아버지 머리도 닦아주고 그랬다고 한다. 당시 어머니는 나이가 어렸기 때문에 남편 될 아버지를 단지 말이 없는 어려운 오빠 정도로 여겼다고 한다.

아버지는 만 3년 동안 신안소학교 선생으로 근무한 후, 1941년 일본 도쿄로 건너가 동양대학 철학과에 입학하였다. 이때 아버지가 노선삼 여사에게 안부 편지를 보낸 적이 있는데, 어머니께서 답장을 보낸 이후 자연스럽게 편지를 주고받았다. 그렇다고 그때까지 특별한 관계는 아니었고 그저 사제 간에 오가는 제자 사랑과 존경하는 스승 정도였다고 한다.

아버지는 동양대학 철학과를 중퇴하고 1942년 4월, 장로교 계통의 도쿄 일본신학교에 입학하였다. 그러던 중 아버지가 1943년 일본신학교 2학년에 재학 중일 때 어머니로부터 슬픈 소식을 전해 받게 된 모양이다.

1941년 일본 유학 시절 김용묵·김익준·아버지(왼쪽부터)

이듬해 어머니는 보성여학교를 졸업하고 집에 있었는데 18살로 정신대로 끌려갈 처지에 놓였다. 당시엔 청년들이 일제의 전쟁터로 징병·징용해가는 시절이었기에 신랑감이 귀했지만, 정신대에 끌려가지 않기 위해 결혼을 서둘렀다. 그런데 어머니는 결혼보다는 수녀가 되고 싶어 하였다 한다. 어릴 적부터 성당에 다니면서 수녀들의 생활을 늘 눈여겨 보아온 탓이었는지 몰라도 수녀의 길을 더 의미 있는 삶이라 여겼다. 어머니의 세례명은 '로자'였다.

어머니의 뜻과 달리 혼담이 오가던 중, 어머니는 1943년 9월 초순쯤 집안 심부름 차 외삼촌 댁에 갔다가 아버지를 다시 만났다. 이미 그때는 외할머니가 아버지를 사위로 생각하고는 "희숙이를 어떻게 생각하느냐"라며 운을 뗀 뒤였고 아버지 또한 어머니를 구하는 길은 결혼뿐이라고 생각하셨다. 어머니는 그런 줄도 모르시고 자신의 심정을 아버지에게 그대로 말하였다. 집에서 결혼 말이 오가는데 시집가기보다는 수녀

어머니(김희숙), 외할머니(노선삼), 아버지(왼쪽부터)

민족·국가와 나

원에 갈 생각이라고 말이다. 이에 아버지는 펄쩍 뛰며 "수녀가 되면 자기 나름의 봉사밖에 못 하지만, 결혼하여 살면 24시간 매일 봉사하는 생활이므로 진짜 예수님의 길"이라며 반대하였다 한다.

그 뒤 1주일쯤 지나 외할머니가 아버지와의 결혼을 권하였고 이내 어머니는 이를 받아들이셨다. 이후 일사천리로 결혼이 진행되었고 급히 귀국한 아버지는 어머니와 혼인하겠다는 폭탄선언을 하여 세인들을 놀라게 하였다. 양가의 반대와 비난이 거셌다. 삭주와 정주 일대가 떠들썩했을 정도였다고 한다. 사실 천주교 신자가 그것도 개신교 신자도 아닌 목사의 집안으로 출가를 한다는 것은 당시로는 있을 수 없는 금기였기 때문이다. 그러던 중 평북 정주에 있는 해성국민학교 교장으로 재직하고 있던 김몽은 선생의 선친과 정주 천주교회의 전교 회장직을 맡고 있던 외할머니의 각별한 배려로 마침내 혼사가 성립하였다. 하지만 외할머니는 교회법을 어겼다 하여 천주교에서 말하는 '조당'에 걸려 미사에 영성체할 수 없게 되었다.

두 분은 1944년 1월 5일 삭주군 대관면의 대관교회에서 결혼식을 올렸다. 당시 교회 목사가 주례를 섰는데, 다름 아닌 할아버지였다. 신식 결혼식을 하였지만, 물자가 귀하던 때라 어머니는 상하 흰색 치마저고리에 흰 면사포를 머리에 둘렀지만, 고무신만은 검은색이었다고 한다. 신혼살림도 대관면에서 하셨는데, 그곳은 인근에 수풍댐이 있는 곳으로 사방이 산으로 둘러싸인 산골 마을이었다. 밤에는 늑대 울음소리가 들렸다. 이때 어머니는 시집 식구들과 우마차를 타고 시댁 땅을 1박 2일 동안 돌았다고 한다. 당시 친가는 산골에 농막도 있고 강도 있었다. 아버지가 컬러로 그린 친가 지역의 지적도를 가지고 계셨는데, 지금은 미국에 있는 남동생이 소장 중이다.

하지만 신혼의 단꿈을 2주 만에 끝나고 아버지는 1944년 1월 20일 학병으로 일본군에 입대하였다. 일제가 전문학교 이상 조선인 학생들을 학병의 이름으로 징병한 것이다. 떠나기 전날 밤, 아버지는 어머니에게 이런 말씀을 하셨다고 한다.

"미안하오. 당신을 두고 떠나려니 큰 죄를 짓는 것만 같소. 그러나 희망을 가지시오. 나는 절대 왜놈의 총알받이가 되어 죽지는 않겠소"

그러면서 아버지는 어머니의 어깨를 가만히 감싸주었고, 어머니는 솟구치는 눈물을 찾으면서 "집안일은 걱정하지 마시고 건강에나 유의하십시오"라는 말밖에 하지 못했다 한다.

다음 날 아침 어머니는 어렵게 쌀 한 되를 구해와 아버지에게 쌀밥으로 식사를 올리고는 시부모님과 함께 역광장으로 전송하러 가셨다. 그곳에는 이미 많은 학병이 모여 있었고, 그들 대부분은 '천황폐하 만세', '무운장구(武運長久)'라고 쓴 띠를 매었지만, 아버지만큼은 그러지 않았다고 한다. 아버지는 부모님에게 큰절한 후 기차에 올랐다.

결혼하였지만 혼자가 된 어머니는 할아버지가 계시던 삭주의 대관교회 사택에서 생활하였다. 어머니는 가톨릭 신자였기에 개신교 집안에서 생활하는 데 여간 불편하지 않았을 것이다.

아버지가 평양으로 훌쩍 떠나신 후 6개월 만에 편지가 날아왔다. 중국의 전장으로 떠나기에 앞서 한 차례 면회가 가능하니 평양으로 오라는 내용이었다. 즉시 어머니는 시부모님과 함께 평양 선교리에 주둔하고 있던 42부대로 아버지를 찾아갔다.

아버지의 모습은 너무도 야위었다고 한다. 면회 시간이 끝나갈 무렵 아버지가 어머니에게 악수를 청하면서, 다짜고짜 "자유를 믿습니까"라며 물었다고 한다. 그러고선 "자유를 믿는다면 안심하고 기다리시오. 나는 꼭 살아서 되돌아옵니다. 내가 일본군 탈출이 확정되면 편지에 성경 구절을 쓸 것인즉 그땐 내가 살았다고 생각하시오"라고 말씀하셨다 한다. 실제 아버지는 일본군을 탈출 후 <창세기> 28장 가운데 "야곱이 브엘세바에서 떠나 하란으로 향하여 가더니 한 곳에 이르러는 해가 진지라 거기서 유숙하려고 그곳의 돌로 베개로 삼고 거기 누워 자더니 꿈에 본즉 사닥다리가 땅 위에 서 있는데 그 꼭대기가 하늘에 닿았고 또 본즉 하

26살 광복군 시절 아버지

나님의 사자들이 그 위에서 오르락내리락하고"라는 내용을 적어 보냈다. 야곱이 형인 에서로부터 장자의 권리를 빼앗은 뒤 형에게 죽임을 당할 것을 피하고자 외삼촌 라반의 집으로 도피하던 중 광야에서 돌을 베고 자다가 꿈에 하나님의 사닥다리를 보고 자신을 인도하시는 하나님을 의지하게 된다는 내용이다.

실제 아버지는 관동군 제65사단 제7991부대에 배치됐으나, 1944년 7월 장쑤성(江蘇省) 쑤저우(蘇州)에서 탈출에 성공하였다. 훗날 아버지는 자서전을 쓰면서 그날의 기억을 되새기며 제목을 『돌베개』라 했다. 아버지는 『돌베개』에 탈출하던 날을 다음과 같이 회상하였다.

"1944년 7월 7일, 이날은 광활한 대지에 나의 운명을 맡기던 날이다. 중경을 찾아가는 대륙 횡단을 위해, 중국 벌판의 황토 속으로 그 뜨거운 지열과 엄청난 비바람과 매서운 눈보라의 길, 6천 리를 헤매기 시작한

여의도에서 중국으로 돌아가 산둥성 웨이현에서 노능서, 김준엽, 아버지(왼쪽부터)

날이다. 풍전등화의 촛불처럼 나의 의지에 불을 붙이고 나의 신념으로 기름 부어, 나의 길을 찾아 떠난 날이다. (…)"

이때 한 장의 편지가 집에 도착했다. 편지에는 "앞이 보이지 않는 대륙에 발을 옮기며 내가 벨 돌베개를 찾는다"라는 구절이 있었다고 한다. 어머니는 아버지가 일본군을 탈출했다는 것을 알았고 편지를 읽고 또

읽으셨다고 한다. 그 뒤 아버지는 중국 중앙군관학교에서 훈련을 받고 중국군 중앙군 준위가 되었고, 1945년 1월 광복군에 편입된 뒤 대위로 임관하였다.

아버지와 어머니가 재회한 것은 그로부터 2년 3개월이 지난 뒤였다. 아버지는 해방 직후 1945년 8월 18일, 광복군 국내 정진대 대원으로 이범석 장군을 따라 김준엽·노능서와 함께 미군기를 타고 여의도 비행장까지 왔으나, 일본군의 제지를 받고 일촉즉발의 긴장 상황에서 1박을 한 후 미국의 제재로 중국으로 돌아간 적이 있었다. 그 뒤 아버지는 1945년 11월 23일 김구 선생 등 임시정부 요인들 12명과 함께 환국하였다. 당시 아버지는 김구 선생의 비서였다. 아버지는 경교장에서 김구 선생을 만나러 오는 인사들을 안내하거나 성명서, 기자회견문 등을 작성하는 일을 맡으셨다. 김구 선생과 주요 인사들 간의 회담 내용을 기록하는 것도 아버지의 업무였다.

김구 선생과 아버지를 비롯한 제1진에 이어 열이틀 뒤인 12월 5일 임시정부 요인 제2진 19명이 환국하였다. 이에 경교장이 좁아 이들을 다 수용할 수 없게 되자 충무로에 있던 한미호텔에 거처를 마련하였다. 이때 아버지도 경교장을 나와 한미호텔에 독방 하나를 배당받아 묵게 되었다.

한편, 해방 후 북한 지역은 공산 치하가 되었지만, 삭주에 계신 조부모님과 어머니는 쉽게 월남을 결정하지 못했다. 아들 장준하가 서울의 경교장에 김구 선생을 모시고 있다는 풍문을 듣긴 했지만, 직접 연락을 받지 않고서는 월남을 쉽게 결정할 수 없는 노릇이었다. 1946년 해가 바뀌면서 38선에 가로막혀 오가도 못한다는 소문이 떠돌았다. 이렇듯 애태우던 중 1946년 초순께 아버지로부터 편지를 가져온 사람이 찾아왔는데, 이른 시일 내로 월남하라는 내용이었다. 어머니는 아버지가 살아계신다는 소식에 편지를 움켜쥐고는 하염없이 눈물을 흘리셨다 한다.

먼저 명하, 익하 삼촌들이 전문안내 꾼에게 금품을 주고 이리저리 우회해 가며 우여곡절 끝에 남쪽으로 내려왔다. 이어 1946년 4월경 조부모님과 외할머니와 어머니도 길을 떠났다. 때론 걸어서 때론 기차와 달구지를 이용하여 해주까지 내려왔다. 그곳에서 밤을 이용하여 미리 마련한 배를 타고 무사히 38선을 넘었다. 서울역에 도착한 식구들은 미리 마중 나온 아버지와 만날 수 있었다.

어머니는 아버지와 헤어진 지 2년 3개월 만에 재회하였다. 이 소식을 들은 김구 선생은 어머니를 만나기 청했고, 경교장에서 김구 선생은 자신이 끼고 있던 금반지를 어머니에게 건네주셨다. 그 금반지는 임시정부 한국 환영위원회의 부인들이 준 것이었다.

그로부터 2개월 후인 초여름 1946년 6월경 증조할아버지와 할아버지, 할머니가 막내 삼촌 창하와 함께 서울로 오셨다. 이로써 온 가족이 서울에서 다시 만나게 되었다. 하지만 어디 갈 곳이 없는지라 급한 대로 아버지가 묵고 있던 한미호텔 22호실에 짐을 풀었다. 당시 적산가옥을 임시정부 요인들이 차지했는데 아버지는 왜 국가의 것을 개인에게 주느냐며 거절하여 한미호텔에서 한집안이 다 같이 생활하게 되었다.

1947년에 내 누이가 태어났다. 아버지와 어머니로서는 첫째라서 매우 기뻐하셨는데, 1952년 부산에서 사상 잡지를 만들 즈음 5, 6살 되었던 누이가 폐렴에 걸렸다. 하지만 페니실린을 구하지 못해 누이는 저세상으로 떠나고 말았다. 아버지가 제일 많이 슬퍼하셨다고 한다.

나는 누이와 2년 터울로 1949년 5월 14일 태어났다. 아버지가 한신대에 다니던 때였다. 할아버지는 첫 손자인 내가 태어나자 매우 기뻐하셨고 이름을 '호권(豪權)'이라 지으셨다.

6·25전쟁 발발 이후
부산으로 피난 가다

아버지께서는 1947년 12월에 경교장을 나와 이범석 장군이 이끄는 조선민족청년단 중앙훈련소 교무처장을 맡았다. 조선민족청년단은 1946년 10월경 미군정의 전면적인 후원을 받아 이범석이 조직한 우익 청년 단체였다. 이 단체는 비정치·비군사·비종파를 내세우며 100만 명이 넘는 청년들을 모아 사상적으로는 민족 지상, 국가 지상을 내걸어 강한 민족주의 성향을 보이는 한편 좌익 출신들을 적극적으로 포섭하였는데, 결국 이범석의 정치활동을 위한 조직 기반이었다. 이때 아버지는 한미호텔에서 성북동 삼선교 3가 3번지로 이사하였다. 그 집은 부호의 소유였는데 아버지께 내줘서 잠깐 살았다.

하지만 이범석 장군이 이승만과 손을 잡고 반공을 표방하면서 좌익 세력과 타협하는 것을 지켜본 아버지는 단복(團服)과 단모(團帽)를 책상 위에 올려놓고 아무 말 없이 조선민족청년단을 떠났다. 다시는 승승장구하던 이범석을 만나지 않았다. 훗날 아버지는 이와 관련하여 "장군이 초대 국무총리가 되었을 때 중단했던 학업을 계속할 생각으로 나는 그것을 사절했다"라고 회고하였다.

그 뒤 아버지는 찾아갈 곳도, 가고 싶은 곳도, 오라는 곳도 없게 되었다. 미국 유학을 꿈꾸기도 하였지만, 그 또한 여의치 않았다. 이에 아버지

광복군 시절 아버지(뒷줄 오른쪽 첫 번째)와 이범석(앞줄 오른쪽에서 두 번째)

는 1949년 1월 도서 출판 한길사를 차렸다. 중국 임천에서 ≪등불≫이라
는 잡지를 발행해 본 경험이 있었기에 출판에 자신이 있어 하셨다. 이어
1949년 2월 아버지는 일본 신학교 동창인 문동환(文東煥, 1921~2019) 교
수의 주선으로 한국신학대학에 편입하여 6월에 졸업하였다. 문동환은
문익환 목사의 친동생이다.

　이때 내가 1949년 5월 14일에 태어났다. 얼마 뒤에 김구 선생이 안두
희의 흉탄에 돌아가셨다.

　아버지의 생각과는 달리 출판사는 별 재미를 보지 못했다. 집안에서
가장 노릇을 해야 했던 아버지는 1950년 4월 이승만 정권에 들어가 문교
부 산하 국민사상연구원 담당관으로 공무원이 되었다. 국민사상연구원
은 연희대학교 총장을 지내고 문교부 장관으로 있던 백낙준 선생이 만
든 조직이었다. 그가 원장직을 겸직하였다. 백낙준 선생이 국민정신을

민족·국가와 나

바로잡고 민족의 사상적 체계를 확립해야 한다는 생각에서였다. 백낙준 선생은 같은 이북 출신이며 신성중학 후배인 아버지를 평소 눈여겨봤다고 한다. 백낙준 선생은 평북 정주 출신이다. 비록 이승만 정권에 몸담게 되었지만, 정치적인 영향력이 적은 일이었기에 아버지도 흔쾌히 이를 수락하였다. 이후 아버지는 백낙준 선생의 도움을 많이 받았다. 백낙준 선생은 아

백낙준 선생

버지를 '장비서'라고 부르곤 했다. 아버지가 김구 선생의 비서였던 점을 높이 평가한 듯하다.

얼마 뒤 6·25전쟁이 터졌다. 하지만 라디오를 통해 "국민은 안심하라. 용감한 우리 국군은 침략군을 격퇴하고 있다"라는 방송이 흘러나왔고 서울 시민들은 이를 믿었다. 설마 서울이 점령되겠는가 하는 막연한 생각을 한 것이다. 하지만 이내 정부가 수도를 떠났다는 소식에 모두 피난길에 오르면서 서울은 아수라장이 되었다. 이런 중에도 아버지는 전쟁이 곧 끝날 것이라며 피난을 주저하였다.

그때 원효로 원동교회 목사로 계시던 조부모님과 삼촌들이 집으로 들이닥쳤다. 피난을 가지 않고 뭐하냐는 꾸지람을 들은 뒤에서야 아버지가 움직였다. 당시 아버지는 병환 중이던 할머니를 걱정하며 피난을 미루고 있었는데, 안심하고 피난길을 떠났다. 6월 28일 가족이 무사히 한강을 건넌 뒤에 한강교가 폭파되었다. 하지만 불행하게도 이때 평소 병환 중이던 할머니가 심장마비로 돌아가시고 말았다. 피난 길에 간단하

게나마 장례를 치렀다. 당시 아버지는 임시정부 때 갖고 있던 모젤 권총 두 자루를 한강에 버렸다고 한다. 피난 과정은 기억에 없지만, 전후에 아버지가 나를 데리고 피난 시절에 신세 졌던 집을 찾아간 적이 있었는데, 거기가 충남 청양 농가였다.

경황없이 피난을 떠났지만, 아버지는 필요할까 해서 구급약품 상자를 챙겼는데 이것이 피난길에 효자 노릇을 했다. 약품 상자에는 당시 귀했던 페니실린, 구충제, 주사약 등이 있었다. 피난 가다가 들른 마을에서 주사를 놔주고 쌀과 보리를 얻어먹기도 하였다.

며칠 걸려 부산에 내려가서는 할아버지가 그곳 목사의 도움으로 신학교 교사로 일할 수 있었을 뿐만 아니라 부민동에 방 한 칸을 얻어 피난살이를 시작했다. 근처에는 대통령이 머물던 경남도지사 관사와 신학교가 있었다. 그곳에서 버티고 있다가 인천상륙작전 후 3개월 만에 서울로 복귀하였다. 하지만 그것도 잠시 중국군의 침입으로 1951년 1월 4일 다시 서울을 떠나 부산으로 향했다.

이때 단칸방을 얻어 생활하였는데, 둘째와 셋째 삼촌이 함께 살았다. 둘째 명하삼촌은 치과대학에, 셋째 창하 삼촌은 서울고에 재학 중이었다. 고모 영하는 할아버

《사상》 창간호(1951년 9월호)

민족·국가와 나

지와 다른 곳에 거처를 마련하였다. 하지만 연로하여 미처 피난을 떠나지 못했던 증조할아버지가 노환으로 돌아가시고 말았다. 집안의 슬픔은 예서 멈추지 않았다. 연희대(지금의 연세대)를 졸업한 익하 삼촌이 유엔군 통역관으로 활동하다가 구미 전투에서 실종되었다. 더 큰 슬픔은 내 바로 위의 누나가 목숨을 잃은 것이었다.

아버지는 한꺼번에 큰 슬픔을 겪어야만 했다. 그렇다고 무작정 손을 놓을 수는 없어서 1951년 8월 피난지 부산에서 국민사상연구원 기관지 성격의 월간 ≪사상≫을 창간했다. 이번에도 백낙준 문교부 장관의 도움이 컸다. 순수한 일반교양을 추구하는 내용이었다. 이는 1951년 4월 부산 광복동 다방에서 아버지가 서영훈 선생과 만난 자리에서 잡지 발간 애기가 처음으로 오갔다. 그 뒤 오로시 두 사람에 의해 ≪사상≫ 잡지가 만들어졌다. 두 분이 연을 맺게 된 것은 아버지가 잠시 조선민족청년단에 계실 때 서영훈 선생이 중앙훈련소 교무처에서 간부로 활동하면서다. 이를 계기로 5개월 동안 같이 근무하셨다. 당시 서영훈 선생은 아버지의 인상에 대해, "첫인상은 너무 차가웠다. 술 먹는 자리에서 성경책을 꺼내 술상에 놓는 사람이었다. 냉철하고 자기 일에 철두철미했다"라고 할 정도로 아버지에게 감동한 바가 있어 그 어떤 어려움에도 함께하고자 했다

아버지는 국민사상연구원 일을 총괄해야 했기에 서영훈 선생이 ≪사상≫ 지 원고 교섭과 편집을 도맡았다. 하지만 이를 출판하는 데 어려움이 컸다. 정부 산하 기관의 기관지인 만큼 정부 지원을 받으면 되었지만, 전쟁 통이라 그만큼의 예산을 받기 어려웠고 설령 지원을 받는다고 할지라도 '관제(官制)의 사상 계도'라는 인식에서 벗어나지 못했다. 이에 아버지는 편법을 동원하였다. 무소속 국회의원(김포) 이교승(李教承)

을 찾아갔다. 그에게 등록 허가와 판권을 주어 타산을 맞춰가며 보급하게 하고 연구원에서 편집하는 방식을 택한 것이다. 이로써 발행인은 이 교승이 되었다. 이렇게 하여 1951년 9월 국판 144쪽 분량의 ≪사상≫ 창간호가 탄생하였다. 아버지가 쓴 창간호의 '편집 후기'에 그러한 생각이 고스란히 담겼다.

"우리 민족 4천 년의 역사는 이 땅에 생을 받은 선인들의 사고와 행위와 그리고 그에 세계사의 흐름이 준 영향과 집적이다. 민족의 역사가 가장 험난한 고비를 넘는 오늘날 우리 앞에는 고민과 과제가 놓여 있으니 그 고민과 과제를 해결하고 이 겨레의 활로를 개척함에는 선인들의 경험과 아울러 새롭고 넓고 깊은 세계사적인 사고가 요청된다. '사상'은 이러한 역사적 사명을 갖고 나서게 되는 바로, 편집이 다소 연구적이고 이념적인 것에 치중된 소이도 그에 있다."

그런데 창간호 판매가 부진하여 적자가 났다. 그로부터 1년이 훌쩍 넘은 1952년에 아버지는 2호를 준비하던 때 USIS(United States Information Service, 미국 문화정보국)와 교섭하여 책의 절반을 구매해 주는 조건으로 용지를 지원받았다. 그런데 이로 인해 생각지 않은 문제가 발생했다. 1952년 10월 발행한 ≪사상≫ 2호를 USIS가 무상으로 배포하는 바람에 독자들은 돈을 주고 살 필요가 없는 잡지로 인식하고 말았다. 이때 아버지는 한 가지 교훈을 얻었다고 한다.

"상품의 가치는 화폐로 표시한 가격으로 평가되는 것이므로 그 상품이 무료로 나간다는 것은 일반적인 가치가 없다는 의미가 된다는 그 초보적인 경제학을 나는 체험으로 알았다."

이후 아버지는 단 한 권의 기증본도 내는 것을 꺼렸다. 반품된 책은 그냥 파쇄하여 제지 회사에 넘길지언정 이를 비매품으로 내놓지 않았다고 한다.

1952년 11월 제3호를 낸 뒤에 ≪사상≫ 잡지는 매우 우연한 사건으로 폐간됐다. 서영훈 선생이 이화여대의 고형곤(高亨坤) 교수에게 원고를 청탁하러 찾아갔을 때의 일이다. 그는 고건 전 국무총리의 부친이다.

당시 이화여대는 부산에 임시 교사를 마련하고 강의하던 때인데, 단과대학장을 맡고 있던 중년 교수와 우연히 대화를 나누게 되었다. 그녀는 잡지에 깊은 관심을 가지고 물었고, 서영훈 선생은 매우 호의적인 분이라 생각하여 내밀하게 추진하던 일까지 자세히 말해주었다. 이것이 사달이 났다. 그 학장은 이기붕의 부인 박마리이였고, 그녀는 자신의 남편과 경쟁자로 여겼던 백낙준과 연루된 것을 알고는 이승만에게 악의적으로 고자질을 하였다. 문교부 장관이 내는 ≪사상≫ 잡지는 주로 흥사단 계열과 비판적인 인사들이 집필하는 것이니 그대로 간행해서는 안 된다고 말이다.

바로 다음 날 이승만은 백낙준 선생을 불러 ≪사상≫ 잡지 간행을 돕는 것에 불쾌감을 드러냈고 이교승 의원에게는 자금지원을 중단토록 했다. 결국 ≪사상≫은 1952년 12월호(4호)까지 간행되고 중단하고 말았다. 이어 아버지는 1953년 4월 국민사상연구원을 그만두었다. 얼마 뒤 백낙준 선생도 문교부 장관 자리를 내놓고 다시 연희대학교 총장으로 자리를 옮겼다.

≪사상계≫를 창간하다.

1952년 3월 15일, 부산에서 동생 호성(豪誠)이 태어났다. 단칸방에서 해산할 지경이었는데, 한밤중인지라 같은 방을 쓰던 삼촌들은 밖에 나가지도 못하여 뒤돌아서서 두 시간 동안이나 담요를 뒤집어쓰고 있었다고 한다. 얼굴도 모르는 두 살배기 누나가 죽은 뒤에 얻은 자식이니 퍽 사랑스러웠을 것이다.

한편, 짧은 기간의 공직 생활을 그만둔 아버지는 예전보다 훨씬 자유롭게 잡지 간행에 매달렸다. 아버지는 청탁했던 원고들을 받으러 다니곤 했다. 아버지의 속간 발행 소식에 필자들은 선뜻 원고를 내주었다. 아버지는 이렇게 모은 원고를 들고 백낙준 선생을 찾았고 재정적인 지원을 받았다. 이렇듯 아버지는 ≪사상≫ 5호 속간에 매달렸는데, 문제는 엉뚱한 데서 불거졌다. 법률상 발행인이었던 이교승 의원이 판권을 내주지 않았다. 이교승은 그동안 손해를 본 3천만 환을 내놓고 판권을 가져가라는 것이다. 아버지는 그럴만한 돈을 융통할 수 없어 여러모로 애를 썼으나 모두 허사였다.

결국 아버지는 잡지 발행 허가를 새로 내기로 하였다. 그때는 이미 본청이 서울로 올라간 뒤라서 부산에 있던 공보처 분실을 찾아 신청 절차를 밟았다. 제호는 ≪사상≫ 잡지의 후신임을 알리기 위해 '계(界)'자를 하나 더 붙여 '사상계'라 했다. 그 뒤 아버지는 조판과 인쇄처를 물색하

였다. 전쟁 통인지라 선뜻 외상으로 조판, 인쇄 해줄 곳은 없었다. 이때
의 심정을 아버지는 『민족주의자의 길』에서 "되지 않은 일을 서두르고
다닌다는 것처럼 피곤한 일은 없다. 그 무렵 나는 아주 밤잠을 잘 수가
없었으며 어쩌다 잠깐 눈을 붙였다 하면 잠꼬대로 곧 잠이 깨곤 하였다.
만약 나의 이 고민과 노력이 허사로 끝난다면 나의 생애도 아무런 기대
없이 끝날 것만 같은 생각이었다"라며 당시의 심정을 토로했다.

이렇듯 아버지가 매우 난처한 상황에 빠졌을 때, 어느 날 우연히 만난
한 친구의 소개로 물꼬가 트였다. 그는 ≪리더스 다이제스트≫ 사장 이
춘우(李春雨)였다. 당시 막강한 잡지사 가운데 하나였다. 이춘우 사장은
흔쾌히 자신들이 가지고 있는 조판을 사용토록 해줬을 뿐만 아니라 2, 3
개월 외상으로 인쇄할 곳도 소개해 주었다.

그렇다고 모든 것이 원만하게 진행된 것도 아니었다. 웬만한 것은 외
상으로 해결되었지만, 사진과 컷 등의 동판 값만은 현금을 내라는 것이
다. 그런 시설을 갖춘 곳은 부산에서 한두 군데밖에 없는 데다가 아무에
게나 신용 거래가 안 되었다. 당시 동판대 값이 2,200환 정도였는데 이마
저도 아버지는 감당할 수 없었다. 결국 어머니가 즐겨 입던 겨울 외투를
비롯해 옷가지 몇 벌을 내다 판 돈으로 겨우 그 돈을 마련할 수 있었다.

아버지는 이춘우 사장으로부터 용지를 지원받아 ≪사상계≫ 3천 부
를 인쇄하였는데, 그가 2천 부를 리더스의 지방 판매망을 통해 팔아주겠
다고 나섰다. 나머지 1천 부는 부산에 뿌리기로 하였다. 당시 리더스 한
국판이 5, 6만 부가 발행되었고 전국 판매망을 가지고 있었기 때문에 아
버지로서는 천군만마를 얻은 셈이었다.

우여곡절 끝에 1953년 2월 20일 피난지 부산에서 ≪사상계≫ 창간호
가 제작이 완료되었지만, 또 하나의 문제가 터졌다. 기다리던 판권 등록

증을 받지 못한 것이다. 인쇄된 간행물이 배포될 때는 판권 표시란에 등록 및 허가 사항이 명기되어야 했다. 그렇지 않으면 불법, 불온서적으로 취급되었다. 공보처 분실을 찾았으나 애초 우편으로 판권 등록증을 받아 볼 수 있다던 그것과 달리 당사자가 직접 서울 본청에 가서 받아와야 한다는 것이다. 아버지는 담당 공무원과 실랑이를 하였지만, 소용없었다.

아버지는 눈을 딱 감고 연희대 부산분교로 박창해(朴昌海) 교수를 찾아가 사정을 말하고는 여비를 융통하였다. 그길로 서울 공보처 본청으로 올라갔지만, 또 다른 난관이 기다리고 있었다. 공무원에게 관련 서류를 내밀었는데, 이번에는 잔고증명서를 요구하는 것이었다. 아버지로서는 꿈도 꿀 수 없는 일이었다. 결국 염치 불고하고 백낙준 선생을 찾아갔다. 아버지가 생각했던 거와 달리 반가이 맞아주는 선생에게 자초지종을 말씀 드렸다. 이번에도 백낙준 선생은 선뜻 나서 주셔서 지인에게 80만 환이 입금된 예금 통장을 만들고 은행 잔고증명서를 떼주도록 하였다. 한고비를 넘긴 아버지는 정태섭(鄭泰燮) 변호사를 찾아가 여비까지 마련하였다.

다시 공보처 담당자를 찾아가 은행 잔고증명서를 내밀었는데, 이번에는 담당 경찰서장이 발행하는 관계 간부의 신원증명서를 요구하더란다. 울화통이 치민 아버지는 담당 공무원의 멱살이라도 붙잡고 따귀라도 후려치고 싶을 정도였다고 한다. 아버지는 화를 누그러뜨리고 곧장 처장실로 향하여 경위를 설명한 뒤에 면회를 신청했는데 아버지의 기세에 눌린 비서실에서는 다음날 오전 11시로 약속을 잡아주었다. 다음날 다시 공보처를 찾아가 일면식이 없던 갈홍기(葛弘基) 처장에게 그동안의 경과를 얘기하였다. 아버지의 말을 경청한 처장은 관계 공무원들을 나

민족·국가와 나

무라면서 당장 판권을 먼저 내드리고 신원증명서는 사후에 받도록 지시하여 이 또한 무난히 해결되었다. 본래 1953년 3월호로 창간호를 내고자 하였지만, 이렇듯 피 말린 우여곡절 끝에 약간 늦어져 4월호로 찍혀 3월 10일 배포를 시작하였다. 이때 부모님이 직접 손수레에 싣고 다니면서 부산 시내 서점에 배포했다.

이춘우 사장 덕분에 ≪사상계≫는 전국 서점에 깔렸고 예상외의 반응을 보여 잘 팔려나갔다. 1주일이 안 돼서 부산 시내에 배포하기로 한 1천 권 중에서 절반으로 줄었나. 부산의 큰 서점에는 추가 주문도 쇄도하였다. 지방 서점도 상황은 마찬가지였다. 그렇다고 무턱대고 증쇄할 수 없었다. 창간호라는 특수성도 기인한 바 있었기 때문이다. 대신에 아버지는 다음 호 준비 작업에 몰두하였다.

《사상계》 창간호(1953년 4월호)

빨리 구매하지 않으면 구할 수 없는 잡지라는 인상도 심어놓을 필요가 있었다.

창간호가 나온 지 며칠 후 미국 공보원 원장이 아버지를 찾았다. 그는 번번한 사무실도 없으면서도 그것도 전쟁 통에 훌륭한 잡지를 만들어낸 것에 남다른 인상을 받았던 모양이었다. 그래서였는지 다음과 같은 말을 남겼다.

"전쟁이 나면 있던 잡지도 없어지기 마련인데, ≪사상계≫ 같은 훌륭한 내용의 잡지가 발행된 것은 코리아가 아니고선 다른 나라에서 찾아보기 힘들다. 전쟁 통에도 잡지를 창간하는 나라, 그리고 이런 잡지를 만들 줄 아는 국민이 사는 나라는 분명 희망이 있다."

이와 관련하여 하나의 에피소드가 있다. 당시 별도의 사무실이 없어 광복동의 다방 구석에서 부모님이 온종일 교정을 보곤 했다. 고맙게도 종업원들은 눈치를 주지 않고 물을 가져다주곤 했다. 이처럼 사무실을 다방으로 사용하고 그곳 전화기를 연락처로 이용했다. 아버지를 찾아온 미 공보원이 다방에 들어서고는 어리둥절했던 모양이다. 아버지가 다방을 사무실로 소개하였으니 그럴 만도 했다.

1953년 5월호는 발행 부수를 2천 부 더하여 5천 부를 발행하고자 했다. 편집 방향은 이전과 달리 정치에 초점을 맞췄다. 당시는 1952년 5월에 일어난 '부산정치파동'에 1차 개헌안(대통령직선제)의 자유당 국회의원 기립 표결, 2대 대통령 이승만 선출 등으로 정국이 어수선했다.

창간호가 불티나게 팔려 자금을 확보한 상태라 5월호 발행은 훨씬 수월하게 진행된다 싶었는데 이번에는 인쇄가 문제였다. 당시 부산에는 제대로 시설이 갖춰진 인쇄소는 대한교육연합회 공무국의 공장 두 군데밖에 없었다. 그런데 신학기라 인쇄공장은 쉴 새 없이 돌아가는 상황이었고 뒷돈을 통한 인쇄 순서 새치기도 횡행하였다. 5월 1일까지 잡지를 내놓아야 하는데 5월 10일이 넘도록 이렇다 할 진전이 없었다. 그저 순서를 기다리라는 얘기만 믿고 기다릴 수 없어 대청동 제1공장에 맡겨두었던 용지를 삼륜차 두 대에 나눠 실었다. 아버지 혼자 지하실에 있던 60여 련(連)의 용지를 2층으로 옮기느라 애를 먹으셨다.

아버지는 그날 밤 중에 용지를 싣고 부산진에 있던 협진인쇄소를 찾아가 인쇄를 하고 제본소에서 제본하는데 꼬박 3일 걸렸다. 애쓴 결과 엿새 만인 5월 16일에 ≪사상계≫ 5월호를 받아쥐었다. 보통 잡지 발행일에 비해 한 달을 훌쩍 넘겼다. 아버지는 제본소에서 잡지가 나오는 대로 삼륜차에 실어 부산 내 서점에 직접 배달하였다. 그러던 중에 지난날 민주의원에서 상관으로 모셨던 국장을 만났지만, 그가 안면박대하는 바람에 계면쩍은 적도 있었다. 어찌 됐든 아버지가 1인 3역을 하면서까지 노력을 하였지만, 잡지는 잘 팔리지 않았다. 6월호는 제때 맞춰 시중에 배포되었는데 팔리지 않은 5월호의 반품이 쏟아져 들어왔다. 2천 5백 부나 되었으니 반절 가량이나 되었다. 그 이유는 무리한 발행 부수의 증쇄 때문이기도 했지만, 너무 늦게 서점에 배포되었고 6월호 발행일이 예정보다 다소 빨랐던 것도 문제였다. 그런데 무엇보다도 내용이 독자들의 호기심을 만족시켜 주지 못했기 때문이었다.

그렇다고 시작 초반부터 좌절할 수는 없었다. 아버지는 주변의 많은 선배와 친구들의 기대와 도움을 저버릴 수 없다 생각하고 다시금 마음을 다졌다. 이전 과오를 교훈 삼아 당분간 3천 부 이상은 절대로 찍지 않겠다는 방침도 세웠다.

서울에 올라와
생활기반을 닦다

　　휴전된 후 부모님은 다섯 살 된 나와 어린 두
동생을 이끌고 서울로 올라와 신촌에 셋방살이를 시작했다. 아버지는
부산에서 ≪사상계≫ 1953년 11월호까지 발행하였고 서울에서 12월호
를 서둘러 냈다. 이때 처음으로 자리를 잡은 곳이 종로사거리 종각 앞에
있던 한청빌딩 4층의 6평 반짜리 방이었다. 이곳은 줄곧 사상계 사무실

종각 앞 한청빌딩 조감도

로 사용되었다. 연희대 백낙준 총장의 도움이 컸다. 한청빌딩이 연희대 재단 소유의 건물이었기 때문이다. 그해 7월 휴전이 되었지만, 서울은 전쟁 후유증이 그대로여서 폐허더미가 곳곳에 널브러져 있을 때였기에 변변한 사무실을 구한다는 것은 쉬운 일이 아니었다.

사상계 터에 새겨진 동판

아버지는 사무실 직원 두 명을 처음으로 채용하였다. 이곳에서 1953년 12월호를 시작으로 1954년 3월호까지 별문제 없이 발행했다. 그러다가 총판을 담당하던 주식회사 대한교과서에 화재가 일어나는 바람에 판매대의 수금이 막혀 4월호, 5월호를 내지 못했다. 매달 발행해야 할 잡지가 두 번씩이나 결호가 생겨 시장에서 사라질 위기에 처했다. 법률상 월간지는 1년 3회 이상 결행하면 즉시 발행 허가가 취소되었기에 임시방편으로 6월호를 발행하여 납본하였다. 이렇듯 절체절명의 상황에서 조판소였던 배화사 조영근(趙永根) 사장의 도움으로 제대로 된 7월호를 발행할 수 있었다. 그 뒤 사상계 사는 안정적으로 운영되었다. 이때 국내에 이름이 알려진 학술 단체의 ≪교육문화≫·≪역사학지≫·≪진단학보≫·≪철학≫·≪국어국문학≫·≪영어영문학≫ 등의 학술지 발행도 도맡았다. 덩달아 일손이 부족하여 강봉식·전택부·정덕희 선생 등을 충원하였다.

점차 사상계가 안정적으로 운영되면서 정치적인 현안에도 관심을 기울이기 시작하였다. 1954년 7월 이승만 정권이 '한글간소화안'을 발표하면서 한글학회 등 각계각층에서 반대운동이 거세게 일어나자, 아버지는 《사상계》 1954년 8월호 권두언에 "정치가 문화를 위하여 있어야지 문화가 정치를 위하여 있어서는 안 된다"라며 만약 자유당이 이를 지지한다면 국민의 신임을 다시 받을 것이라 비판하였다. 이어 아버지는 9월호에 '독립 투쟁사상에서 본 한글 운동의 위치'라는 큰 주제로 특집호를 냈다. 결국 이승만 정권은 반대 여론에 밀려 1955년 9월 간소화 방안을 철회하였다.

이 무렵 집을 짓기 위해 현재 신촌 현대백화점 뒤쪽 철둑길 사이에 있던 논 150평을 샀다. 거기다 군용천막을 치고 살면서 겨울에는 난로를 피우고 집을 짓기 시작했다. 그때가 내가 이화여대 부속 국민학교 1학년 때였으니 1956년경이다. 부속 학교는 모두 3개 반이 있었는데 한 반에 20명 정도로 전체가 100명도 되지 않았다. 기독교 학교이다 보니 때만 되면 청바지나 빨간 모자 같은 미국 구호품이 많이 들어왔던 기억이 난다. 또 특수학교라 방귀깨나 뀌는 인물들의 자녀들이 많이 다녔는데 김한길, SK의 최태원 형제, 쌍용의 김석원도 여기 출신이다.

집을 짓기 시작하면서 나는 동생들이랑 벽돌을 날랐다. 장 씨라는 목수도 있었지만, 건축업자에게도 안 맡기고 아버지가 시간이 나는 대로 틈틈이 직접 지었기 때문에 내가 국민학교 3~4학년 때에서야 비로소 집이 완성되었다. 흩어져 살던 가족들이 다 같이 거주하기 위해 안채부터 시작해서 세 채의 단층 건물을 지었다. 저택은 아니었지만, 뜨락과 정원이 널찍한, 철대문이 달린 그런 집이었다. 정원에는 조각가들의 작품도 많았고 외교관들의 파티도 열렸다. 아마 내가 국민학교 6학년 때부터 중학교 초까지의 일로 기억한다. 안채의 응접실도 넓었는데 거기서 함석헌 선생, 유진오 박사 등이 많이 오가며 회의하기도 하고 보안사 요원들

신촌집에서 아버지와 어머니

로부터 쫓기던 인사들을 숨겨주기도 했다.

언젠가 내가 국민학교 다닐 적에 동생들이랑 다 같이 시소를 타고 노는 KBS 영상을 본 적이 있다. 서울로 올라온 뒤 1955년 셋째 호경, 1956년 넷째 호연, 1958년 다섯째 막내 호준 등은 모두 신촌에서 태어났다. 이외에 내 또래의 외삼촌 둘이 더 있어 여동생들은 남자처럼 자랐다. KBS 영상을 찍으려고 아버지는 넥타이를 매고 그랬다. 아마 그때가 제일 행복하지 않았나 한다.

나와 동생들은 모두 다 국민학교부터 고등학교까지 거의 12년 동안 이화여대 울타리 안에 있는 학교에 다녔다. 그런데 나는 왠지 모르게 그게 싫었다. 별로 내세우고 싶지 않은 학력이라 이력서에서 빼기도 했다. 그동안 동창을 만나지 않아 하나도 없다. 조금 있긴 했지만 5·16군사정변이 일어나면서부터, 어느 정도 성장했을 때부터는 그 친구들에게 손해를 끼치는 것이 아닐까 하는 생각이 들어 만나지 않았다. 버스 타고 나

이화여대부속국민학교 졸업식 당시 아버지와 함께

가면 보안사나 시경, 중앙정보부 요원들이 지프를 타고 쫓아왔다. 둘이서 쫓아오다가 내가 버스를 타면 한 사람은 버스를 같이 타고, 다른 한 사람은 지프를 타고 쫓아왔다. 어린 학생 시절에도 사찰을 당했다. 그래서 친구를 만나면 보안사 요인들이 친구에게 신분증 내놓아라, 누구냐, 왜 만나느냐 추궁하곤 했다. 결국 친구들도 나를 만나는 것을 꺼렸다. 그래서 친구가 별로 없었다.

또 내가 국민학교 때 기억나는 것은 손님들이 올 때마다 아버지가 늘 나를 불러 앉혀놓고 재떨이 심부름을 시켰다. 아버지의 특이한 습관이 말씀하면서 까만 안경테를 씹거나 종이 혹은 돈을 접으시고는 재떨이에 버리시곤 했다. 나는 그 돈이 늘 탐이 나서 재떨이 버릴 때만을 기다려서 얼른 버리고는 돈을 주머니에 챙기곤 했다. 아마 내가 1964년 중학교 졸업할 때까지 계속 그랬던 것 같다. 그러길 수년을 했는데 내가 고등학생

민족·국가와 나

쯤 되니까 그분들의 대화나 시국 이야기를 알아들을 정도가 되었다. 그때 오셨던 분들은 유진오 박사, 함석헌 선생, 이범석 장군, 신상초 선생, 김준엽 선생, 안병욱 선생, 유진산, 윤보선 측근들, 박순천 씨 등이었다. 아버지가 나에게 남겨준 유산은 아무것도 없었지만, 서당 개 3년이면 풍월을 읊는다더니 그분들의 얘기를 엿듣게 하여 내게 소중한 경험을 정신적 유산으로 남겨주셨다고 생각하곤 한다.

되돌아보면, 아버지는 아들로서 나에게 인간적인 사랑을 베푼 기억이 별로 없다. 그래서인지 내가 아버지를 '아버지'라 불러본 적도 없었던 것 같다. 손님 와서 심부름했을 때 빼고는 개인적으로 만나 얘기를 한다든지 어딜 갔던 기억이 별로 없다. 어릴 때는 '아버지'라고 불러봤던 것 같은데, 나도 모르게 언제부턴가 아버지를 선생님이라 부르는 게 편하게 되었다. 지금도 나는 '장준하 선생님'이라 부른다. 아버지가 운동권 학생들과 함께 할 때 그들이 아버지를 '선생님'이라 부르곤 했는데, 아마도 그때부터 나도 아버지를 '선생님'이라 부르지 않았나 한다.

신촌에 살던 당시에 주변은 전부 논밭이었다. 그래서 농사꾼들이 겨울이 되면 먹을 것이 없어 어머니께 돈을 빌려 가곤 했다. 당시 사상계 사가 잘나가던 시절이라 어머니도 형편이 어려운 이웃을 도와주고자 했는데, 그 사람들이 땅문서를 갖다 놓고 돈을 빌려 가곤 했다. 얼마 뒤 아버지가 이런 사실을 알게 되면서 야단이 났다. 아버지는 그런 일은 과부나 혼자 살기 힘든 사람들이 하는 것이라며 다 돌려주라고 해서 돈도 안 받고 다 돌려준 적도 있었다. 이와 반대로 사상계 사가 위축되어 수입이 크게 줄자 어머니는 이곳저곳에서 돈을 끌어다 써서 많은 빚을 지게 되어 맘고생도 많이 하였다. 어머니가 살아생전에 말씀하시길 전화벨만 울리면 빚쟁이들일까 봐 늘 가슴이 뛰었다고 한다.

≪사상계≫,
민족 정론지로 거듭나다.

　　신촌에 살 때 아버지는 평생 동지 함석헌 선생을 만났다. ≪사상계≫ 1956년 1월호에 함석헌 선생이 쓰신 '한국 기독교는 무엇을 하고 있는가'라는 제목의 글을 실은 뒤부터였다. 아버지는 기고해주신 데 답례로 안병욱 선생과 함께 이화여대 뒤쪽 대현동에 사시는 함석헌 선생을 찾아갔다. 아버지의 함석헌 선생에 대한 첫인상은 "퍽 수줍어하는 잘생긴 노인"이었다고 한다. 그 뒤 함석헌 선생의 글은 뜻하지 않게 윤형중 신부와의 논쟁이 불거졌고, 함석헌 선생이 이듬해인 1957년 3월호에 '할 말이 있다'라는 글을 발표하면서 논쟁은 더욱 격화하였다. 이를 계기로 사상계의 판매 부수는 4만 부에 육박할 정도가 되었고, ≪사상계≫를 끼고 다녀야 대학생 행세를 할 수 있었다. 이때 당시 아버지는 한국잡지협회 이사로 선임되었다.

　1958년 5월 아버지는 안병욱 선생을 주간으로 편집위원을 더욱 보강하였고 1959년 초에는 편집실 기자들을 대폭 증원하였다. 계창호 선생을 뒤이어 손세일·이문휘·김재희·박성룡·박경수·유경환·안병섭·송복·고성훈·이종인 선생 등이 입사하였다. 아버지는 지원자가 대학 재학생인지 졸업생인지 가리지 않았고 능력에 따라서는 학력 여부도 불문에 부치기도 하였다.

아버지와 함석헌 선생

　광복 14주년을 맞아 발간한 1958년 8월호에 함석헌 선생의 '생각하는 백성이라야 산다'라는 글로 인해 필화사건이 불거졌다. 이승만 정권은 함석헌 선생을 '국가보안법' 위반이라는 혐의로 20일간 구류하였고 아버지와 주간이었던 안병욱 선생은 경찰에 불려가기도 하였는데, 오히려 ≪사상계≫는 더욱 불티나게 팔렸다. 정부가 이를 회수하고자 안달이 났지만, 서점 주인들은 이를 감췄다가 팔곤 하였다. 이때 할아버지가 책 한 권 달라고 했는데 아버지가 "아버님, 책방 가서 사서 보십시오"라고 했던 유명한 일화가 있다. 그때 할아버님이 화가 많이 나셨다고 한다.

　이승만 정권은 함석헌 선생의 글 가운데 이승만을 '미국의 꼭두각시'로 표현한 것을 문제 삼았다. 대통령 이승만을 '이승만'이라고 하는 것도 '정신병자'로 인식되던 시절이었다. 그에 대한 호칭의 최대한도가 '이 박

사' 정도였다. 이렇듯 ≪사상계≫
가 이승만 정권의 독재에 맞서는
민권운동의 정론지로 탈바꿈하면
서 아버지가 주로 쓰신 '권두언' 역
시 강도가 세졌다. 이로 말미암아
아버지는 시경 사찰과에 불려가곤
했다.

《사상계》1958년 8월호

그런데도 권력욕에 눈이 먼 이
승만 정권은 1954년 11월 사사오
입 개헌으로 3선 제한을 철폐하더
니, 1958년 12월 24일에는 '보안법
파동'을 일으켰다. 이는 1958년 5·2
총선 이후 부정선거에 대한 국민의 불만과 야당의 공세에 위협을 느낀
자유당이 1960년 정·부통령 선거에 대비하여 간첩 색출이라는 핑계로
'신국가보안법' 제정을 은밀히 추진했다. 야당은 이를 반대 정치세력 탄
압과 언론기관 통제를 목적으로 하는 제도적 장치라고 간주했고, 결국
본 법안은 전국적인 반대 여론에 상정되지 못하였다. 그런데도 자유당
은 보안법의 무수정 연내 통과방침을 세우고 그해 11월 18일 법안을 국
회에 제출하였다. 이에 맞서 야당 국회의원들은 '국가보안법 개악 반대
원내 투쟁위원회'를 구성하고 이를 강행하면 예산심의를 거부하겠다며
맞섰다. 그뿐만 아니라 원외에서도 중앙투쟁위원회가 구성되었고 언론
사도 공동성명서를 통해 저지 투쟁에 동참하였다.

그런데도 자유당은 '신국가보안법안'을 국회 법제사법위원회에 회부
하였고, 40여 명의 야당 측 의원들은 의사진행을 저지하면서 법제사법

민족·국가와 나

위원회는 연일 격투가 벌어졌다. 그런 와중에 12월 19일 15시 정각 민주당 의원들이 점심을 먹으러 간 사이 자유당 의원 10명만으로 개회를 선포하고 만장일치로 이를 통과시켰다. 민주당 의원들은 즉각 본회의장에서 무기한 농성에 들어갔고, '보안법개정반대 국민준비회'를 구성하는 한편 법제사법위원회에서의 통과를 무효라고 주장했다.

자유당은 이에 개의치 않았다. 1958년 12월 24일 오전 무장 경관들이 국회의사당 주위를 삼엄하게 에워싼 채 일반인들의 통행을 차단하였다. 이런 가운데 국회부의장은 개회 직전 경호권을 발동하고 결사적으로 저항하는 야당 의원들을 한 사람씩 지하실에 연금시켰다. 이런 과정에서 방망이 등으로 마구 얻어터진 국회의원 12명은 중상을 입기도 하였다. 그 뒤 무술 경관 300여 명을 동원해 국회의사당 문을 폐쇄한 다음 자유당 의원들만이 참석한 가운데 국가보안법을 비롯한 지방자치법 개정안 등 10여 개 법안과 1959년 예산안 등 27개 의안을 단 2시간 만에 모두 처리하였다.

이 사건을 두고 ≪사상계≫는 1959년 2월호를 내면서 "무엇을 말하랴, 민권을 짓밟는 횡포를 보고"라는 제목으로 '백지 권두언'을 내며 자유당 정권에 항거하였다. 이는 독자들에게 큰 반향을 일으킨 반면, 자유당 정권은 '대정부 선전포고'로 받아들였다. 당시 이승만 정부는 어용 교수들을 동원하여 이승만을 찬양하는 글을 언론에 게재하였는데, ≪사상계≫도 예외는 아니었다. 이를 거부하면 그 전에 폐간된 ≪경향신문≫ 꼴이 될 수도 있는 상황이었다. 하지만 아버지는 "이런 걸 책에다 실어 가면서까지 구차한 목숨을 이어 가느니 차라리 죽게 되면 죽읍시다"라며 거부하였다. 그러나 다행스럽게도 아무런 제재가 없이 지나갔다. 얼마 뒤 불거진 4·19혁명의 영향이기도 했다.

4·19혁명 이후
국토건설본부에 참가하다.

1960년 3월 3·15부정선거를 자행한 자유당에 대해 아버지는 사상계 권두언에 집권 자유당의 횡포를 신랄하게 규탄했다. 아버지는 이로 말미암아 터져버린 4·19혁명을 지켜보면서 독재정권이 타도되고 그 뒤에 오는 혼란으로부터 새로운 질서를 마련해야 한다며 국제연구소를 설립하였다. 사상계의 편집위원과 필자를 주축으로 국내의 학계·언론계·문화계·경제계 인사 30여 명을 연구위원으로 위촉하여 곧바로 국제연구소 활동을 개시하였다. 아버지는 이들에게 국정에 관한 연구 논문을 작성하도록 하였고 그 가운데 10여 개의 논문을 사상계 별책 부록으로 출간하였다. 당시 국책 연구 기관이 없던 시절이었던 만큼 세인들의 주목을 받았다. 아버지는 이를 발표하는 것에 그치지 않고 실제 국정에 반영했으면 하고 바랐다. 이러한 생각에는 사상계 동인이었던 김영선의 역할이 컸다. 그는 경제통으로 민주당 국회의원이기도 하였는데 장면 정권이 출범한 뒤에 재무장관으로 입각하였다.

국제연구소는 '국토 건설'에 주목하였다. 아버지는 경제건설의 기본이 국토개발이라 여겼고, 이에 치산치수를 비롯한 농업 기반을 조성하고, 항만·전력 등 사회 간접 자본을 확충해야 한다고 봤다. 이러한 아버지의 구상이 장면 정권의 정책 구상에도 맞아떨어졌다. 그래서였는지 김영선 장관이 국토 건설 사업을 범국민 운동으로 추진하기로 하였다면서 이를 아버지가 맡아 추진하였으면 좋겠다는 제안을 해왔다. 정부조직법을 고쳐 무임소 장관으로 하여금 이를 담당토록 한다는 것이었다. 그때만 해도 아버지는 웬일인지 정치판에 뛰어드는 것을 거부하였다. 당신은 오로지 사상계만을 생각하였다.

하지만 계속된 설득에 아버지는 조건부 수락하였다. 당시 장면 국무총리도 여러 번 사람을 보내 도와달라고 요청하는데 마냥 거절할 수 없었다. 이에 국민운동 차원의 국토개발 사업에 관이 주도하지 않는다는 조건을 제안했다. 관이 이를 주도하면 좋은 실효를 거두지 못할 것이라고 우려한 것이다. 정부는 지원만 하고 순수한 민간단체가 자발적으로 추진해야 한다는 생각을 가지고 계셨다. 결국 반관반민(半官半民)으로 하되 무임소 장관 소속이 아닌 독립된 기관에서 이를 추진하는 방식으로 결정하고 이에 동참하였다.

이런 과정에서 아버지가 가장 골머리를 앓고 있던 문제도 해결되었다. 당시 ≪사상계≫ 구독자 수가 급증하면서 발행 부수 또한 늘어나 재정이 안정적인 상태로 인식하는 사람들이 많았다. 하지만 사상계 내의 속사정을 모르고 하는 소리였다. 물론 사상계 사가 빚이 많다는 사실도 공공연하게 알려진 사실이기도 하였다. 이에 세간의 억측도 많았다. 심지어 누구의 정치자금을 대서 그렇다든가, 본인이 정치를 하려고 자금을 뿌려서 그렇다는 얘기도 있었다.

하지만 실제와는 동떨어진 얘기들이었다. 사상계 사가 빚을 진 것은 다른 데 있었다. 당시 ≪사상계≫ 잡지사는 미국의 시사와 일반 문화 주간지 Time과 Life 잡지의 총판대리점을 맡고 있었다. 아버지는 이를 사상계사의 자매지로 여길 정도로 애착을 뒀다. 미국인 직원 마샬을 직접

고용했을 뿐만 아니라 우리 집에 데려와 함께 거처토록 하기도 하였다. 초기 두 잡지는 1, 2천 부씩 들여왔는데 갈수록 부수가 늘어나 Time 잡지가 7, 8천 부, Life 잡지가 5, 6천 부까지 늘어났고 국내 반응도 나쁘지 않았다.

그런데 4·19혁명 이후 자유당 정권이 무너진 뒤 과도정부가 들어서 새로운 달러 절약 정책을 펼치면서 문제가 불거졌다. 달러 대금을 제때 본사에 보내지 못하게 된 것이다. 그런데도 잡지를 계속 수입해 판매하면서 빚은 계속해서 늘어만 갔다. 더욱이 장면 정권이 환율 현실화 정책을 펼치면서 달러 환율이 600대 1에서 1,100대 1로 평가 절하하면서 송금액은 하루아침에 3천만 환으로 급증하였다. 이는 사상계를 폐사시킬 정도로 큰 금액이었다.

그렇다고 아버지 성격에 돈을 쌓아 놓는 스타일도 아니었다. 돈 관념이 매우 희박했다. 목돈이 생겼다고 하여 집에 가지고 오는 일도 드물었다. 대신에 직원들의 월급은 당시 대기업이나 공공 기관 또는 신문사보다 많았고 원고료 또한 다른 잡지사나 신문사와 비교가 안 될 정도로 높았다. 매월 한 차례 참석하는 편집회의에 위원들의 거마비가 직원의 한 달 월급에 맞먹을 정도로 지출되었고 필자와 동인들 대접 또한 부족함이 없었다. 직원들에게는 점심을 제공할 뿐만 아니라 야간작업을 하면 저녁 식사비도 지원해주곤 하였다. 모 교수가 쌀이 떨어졌다는 소식을 듣고서는 쌀 한 가마니를 보내주기도 하였다.

사상계의 속사정을 듣게 된 김영선 장관은 아버지를 설득할 요량으로 사상계의 빚은 정부도 어느 정도 책임이 있다며 이를 분담하겠다고 나섰다. 김영선 장관이 3천만 환을 모두 갚아 주겠다면서 우선 1천만 환만 주었다. 결국 아버지는 1천만 환에 대한 차용 담보로 신촌 자택 문서를 그에게 내주었다. 하지만 이는 나중에 박정희 정권이 들어서면서 큰 곤욕을 치르는 계기가 되었다. 이는 후술하기로 한다.

아버지는 국무총리 직속 국토건설본부 기획부장의 직함을 가지고 일을 시작하였다. 사무실은 당시 중앙청으로 사용하던 옛 조선총독부 건물 서남쪽에 동떨어진 목조 2층 건물이었다. 아버지는 사상계의 편집위원 신응균·이만갑을 각각 관리부장과 조사연구부장으로 임명하였고, 일제강점기에 한강 철교를 설계하였던 최경렬을 기술부장으로, 사상계사의 유익형과 박경수 선생에게 간사직을 맡겼다.

아버지는 가장 먼저 대학 졸업생 2천 명을 국토 건설 요원으로 선발하고 이들을 훈련해 전국의 농어촌에 배치하였다. 이들이 6개월여 동안 농어촌의 현 상황을 보고하도록 하였고 이를 참고하여 사업계획에 반영하였다. 그 뒤 이들을 중앙 부처의 공무원으로 발탁하고 다시 1년 동안 전국을 돌게 하여 건설 사업 현황과 지방 실정을 익히도록 하고 3년 후에는 지방 군수로 임명한다는 복안을 가지고 있었다. 또한 군(軍)의 공병 인력을 지원을 받아 일반 사병이나 예비역 상당수를 기용하였다. 청년들의 국가관과 사회관 교육을 위해 함석헌·주요한·박순천 선생 등을 강사로 초빙하여 학생들의 심성 수련과 교육을 담당하였고, 아버지도 국토건설단 강사로서 정신교육을 하였다.

5·16군사정변 이후
부정 축재자로 몰리다.

　　아버지의 그러한 구상은 구체화하기도 전에 1961년 5·16군사정변이 일어나 중단되고 말았다. 내가 중학교 1학년에 재학 중일 때였다. 국토건설본부는 군사혁명위원회에 접수되었고 아버지가 계획하고 연구, 조사한 자료들 또한 모두 넘어갔다. 그 뒤 아버지는 이를 제대로 이행하지 못한 것을 두고두고 아쉬워하였다. 박정희 군사정권이 공업화 우선주의로 나가면서 농촌은 소외되었고 빈부격차가 가속화 하는 것을 지켜보면서는 더욱 그랬다. 박정희의 새마을운동을 '성공하게 될 아무런 요건도 갖추지 못하고 역시 영구 집권을 위한 정치적 포석으로 노리는 속임수'라 비판하였다.

　　내가 2004년 12월 싱가포르에서 영구 귀국하고, 얼마 지나지 않았을 때, '국건위(국토건설위원회)'라는 단체에서 만나자고 연락이 왔다. 약속 장소에 갔더니 큰 식당에 나이가 드신 4~50명 정도의 사람들이 태극기를 걸어놓고 국기에 대한 예를 갖추고는 테이프를 틀었다. 노래도 만들었던 모양이다. 이들은 아버지가 만든 국토건설본부에 소속되었던 단원들이었다. 나중에 그들 대부분은 1기 공무원으로 진출하였다. 그들 중에는 도지사가 된 두 분이 계셨는데 아버지께 받았던 국토개발에 대한 교육과 정신을 잊지 않고 승계해 왔다는 것이다. 나는 그들로부터 남다른 인상을 받았다.

한편, 5·16군사정변 직후 아버지는 ≪사상계≫ 1961년 7월호에 '긴급을 요하는 혁명 과업 완수와 민주 정치에로의 복귀'라 권두언과 함석헌 선생의 '5.16을 어떻게 볼까'라는 제목의 글을 실었다. 박정희 등 군사 정변 세력이 쿠데타에 성공하였지만, 세간의 여론에 민감하게 반응하여 언론을 강력히 탄압하던 때였다. 아니나 다를까 7월호가 발행되고 며칠 지나 사상계 사에 군인 둘이 나타나, 다음 날 아침 7시에 사장과 편집 책임자를 '모시러' 오겠다고 전하고선 나가버렸다. 아버지는 그날 아침 시간에 맞춰 회사로 나가 고성훈 취재 부장과 그들을 기다렸다.

아버지와 고성훈 부장은 그들이 끌고 온 지프를 타고 남산 근처 회현동의 어느 허름한 이층집 앞에 내렸다. 곧상 자그마한 방으로 안내되었는데, 거기에는 의자 두 개만 놓여 있었다. 그곳에서 3시간을 기다린 뒤에서야 군인이 나타나서는 같이 가자고 하여 다시 어디론가 갔는데, 그곳이 바로 30년간 '남산'으로 불렸던 중앙정보부였다. '남산'에서 한 시간가량 대기하였다가 부장실로 안내되었다. 얼마 뒤 계급장 없는 군복을 입은 김종필이 나타났다. 마주 앉아 있는데 민간인 복장의 보좌관이 흰 종이로 싼 책 한 권을 들고 왔다. ≪사상계≫ 1961년 7월호였다. 책의 목차에서 '5.16을 어떻게 볼까'라는 부분에 붉은 밑줄이 그어져 있었다.

김종필은 다짜고짜 '정신분열자 같은 영감쟁이의 이따위 글을 도대체 어떤 저의로 실었느냐'며 성스러운 '혁명 과업'을 모독하는 것이라면서 그 경위와 목적을 말하라고 다그쳤다. 아버지는 주눅 들지 않은 채 "이 글은 내가 직접 함 선생께 부탁하여 받은 뒤 읽고는 실었다"라고 담담하게 대답하였다. 별다른 반응이 없자 아버지는 말을 이어나갔다. "이 글을 좋지 않게 보는 모양인데, 이 글이야말로 군사혁명을 일으킨 여러분을 위하고 지금 혁명 과업 수행에 있어서 가장 시의에 맞는 충언이자 길이라 확신하여 글을 실은 것이다."라고 항변하였다. 그러면서 아버지는 자신과 함석헌 선생 외에는 이런 충고를 할 사람이 없지 않냐며 오히려 반문했다.

그러자 김종필은 문제의 글이라 생각한 부분만을 짚어가며 지적하였다. 아버지는 글 전체를 읽어보지 않고 일부분만을 문제 삼느냐고 항변하자, 그도 물러서지 않고 독자들이 자극적인 문구에 현혹되는 것이 아니냐며 맞섰다. 아버지는 ≪사상계≫의 독자들의 수준이 높아서 한두 구절로 현혹되지 않는다며 받아쳤다.

이번에는 김종필은 화제를 바꿔 장도영과 같은 고향 출신이니 '혁명 세력'에 반기를 드는 것이 아니냐는 다소 황당한 질문을 하였다. 잠시 어안이 벙벙해진 아버지는 일제강점기에 그와 일본군 장교와 학병으로 만났던 얘기를 해주며 절대 그와는 섞일 수 없는 관계라는 점을 강조하였다. 장도영은 장면 정권 당시 육군참모총장에 임명된 인물이었지만, 5.16 군사 정변 세력에 협조하면서 승승장구하다가 끝내 '반혁명죄'로 체포, 구금된 상황이었다. 이렇듯 오랫동안 말을 주고받았는데 특별히 위협적이거나 강압적인 분위기는 아니었다. 김종필과의 첫 만남은 그렇게 끝이 났다.

그런데 아버지가 남산을 다녀온 지 두 주일쯤 지났을 무렵, 서울시청에 자리를 잡고 있던 '부정축재처리위원회'에서 출두명령서를 보내왔다. 날짜에 맞춰 위원회를 찾았는데, 담당자로 보이는 한 소령이 다짜고짜 김영선에게 돈 얼마를 받았느냐며 호통을 쳤다. 아버지가 사실대로 1천만 환이라 말해줬는데도 이를 믿지 않고 부하들에게 사상계사의 압수수색을 명하였다. 이후 아버지는 민간인 조사관에게 넘겨졌다. 아버지는 지시한 대로 경위서를 작성하고선 그곳을 나왔다. 그 길로 사상계 사를 찾았는데 다행스럽게 실제 수색은 이뤄지지 않았다. 그 후로 아버지는 한 번 더 위원회를 다녀왔고 이후 혁명검찰부, 혁명재판소 그리고 서울지방국세청을 거친 뒤에 1천만 환을 그해 연말까지 갚으라는 통보를 받았다.

당시 아버지는 이미 빚더미에 올라앉은 상태였기에 1천만 환을 갚을 수는 없었다. 결국 집을 압류 당한 뒤 1962년 3월에서야 모든 문제가 해결되었다. 이로써 7년이나 걸려 완성한 집에서 꼭 3년 살고 쫓겨났다. 그 뒤로 집이 없어 30여 번이나 이사했다. 처음엔 전세로 갔다가 나중에는 월세로 살았다. 조금 좋은 집을 구해 들어가면 집주인이 미안하다며 나가 달라고 했다. 중앙정보부 사람들이 감시하고 추궁하니까 집주인들이 좋아할 리가 없었다.

신촌 집에서 쫓겨난 뒤에 처음으로 이사한 곳이 서대문구 평동 20-1번지, 서대문관측소(현재 국립기상박물관) 아래 동네였다. 1966년 내가 고등학교 2학년생이었을 때 하루는 집에서 사카모토 큐가 부른 우에오 무이테 아루코(上を向いて歩こう, 위를 보며 걷자, 영어: Sukiyaki, Ueo Muite Arukō)라는 노래를 듣고 있었다. 당시 그 노래가 빌보드 차드 1위를 차지하였고 우리나라에서도 크게 유행하였다. 그래서 난 아무 의미 없이 그 노래를 아침에 틀었다. 그랬더니 갑자기 문이 와장창 열리더니 아버지가 "식전부터 쪽바리 일본 놈들 노래 듣고 있냐"면서 빌려온 그 비싼 축음기를 마당에다가 냅다 집어 던져버렸다. 나는 너무 당황스럽고 놀라서 아무런 말도 못 꺼냈다. 이때 나는 '이게 민족주의자의 사고로구나. 항상 마음에 그런 사고를 갖고 계시는구나'라는 생각을 하게 되었다. 그 이후로 나는 외국에 나갔을 때 한국 사람들이 일본어를 쓰면 지

적하곤 하였다. 특히 공사 현장에서 습관처럼 일본어가 많이 쓰이는데 이를 고쳐 쓰라 하기도 했다.

일본어와 관련하여 이런 일화도 있었다. 외할머니께서 일제강점기에 학교 선생을 하셨는데, 내가 어렸을 때 가끔 자신도 모르게 그때의 일본 노래를 부르시거나 만담이나 코미디를 곧잘 해주셨다. 외할머니는 나를 안고 가끔 그런 얘기를 하고 막 웃고 그랬다. 나는 여러 번 들어도 그 얘기가 하도 재미있어 들려달라고 보채기도 하였다. 그러다가 나랑 외할머니가 아버지께 아주 많이 혼난 적이 있다. 그때 외할머니는 뒤로 슬그머니 내빼셨다.

그때 들었던 재밌는 일본 희곡이 아직도 기억나는데, '히토리(한 명) 후타리(두 명)와 몬다이 나이, 산닌(3) 욘닌(4)와 오오스끼루(おおすぎる, 너무 많다)!'라는 말이 있다. 일본인 가짜 무사가 여자를 데리고 산길을 가는데 산적이 나타나서 칼 들고 돈을 내놓으라고 한 거다. 그래서 가짜 무사가 "한두 놈은 아무 걱정 없어!"라고 해서 여자가 멋있다고 하는데, 뒤에서 산적들이 와르르 나타나니까 "세, 네 놈은 너무 많아!" 그러면서 도망쳤다는 이야기다. 그걸 듣고 얼마나 웃었던지 아직도 기억이 난다. 그것 때문에 외할머니가 아버지에게 혼났다.

'막사이사이상'을 수상하다.

신촌 집에서 쫓겨난 뒤에도 불행은 멈추지 않았다. 1천만 환을 갚자마자 이번에는 '정치활동정화법'에 발목이 잡혔다. 이 법은 1962년 3월 제정되었는데, 박정희를 비롯한 5·16군사정변 세력이 정치 권력을 장악하기 위해 이를 반대하는 정치세력을 묶어두려고 만든 악법 가운데 하나였다. 그 뒤 '정치활동정화법'은 1963년 12월 박정희 씨가 대통령에 취임한 뒤 거의 사문화 되었다. 정치인 가운데 이에 만들어진 정치활동정화위원회로부터 적격 판정을 받지 못하면 1968년 8월까지 6년여 동안 정치활동을 금지당하였다. 이에 윤보선 전 대통령도 군사 정변 주역들로부터 10개월 동안 갖은 수모를 당한 뒤에 하야 했다. 그런데 아버지는 "처음부터 정치에 흥미를 갖지 않고 있었기 때문에 나는 심사청구를 낼 필요성을 느끼지 않는다. 오히려 자유인이 되었다는 느낌이다"라며 재심사를 거부하였다.

'정치활동정화법'에 해당하는 대상자가 모두 4,373명이었는데 아버지도 이에 포함되었다. 아버지는 정치와는 상관없었지만, '부패언론인'으로 낙인찍혀 그리된 것이다. 그런데 불똥은 엉뚱한 데로 튀었다. 실상을 잘 모르는 독자들이 더는 잡지를 사서 읽으려 하지 않았다. 평소 5만 권을 넘던 판매 부수는 2만 6, 7천 권까지 떨어졌다. 아버지로서는 치욕스러운 일이었지만 감내해야만 했다.

아버지는 위기를 기회로 이겨내려 하였다. 정면 승부로 사활을 걸었다. 아버지는 편집위원들과 대책을 논의하면서 독자들의 오해를 풀고 전과 같이 관계를 회복하는 길은 잡지를 더 잘 만드는 것뿐이라며 이에 정성을 쏟았다. 이후 아버지는 ≪사상계≫ 1962년 7월호 권두언에 '군정의 영원한 종말을 위하여'라는 제목의 글을 실었고 이를 특집으로 여러 글을 게재하였다.

이런 가운데 명예를 회복할 좋은 기회가 찾아왔다. 1962년 8월 20일 새벽 1시경 MBC 기자로부터 필리핀의 막사이사이 재단이 수여하는 '막사이사이상' 언론 문학 부문의 수상자로 선정되었다는 소식을 접했다. 막사이사이상은 제2차 세계대전 당시 일제에 맞서 게릴라전을 지휘하고 1953년 대통령으로 당선된 라몬 막사이사이(1907~1957)를 기리기 위해 제정된 상이었다. '아시아의 노벨상'이라고 불릴 정도로 권위를 인정받고 있었다. 아버지가 한국인으로서는 처음으로 막사이사이상을 수상하게 되었다. 연락을 받은 아버지는 다음과 같은 소감을 밝혔다.

"우리나라에 막사이사이상이 주어지는 것은 반가운 일입니다만 언론계에 선배도 많은데 언론 및 문학 부문 상이 내게 주어진다니 어리둥절할 뿐입니다. 자유와 민주주의를 위해 강력하고 또 독립정신에 찬 이상적인 지도자였던 막사이사이 대통령을 기념하는 상이 내게 주어진 것은 나 개인에게가 아니라 미약한 대로 독창적으로 꾸준히 자라나온 사상계에 주어진 것으로 생각합니다."

아버지가 막사이사이상을 받은 것은 《사상계》에 발표한 '권두언' 때문이었다. 이승만의 자유당 정권 아래에서 자유와 민권의 수호를 호소

민족·국가와 나

한 권두언이 많은 독자에게 감동을 줬기 때문이다. 1958년 12월 24일 국회에서 경위권을 발동하여 야당 의원들을 폭력으로 몰아낸 뒤 '국가보안법' 등을 통과시키자(2·4파동), '무엇을 말하랴'라는 제목만으로 백지 권두언을 내는가 하면, 1960년 3·15부정선거 당시 구속을 각오하고 마산 희생자들에 대한 추도의 권두언을 썼으며, 1961년 5·16군사정변 직후에는 함석헌 선생의 '5.16을 어떻게 볼까'라는 글을 실어 외국인들로부터 '혁명 후 최초의 코멘트'라는 평을 받기도 하였다.

아버지가 언론인터뷰에서 받은 상금을 언론창달을 위한 한국언론상을 만들겠다고 하여 주목을 받았다. 이에 대해 미국의 워싱턴의 내셔널 프레스 클럽의 조지 컬렌 회장은 "장 씨가 발휘한 편집 면에서의 성실성에 대한 이번 시상은 우리에게 흐뭇한 감을 주며 한국의 자유 언론에 이바지한 사람들을 위한 상금으로 1만 달러를 쓰겠다는 장 씨의 의도는 지극히 너그러운 일이라 아니할 수 없다"라며 경의를 표하였다.

아버지는 막사이사이상 수상식에 참석하기 위해 1962년 8월 28일 오전 11시 30분에 CAT기 편으로 마닐라로 출국하였다. 그런데 아버지가 떠나기 전에 수상 소식을 들은 박정희가 사무실로 영관급 장교를 보냈다. 내가 중학교에 다니던 때였던 걸로 기억한다. 학교를 마치고, 지금은 미국에 계신 작은아버지와 함께 사무실로 들어서는데, 아버지가 누군가에게 "상 타러 간다고 그 사람을 찾아갔다 하면 후세에 누가 나를 장준하로 보겠는가"라며 크게 호통을 치셨다. 그리고 몇 마디 더 오갔는데 결국 아버지는 그 장교의 귀싸대기를 때려 내쫓았다. 때리는 소리와 함께 모자가 휙 날아갔다. 나중에 들어가 보니 찢어진 수표가 사무실 바닥 여기저기에 흩어져 있었다. 어린 마음에도 그 돈이 아까웠던 것 같다. 그렇지만 서슬 퍼런 아버지의 눈빛 앞에 수표는 종잇조각에 불과했다.

1962년 막사이사이 언론 부문 상을 수상한 아버지
(왼쪽에서 두 번째, 중앙은 막사이사이 부인과 봉사 부문을 수상한 테레사 수녀)

　아버지가 필리핀에서 돌아오는 길에 일본 도쿄에 들렀다. 도쿄에 볼 일이 있어 그런 것이 아니라 비행기를 갈아타야 할 사정이 생겼기 때문이다. 당시엔 한국과 필리핀 간 직항노선이 없었다. 그런데 아버지는 꼬박 하루를 도쿄 하네다 공항 안에서 한국으로 가는 연결 비행기를 기다렸다. 일본 땅을 밟지 않으려 한 것이다. 어쩔 수 없이 일본 공항에 내렸지만, 일본이 진정한 사과를 공식적으로 우리 민족에게 하지 않는 한 공항 밖으로 한 발자국도 나가기 싫었다고 한다.

　아버지는 약속한 대로 부상으로 받은 1만 달러 전액을 ≪사상계≫ '독립문화상'의 기금으로 사용하였다. 애초 한국언론상을 제정하려 했던 것을 독립문화상으로 바꾼 것이다. 독립문화상은 언론, 문화, 문학 등 세 부문으로 나누어 각기 1천 달러씩 수상하고자 하였다. 당시 1달러는 250원으로 고정되어 있었다. 명동 암달러 시장에선 280원 정도로 거래되기도 하였다. 이를 환산하면 1만 달러는 대략 2천5백만 원 정도였다. 당시 교사 월급이 4천 원 정도였으니 평생 모아도 부족할 정도로 큰 금액이었다. 당

막사이사이상을 수상하고 김포공항에 도착한 아버지와 마중 나간 어머니

시 내가 등교할 때 이용했던 버스비가 2원 정도였다. 그때 집의 사정도 좋지 않았지만, 아버지는 아랑곳하지 않았다. 돈이라는 건 집에다 갖다주지도 않고, 줬다 도로 가져가시는 분이었다. 그때 시인들, 글 쓰는 젊은 사람들이 결혼하려는데 반지가 없으니까 아버지가 어머니한테 줬던 반지도 뺏어가서 반지 하라고 주고 양복감도 갖고 왔다가는 도로 갖고 가서 주기도 했다. 제1회 독립문화상 수상은 1963년 12월에 거행되었는데, 월남언론상은 함석헌, 다산문화상은 RAS 한국지부가 수상했고 동인문학상은 해당자가 없었다. 이는 1964년도에도 이어져 다산문화상에 리차드 러트 신부가, 월남언론상은 한국신문편집인협회가, 동인문학상은 소설가 송병수 선생이 수상하여 각기 10만 원이 전달되었다.

아버지가 상을 받고 돌아온 지 얼마 지나지 않아 1962년 11월경 중앙정보부의 두 명이 사무실로 찾아왔다. 미국의 시사 주간지 ≪뉴스위크≫가 한국 군사정부의 4대 의혹(증권 파동, 새나라자동차, 빠찡꼬, 워커힐)과 관련한 부정과 비리를 파헤친 기사를 대대적으로 보도했는데, 그에 관한 반박 기사를 ≪사상계≫에 실어 달라는 것이었다. 아버지가 이를 거절하자 박정희 군사정권은 아버지가 막사이사이상을 받은 상황에서 드러내 놓고 ≪사상계≫를 탄압하지 못하고 '반품 작전'으로 응수하였다. 지방의 서적 상인들에게 본사에 주문하되 이를 배포하지 말고 창고에 쌓아 놓은 뒤 다음 호가 나오면 반품토록하여 출판사를 고사시키는 방식이었다. 이러한 탄압은 1965년까지 3년 동안이나 계속되었다.

아버지는 박정희 정권의 기묘한 ≪사상계≫ 반품 공작을 피하고자 편집실 직원들과 함께 잡지를 봉투에 넣어 정기 구독자들에게 일일이 우송하였다. 이때 아버지는 친필로 "왜 정치 현실에 뛰어들지 않을 수 없었는가"라는 글을 작성하여 동봉하였다. 이러한 작업은 매월 2, 3일씩 밤을 새우다시피 하였다. 그런데도 상황이 나아지지 않아 사상계 사무실은 한청빌딩 2층, 3층, 5층을 쓰던 것을 2층만 사용하게 되었고 얼마 뒤 그 절반으로 줄였다. 잡지사에 남은 사람이 모두 합쳐 10명도 채 되지 않았다. 아버지는 이를 '무원(無援; 아무런 도움이 없음)의 고군(孤軍; 후원이 없어 고립된 군사)이 대적(大敵; 강적)을 상대로 피투성이의 혈전을 한 해였다'라고 회고했다.

박정희 정권은 1963년 초부터 민정 이양을 하겠다며 정당법과 선거법을 고치는가 하면 헌법도 손을 대기도 하였다. 한편으로는 1962년 12월 '정치활동정화법'에 묶여있던 인사들을 1차로 169명을 해금하고, 2차에 걸쳐 풀어줬다. 하지만 아버지를 옭아맸던 그 고리는 여전하였다. 아버지가 이 굴레에서 벗어난 것은 1963년 2월이었다.

박정희 쿠데타 세력의
군정 연장을 반대하다.

박정희가 민정 이양 문제를 처음 거론한 것은 1961년 8월부터였다. 박정희는 1961년 8월 12일 민정 이양에 관한 계획을 발표하여, ① 정권을 이양하는 시기는 1963년 여름으로 예정하고, ② 1963년 3월 이전에 신헌법을 제정하며, ③ 1963년 5월에 총선거를 시행하는 한편, ④ 정부 형태는 대통령책임제를 채택하고, ⑤ 국회 구성은 의원 정수 100명 또는 120명의 단원제로 할 것 등을 밝혔다(8·12 성명). 하지만 이를 순순하게 믿는 사람들은 많지 않았다.

1962년 6월 이후락 최고회의 공보실장이 "출마하는 것이 진정한 지배적인 국민의 여론이라면 혁명도 국민을 위해서 일으킨 박 의장인 만큼 그분도 출마가 불가피하지 않은가 생각한다"라고 하면서 "하루 수백 통씩이나 박 의장이 민간정부의 지도자가 되어줄 것을 희망하는 건의서와 지금의 군사정부를 그대로 계속해 달라는 건의서가 박 의장에게 직접 또는 자신에게 들어오고 있다"라는 식으로 발언하여 민정 이양을 하지 않겠다는 의도를 내비쳤다.

박정희는 '8·12 성명' 발표 1주년을 맞아 1962년 8월 12일 "혁명이념을 강력히 계승·실천할 수 있는 새 정당의 출현을 희망한다"라고 말하며, "내년에 세워질 민간정부가 과거와 같은 잘못된 모습을 탈피치 못한다면 민족의 비극을 초래하게 될 것"이라는 경고성 발언도 서슴지 않았다. 그러면서도 '8·12 성명' 구상은 변경할 계획이 없고 유능한 민정을 위해 국민의 협조를 바란다고도 했다.

군사정권은 1962년 10월에 '국가재건비상조치법'을 개정하고, '국민투표법'을 제정·공포하여 헌법개정을 위한 국민투표제도를 도입하여 11월에 '헌법개정안'이 작성되었다. 아버지는 '헌법개정안'에 대해 국민투표를 반대하였고, "헌법을 공고하고 난 뒤 다시 수정해야 한다는 말이 나오는 것에 대해 헌법을 신중하게 다루지 않고 소홀히 다룬 처사라 아니할 수 없다. 이번에 공고한 헌법이 국민투표에 부결되면 다시 수정 발의해야 할 것이다."라는 태도를 보였다. 그 뒤 12월 6일, 1년 7개월간 지속된 계엄령이 해제된 후, 12월 17일 실시된 국민투표에서 78.8%의 압도적인 찬성으로 '헌법개정안'이 통과되었다. 이에 군사정권은 자신들에 대한 신임으로 간주했지만, 야당은 조속한 민정 복귀의 열망으로 해석했다.

이즈음 박정희는 "정권 이양에 앞서 진정한 민주 질서를 만들어내고 구악 재발 방지를 위해 최소한의 기초 작업을 완수한 후 물러나겠다"(8.12. 성명)라는 성명을 뒤엎고, 자신을 포함한 참모총장과 해병대 사령관을 제외한 최고위원 전원이 군복을 벗고 민정에 참여하기로 했으며 대통령 출마 여부는 당 결정에 따르겠다고 했다. 그런데 해가 바뀌어 1963년 2월 박정희 씨는 이를 다시 번복하여 2년간의 군정을 끝내고 정권을 민간인 새 정치인들에게 넘기고 본인은 '군 본연의 임무로 돌아간다'라고 밝혔지만, 이를 믿는 사람은 드물었다. 실제 그는 얼마 지나지 않아 3월에 군정을 2년 더 실시하여 4년으로 연장한다고 밝혔다. 이어 박정희 정권은 '군정 연장의 개헌안에 관해 개인 의사 표시라 할지라도 모든 선동적인 내용은 그 찬부를 막론하고 법에 저촉되는 것'이라며 언론에 대한 계엄령이나 다름없는 조치를 발표했다.

이때 아버지는 1963년 4월호 편집·조판이 이미 끝나 활판을 인쇄하기 직전인데 이를 중지토록 하고 긴급회의를 열었다. 군정 연장 반대 특집을 내고자 한 것이다. 아버지는 서둘러 여러 필자에게 원고를 청탁하고 사내 기자들에게 전담하여 이를 받아내도록 하였다. 당시 4월호는 창간 10주년 기념호이기도 하였는데, 분량 3분의 2 이상이 특집으로 꾸며졌다. 화보의 제목은 박정희가 성명을 발표하는 사진과 함께 '번의(翻意; 먹었던 마음을 뒤집음)! 번의(翻意)! 번의(翻意)'라는 제목을 달았다. 초판 5만 부가 1주일 만에 매진될 정도로 반향은 뜨거웠다. 쇄도하는 주문에 3만 5천 부를 추가로 찍어냈다.

그런데 박정희는 또다시 1963년 4월에 민정에 참여하지 않겠다고 다시금 성명을 발표했다. 당시 여러 언론이 침묵하였지만, 아버지는 이에 굴하지 않고 '연내 민정 이양을 위한 투쟁'을 목표로 5월호와 6월호를 연속해서 발행하였다. 그런데 7월호를 시중에 내놓자마자 4, 5월호의 반품이 무더기로 쏟아져 들어왔다. 무려 6만 부나 되는 엄청난 양이었다. 이를 어디

《사상계》창간 10주년 기념 특대호
(1963년 4월호)

에 둘 곳이 없어 8월호는 부수를 크게 줄였지만, 6월호 역시 반품이 되었고 7, 8, 9호 또한 마찬가지였다. ≪사상계≫는 서울 등 일부 대도시의 유명 서점에서나 팔려나갔을 뿐이었다. 사상계로서는 치명타를 입었다.

그렇다고 아버지는 좌절하지 않았다. 아버지는 전 사원들에게 산더미처럼 쌓인 ≪사상계≫의 표지를 뜯어내도록 하였다. 그대로 파지업자에게 보내면 길거리에서 헐값으로 팔려나가거나 헌책방에 팔리면 ≪사상계≫의 위신이 깎일 것을 염려해서였다. 그렇게라도 조금 팔리면 다행스럽게 여길만한 데 아버지는 그러지 않으셨다. 이때 최고회의 운영위원회에 자문위원으로 몸담고 있던 김진동이 찾아왔다. 김진동은 임시정부 부주석을 지낸 김규식의 아들로서 아버지와는 예전 광복군으로 같이 활동했고 김구 일행이 1진으로 환국할 때도 동행한 적이 있었다. 그가 찾아온 것은 ≪사상계≫의 무더기 반품 상황을 확인하기 위해서였다.

당시 미국 대사관의 참사관 하비브가 최고회의 운영위원장 장경순을 찾아가 민정 이양을 앞두고 정부가 유력 월간지 ≪사상계≫ 판매를 부당하게 방해할 뿐만 아니라 서적상에게 강제적으로 전부 반품하도록 한 것은 여론 핍박으로 비춰줄 수 있다고 지적한 것이 계기가 되었다. 김진동이 이를 확인하고 돌아간 뒤로는 '고의 반품'은 더는 일어나지 않았다. 그렇다고 ≪사상계≫가 예전 명성을 되찾은 것은 아니었다. 겨우 근근이 명맥만 이어나갈 정도였다. 사원들의 몇 개월 월급도 지급하지 못하는 상황에서 사상계 사의 살림은 김호전이 맡았고 이모 김은숙이 조사부에, 이모부 유경환이 편집부에서 일했다. 자금을 마련하기 위해 한국은행 앞 뒷골목 암달러상에서 높은 고리의 돈을 빌리기도 하였다. 그동안 이어져 왔던 독립문화상도 중단되었다.

이때 아버지는 1963년 8월 15일 광복절을 맞아 광복군 동지들 342명과 함께 대통령 표창장을 받았다. 독립유공자 포상은 정부 수립 이후 1949년 4월 <건국공로훈장령>이 공포되면서 시작되었다. 그해 8월 15일 대통령 이승만과 부통령 이시영이 건국 공로훈장을 수여하였고, 1950년에 헐버트(Hulbert·H.B.)에게 주어졌지만, 6·25전쟁과 전쟁의 상흔으로 1953년에 장개석에게 수여한 서훈이 전부였다. 하지만 그것도 중단되었다가 10여 년이 지난 1962년부터 본격화하였다. 당시 제정된 <국가유공자 및 월남 귀순자 특별 원호법>에 따라, 1962년에는 문교부 산하 국사편찬위원회에서 주관하여 김구·안중근·윤봉길 등 204명을 포상하였다. 1963년에는 주관부서가 내각사무처로 바뀌어서 독립유공자를 포상하였다.

한편, 박정희는 1963년 8월 30일 강원도 철원군 제5군단 비행장 내에서 전역식을 했나. 이때 그 유명한 "다시는 이 나라에 본인과 같은 불운한 군인이 없도록 합시다"라는 말로 전역식을 끝냈다. 곧장 박정희는 서울역 앞의 공화당사를 찾아 입당한 뒤 그해 10월에 치러질 대통령 선거에 본격적으로 뛰어들었다.

당시 아버지는 각 대학, 정당, 사회단체 등에서 주최하는 강연회에 나가 강연을 하곤 하였다. 시대가 아버지를 찾았다. 아버지는 박정희 정권을 규탄하였는데 자신을 '도마 위에 오른 고기'로 비유하기도 하였다. 그런 가운데 1963년 10월 대선을 앞두고 그해 8월 26일에는 '야당연합단일대통령후보추진협의회'에 언론계 인사로 초청되었다. 협의회는 단일 후보 옹립 방법, 대통령·국회의원의 임기 문제, 공명선거 보장 문제 등을 논의하는 조직이었다. 이때 후보 선출 원칙은 다음과 같이 정하였다.

① 현저한 반민주적 행위가 없는 자
② 부정선거, 부정 축재와 현저한 관련이 없는 자

③ 5.16 당시 군사혁명을 현저하게 지지했거나 적극적으로 합리화시
　　켰다는 오해가 없는 자

④ 거국적 지지를 얻을 수 있는 자

⑤ 거국 내각을 조건으로 하고 조각 비율은 사전에 조정하되 대통령
　　후보를 낸 계열은 당의 주도권을 타계(他系)에 주도록 한다.

　하지만 정치적인 상황은 녹록하지 않았다. 여권은 박정희의 민주공
화당으로 단결된 상황이었지만, 야권은 윤보선이 이끄는 민정당, 박순
천이 이끄는 민주당, 허정이 이끄는 신정당, 이범석이 이끄는 민우당, 장
택상이 이끄는 자유당 등으로 분열되어 있었다. 모든 야권 정당이 대통
령 후보를 내게 되면 질 것이 뻔하였기에 대선 승리를 위해서는 야권 단
일화가 필요하다는 공감대가 형성되었다. 이에 민주당은 대통령 후보를
내지 않기로 하였고 자유당은 후보 등록을 포기하였고, 민정당·신정당·
민우당은 국민의당으로 합당을 선언하였다. 그러나 국민의당의 대통령
후보를 둘러싸고 민정당은 윤보선을, 신정당은 허정을 지지하여 의견
충돌을 빚었다. 결국 민정당은 국민의당 창당 참여를 취소하고 독자적
으로 윤보선을 대통령 후보로 지명하였으며, 국민의당은 허정을 대통령
후보에 지명하였다.

　이렇듯 군정 연장의 위기에 맞서 정상적인 민정 이양을 향한 국민의
기대를 받으며 만들어진 '국민의 당'이 결국 대통령 단일후보 선출에 실
패하고 분열하자, 아버지는 "이번 국민의 당 분열은 재야정치인의 마지
막을 고하는 장례식이 될 것이다"라며 우려를 표명하였다. "이런 난국
을 극복하는 길은 말로만의 세대교체가 아니라 실질적으로 새 세대가
새로운 결속을 위한 참다운 교체가 있어야만 할 것이다"라며 새로운 설

계를 주장하였다.

결국 1963년 10월 15일 야권이 난립한 가운데 치러진 제5대 대통령 선거에서 박정희가 민정당의 윤보선을 불과 15만 표 차이로 누르고 대통령에 당선되었다. 득표율이나 득표수 차이로 역대 최저수준. 대한민국 역대 대선 중 가장 치열한 승부로 평가되고 있다. 야권이 단합했으면 이길 수 있었던 대선이었지만 그리되지 않았다.

그런 만큼 아버지의 상심도 매우 컸지만, 민정 복귀의 대 과업을 완수해야 할 숨이 가쁜 순간에 봉착하였다며 40여 일 뒤에 치러질 제6대 국회의원 선거에 기대하였다. 이에 아버지는 대선에서의 실패를 경험 삼아 범야권 재단합 투쟁을 호소하며, 기성 야당의 가치와 영수들의 존망에 관한 표지(標識)가 이번 선거에서 결정되는 최종 기회임을 강조하곤 하였다. 또한 아버지는 고려대, 정동교회, 서울대에서 강연하거나 신문에 글을 실으며 야당의 선전을 응원하였다.

특히 고려대에서는 전날 김종필의 강연 내용을 하나씩 비판하면서 민족주의 논쟁을 일으키기도 하였다. 당시 아버지는 "민족주의는 군사정부에 의해 새롭게 만들어진 것이 아니다.", "민족주의는 호사한 호텔 창가에서 샹송을 들으며 흘리는 눈물 속에서 불리는 감상이 아니다"라고 김종필의 민족주의를 비난했다. 또한 아버지는 "군정의 연장과 같은 박정희 정부의 독주를 막는 유일한 길은 야당 국회를 출현시키는 것뿐"이라고 주장하였다.

당시 아버지는 동대문 갑구에 출마한 국민의 당의 송원영 후보 지지를 표명한 뒤에 입당하였다. 그런데 동대문경찰서는 '국회의원 선거법' 34조 위반 혐의로 아버지를 입건했다. 아버지가 선거운동을 할 수 없는데도 1963년 11월 22일자 《동아일보》 신문 광고란에 "야당표를 송원영

사상계사 사장 장준하의 이름으로 동아일보에 게재된
송원영 후보 지지 광고(1963.11.22)

군에게 몰아주자!"라고 추천한 것을 문제 삼았다. 하지만 소용 없었다. 1963년 11월 26일 치러진 제6대 국회의원 선거에서 민주공화당이 175석 가운데 110석을 차지하여 압도적으로 과반수를 확보하면서 정국은 완전히 박정희 쪽으로 기울고 말았다. 송원영 후보도 민주공화당 민관식 후보에 밀려 낙선하였다.

1963년 12월 제3공화국 출범을 앞두고 조각이 발표되자, 아버지는 "정치를 잘못해서 쿠데타의 악순환이 일어나지 않도록 부디 4년을 무사히 끌고 나가기를 바란다. 대일 저자세 정책을 버리고 기왕 민족 주체성을 부르짖고 나선 바에는 민족 주체성을 주장하는 자세가 어떤 것인가를 분명히 인식하고 해주기를 바란다. 또 일당 독재로 흐르기 쉬운 현실이지만 그런 꿈을 아예 버리고 민주제도의 올바른 길을 찾아 걸어주기를 바란다. 이 나라를 건전한 민주사회로 발전시킬 수 있는 모든 대체 세력의 성장을 행여 억제하는 것 같은 일이 있다면 그것은 자기 세력의 비극이요, 국가 민족의 비극이 될 것이다."라고 우려했다.

한일회담 반대 투쟁에 나서다.

아버지가 다시금 ≪사상계≫의 고삐를 쥐게 된 것은 한일회담이 계기가 되었다. 박정희 정권은 권력을 잡자마자 한일회담을 서둘렀다. 1964년 3월, 2년 만에 열리는 한일회담에 앞서 아버지를 비롯하여 재야 각계대표들이 종로예식장에 모여 '대일굴욕외교반대범국민투쟁위원회'를 결성하였다. 안국동 민정당사에 투쟁위원회를 두었다. 결성대회에서 ① 한일회담의 즉각 중지, ② 일본에 대한 반성 촉구, ③ 민족 정치 고취를 부르짖는 구국 선언문과 "대일 매국 외교를 즉시 중지하고 한일회담에 대한 야당 측의 대안을 받아들일 것" 등을 강력히 촉구하는 대정부 경고문을 채택했다.

범국민투쟁위원회의 서울 강연장 모습(1964.3.21. 서울고등학교)

아버지는 범국민투쟁위원회(위원장 윤보선)의 위원에 선정되었다. 이런 가운데 1964년 3월 12일에 제6차 한일회담이 개최되자, 범국민투쟁위원회는 한일회담의 조기 타결 방침을 저지시키고자 3월 15일부터 전국 주요 도시 순회 연설에 나섰다. 유세반은 영남과 호남 2개 반으로 나뉘었는데 아버지는 영남반의 일원으로 부산·마산·충무·포항·대구·대전을 돌며 연설하였고 3월 21일에는 합동유세를 펼쳤다. 군중 집회 연설은 부산에서 처음 열렸는데 1만여 명이 모였고 마지막 날 서울고등학교 운동장에는 4만 명의 인파가 몰려들었다. 아버지는 가는 곳마다 굴욕의 매국 외교를 강행하려는 정권을 성토하였다.

은밀하게 일본과 접촉해 오던 가운데, 김종필-오히라 회담에서 한일수교 원칙을 확인하였다는 소식에 대학생들의 한일회담 반대 시위가 격화되었다(3·24시위). 정치권도 발 빠르게 움직여 민정당은 한일회담 타결 시에 의원직 총사퇴를 결정하였다. 그뿐만 아니라 아버지는 함석헌 선생과 함께 연세대·동국대 등에서 대일외교 반대 강연을 하는가 하면, 한동안 중단하였던 굴욕외교반대시국강연회를 재개하였다. 또한 아버지는 하루가 멀다고 한일국교 관련 전문가와 교수들을 초청하여 좌담회나 토론회를 하거나 원고를 집필토록 하여 이를 ≪사상계≫에 실었다. 당시에도 재정 상황이 호전되지 않아 부피가 크게 줄었고 격월간 혹은 합본을 내는 것이 다반사였는데도 아버지는 한일 관련 원고만은 모두 실었고, 1964년 4월호에는 '한일회담의 제 문제'라는 주제로 '긴급 증간호'를 냈다. 이는 한일회담을 반대하는 사람들이 텍스트로 사용하곤 하였다.

이러한 반대 여론에 박정희 정권은 잠시 한일회담을 중단하였다. 그런데 1964년 5월에 최두선 내각이 한일회담 반대 투쟁에 총사퇴하고 총

언론자유수호대회발기회 장면(좌), 박정희 대통령에게 보내는 공개서한을 발표하는 함석헌(우)

《조선일보》1964년 9월 3일자)

리에 정일권이 임명된 뒤부터 박정희 정권은 강경한 자세로 전환하였
다. 서울 시내 대학생들이 '민족적 민주주의 장례식 및 성토대회'를 개
최하자, 무장 육군 공수단 군인 13명이 서울법원에 난입하여 한일회담
반대 데모 학생의 영장 발부로서 협박하였다. 박정희 정권은 서울대 서
클 '민족주의비교연구회'를 반국가단체로 규정하고 관련자를 구속하였
다(민비연 사건). 이를 계기로 서울대 문리대생 40여 명이 한일수교 반
대 단식 투쟁 시작하였고 6월 3일에는 학생 1만여 명이 한일회담 반대
시위를 전개하자(6·3항쟁), 박정희 정권은 오후 8시에 서울 일원에 비상
계엄을 선포하였다.

이러한 박정희 정권의 탄압을 감지한 아버지는 6월 3일 오후 5시경 어
머니에게 전화해서 "오늘 밤은 거의 틀림 없이 나를 붙들로 올 것 같아.
내가 붙들리지 않는 것이 나라를 위해서나 나를 위해서나 좋을 거야. 붙
잡으러 오더라도 당황하지 말아"라는 짧은 말을 남기고는 그날 저녁 아
버지는 몸을 피해 남산의 어느 허름한 호텔에 몸을 숨겼다. 어머니는 걱
정스러운 마음에 새벽 2시까지 누웠다 앉았다 하며 잠을 이루지 못했다.

그런 중에 깊은 밤 정적을 깨는 지프의 엔진 소리와 함께 소란스럽게 문을 두드리는 소리가 들렸다. 어머니가 나가 문을 여니 치안국에서 왔다는 장정 세 사람이 다짜고짜 아버지를 만나겠다며 들이닥쳤다. 그들은 방 안팎을 모조리 뒤졌다. 막무가내로 캐비닛까지 열겠다고 하자, 평소 조용하시던 어머니가 어디서 그런 용기가 나셨는지, "그래, 장 사장이 주먹만 하답니까! 어서 보시오"라며 노기에 차서 큰소리를 쳤다. 그들은 아버지가 집안에 없는 것을 확인하고는 나갔는데, 나중에 듣자 하니 불광동에 살고 있던 작은아버지 집도 그렇게 뒤졌다고 한다.

다음 날 아침 7시쯤, 아버지로부터 전화가 왔다. 전화를 받으신 어머니가 두 차례 집을 다녀갔다고 하자, 아버지는 "알았다"라는 짧은 말을 남기고는 끊으셨다. 그 후 사흘 만에 아버지로부터, "무소속이 희소식이다. 앞으로는 아무런 연락도 안 한다"라는 전갈을 보내왔다. 그러고는 진짜 아버지는 55일 동안 아무런 소식도 없었다. 어머니나 모든 식구의 걱정은 이루 말할 수 없었다. 불길한 생각이 들기도 하였다. 그럴수록 우리 집은 경계가 심해졌고 일가친척들은 샅샅이 수색을 당해야만 했다. 이런 가운데 아버지는 계엄령이 해제되는 7월 29일까지 모처의 호텔에서 지냈다. 당시 당국은 아버지를 찾으려고 많은 경찰력과 정보 기관원을 동원하였지만 끝내 찾지는 못했다.

계엄령이 해제 되었지만, 박정희 정권은 1964년 7월 30일 '언론윤리위원회법'을 공포하여 정부 비판적인 언론을 통제하고, '학원보호법안'을 통해서는 대학생들의 시위를 원천 규제하고자 했다. 이에 9월 2일 아버지는 함석헌 선생 등과 함께 범국민적인 언론자유수호투쟁을 위해 '자유언론수호국민대회발기준비회의'에 참석하였다. 이 모임은 학계, 종교계, 사회단체 등을 망라한 인사들로 구성되었다. 이후 9월 4일 사상계

민족·국가와 나

1965년 2월 19일 오후 2시경 경찰 저지선을 뚫고 시청 정문까지 밀고 간 굴욕외교반대성토대회 연사들을 기동 경찰이 다시 밀어내려는 장면, 원 안에 인물이 아버지(《동아일보》1965년 2월 19일자)

사를 임시본부로 하고 확대 간담회를 개최하였는데 이때 아버지는 대변인으로 활동했다. 이날 9월 10일 상오 11시에 범국민대회를 열기로 합의하였다. 발기준비회의는 박정희 대통령에게 면담을 요청하고, 언론윤리위법의 철폐 및 그 시행에 반대한 동아일보, 조선일보, 매일신보, 경향신문 등 4개 신문사에 대한 보복 조치 해제를 요청하기로 하였다.

1964년 9월 10일 YMCA 강당에서 상설기구 자유언론수호연맹 결성대회가 개최되었다. 위원장에 함석헌 선생이 맡기로 하고, 아버지는 김상협, 모윤숙 선생 등과 함께 부위원장에 선정되었다. 이날 아버지는 1944년 4월경 김구 선생으로부터 받은 태극기를 행사장에 내걸고 의지를 다졌다.

한편, 아버지는 1965년 2월부터 6·3사태 이후 잠잠했던 대일굴욕외교반대범국민투쟁위 활동을 재개하였다. 김종필-오히라 메모의 백지화, 평화선 고수 및 한일무역 불균형의 시정을 요구하며 이것이 관철되지 않으면 반대 투쟁을 벌인다는 방침을 내세웠다. 이를 위해 상설 8인 소위를 구성하였는데 아버지도 이에 선정되었다. 1965년 2월 19일 한일 양국의 외교 수장이 서울회담에서 한일기본조약에 가조인하기로 하자, 그날 오후 2시부터 서울시청 앞 광장에서 한일회담반대성토강연 대회를 열고자 하였으나 이를 저지하려던 당국과 충돌이 일어났다. 이에 장소를 세종로 본부로 옮긴 뒤 성토대회 열고 윤보선 선생을 필두로 수천 명의 군중이 국회의사당 쪽으로 시위행진을 벌였다. 이때 야당 국회의원들까지 합류하면서 경찰과 충돌을 빚었다. 이런 가운데 아버지는 함석헌 선생을 비롯하여 국회의원 등 60여 명과 함께 경찰에 연행되었고 이내 불구속 입건되었다가 풀려났다.

그 뒤 대일굴욕외교반대범국민투쟁위원회는 1965년 3월 20일 남산공원이나 서울운동장에서 한일회담성토강연회를 연 뒤에 이를 시발점으로 영남반, 호남반, 영동반 등으로 나눠 3월 27일부터 전국 유세에 나서기로 하였다. 이에 아버지는 윤보선 전 대통령, 김영삼 등과 함께 영남반에 소속되어 부산·마산·진주·충무·대구 등을 돌며 유세를 벌이기로 하였다. 그런데 박정희 정권은 투쟁위원회를 불법단체로 규정하고 모든 행동은 법으로 조치하겠다며 강연 유세를 원천차단하여 이를 실행에 옮기지는 못했다.

이런 가운데서도 아버지는 또다시 전국을 누비며 강연을 다녔다. 이번에는 주로 지방 대학교나 교회의 교우들을 찾았다. 이때부터 아버지는 6·3세대들과 같이 활동했는데, 그들은 아버지를 '선생님'이라 불렀다. 당시 6·3세대 중 잘 알려지지 않은 인물 가운데 한 명이 김도현이다. 그는 김영삼 정권 당시 문체부 차관을 지냈다. 아버지가 그를 제일 예뻐했다. 그가 추운 겨울에 감옥에서 나올 때 아버지가 단벌의 곤색 양복을 그에게 입혀줬는데, 김도현은 그때를 평생 잊지 못했다고 한다.

이때 종로세무서 직원 10여 명이 사상계 사로 몰려와 장부와 문서를 뒤적였고 세무사찰을 받기도 하였다. 당시에는 별다른 문제점을 발견하지 못했는데, 그로부터 10여 일 뒤에는 서울지방국세청 직원뿐만 아니라 경찰들이 참여한 가운데 두 번째 세무사찰을 하였다. 그런데 1차 때와 달리 사상계 사가 1,347만9,660원 매출에 대한 세금 1백 수십만 원을 포탈했다며 추징 벌금까지 덧붙여졌다. 종로세무서에 재심을 청구하였지만 받아들여지지 않았다. 그뿐만 아니었다. 여러 인쇄소의 조판비·인쇄비, 제본비, 용지대 등이 눈덩이처럼 불어나 감당하지 못할 정도가 되었다. 편집을 맡았던 사람들도 자리를 옮겨서 갔고 원고료 지급이 늦어지다 보니 필진도 하나둘씩 떠나갔다.

아버지는 더는 버티지 못하고 급기야 피로와 불면증으로 강연회도 나가지 못하게 되었을 뿐 아니라 급성 간염에 쓰러져 종로의 조광현 내과에 입원하였다. 아버지는 4개월 동안 병상에 누웠다가 퇴원을 하였는데, 그 사이에 1965년 6월 22일에 한일협정이 체결되었고, 8월에는 여당 단독으로 불법으로 강행하여 비준되었다.

이 무렵 삼성 이병철 회장이 아버지를 찾아와 중앙일보 재단을 맡아달라는 부탁을 했다. 당시 이병철 회장은 1965년 3월 중앙일보를 창립하고 그해 9월에 창간호를 냈다. 그러나 아버지는 "내가 장사꾼이냐"며 거절했다. 이것이 아버지와 이병철 회장과의 유일한 연이다. 이 외에 쌍용 김성곤 회장과도 인연이 있었다. 당시 종로 2가 한청빌딩 앞에 2층짜리 신신백화점과 함께 5층짜리 화신백화점이 있었는데, 김성곤이 공화당 4인방 하던 시절 박정희를 대신해 아버지께 20층짜리 《사상계》 건물을 지어주겠다고 제안을 했다. 그것 때문에 나도 신문로에 있던 김성곤의 자택에 심부름하러 갔던 적이 있었다.

　이를 지켜만 볼 수 없었던 아버지는 병상에 계시면서도, 1965년 7월호 증간호를 발행하여 '한일협정 조인을 폐기하라'라는 권두언을 싣고 '신(新) 을사조약의 해부'라는 특집호를 냈다. 아버지는 이에 그치지 않고 퇴원한 직후에는 1965년 9월호 권두언에 "이제 한일수교라는 미명 아래 집권자의 부정과 그 폭력은 최고에 달하고 있다. 배반자의 무리가 도리어 가상할 만한 군상으로 등용되고 매국하는 자가 스스로 애국하는 자라고 불러도 아무도 그를 탓하지 못하게 된 것 같다. 이 강산을 흑암으로 뒤덮은 채 그들은 득의양양하고 이에 발분하는 양식의 소리는 너무나 가냘프다. 그러기 때문에 오늘 우리가 심대한 국난에 직면하였음은 누구도 부인할 수 없다"라면서 항변했다. 이때 아버지는 숨어서 인쇄소를 찾아다니며 몰래 ≪사상계≫를 제작하고 판매는 서점을 거치지 않고 직접 독자에게 우송하는 방식을 택했다.

정치인의 길로 나가
사카린 밀수사건을 파헤치다.

그 뒤로도 정국은 계속해서 혼란스러웠다. 1965년 8월에는 여론의 반대에도 불구하고 베트남 파병동의안이 국회에서 의결되었고, 1966년 3월에는 국회에서 베트남 증파 안이 통과되어 전투부대를 보내게 되었다. 아버지는 그 어느 때보다도 박정희를 비판하였다. 1966년 ≪사상계≫ 5월호 권두언에서 아버지는 "5.16으로부터 5년이 지난 오늘, 5·16의 재평가가 필요하다"라며 "5·16은 이 민족에서 희망과 자신을 빼앗은 것"이라 규정하고 "절망의 나락으로 밀어 넣었다"라고 비판하였다. 그 이유로 "5·16 이후의 우리 사회는 부정(不正)이 아닌 것이 없고 부패 없는 곳이 없으며 공명정대를 피하고 망국적인 정보 정치를 일삼아 국민 상호 간 불신의 씨를 심었다"라고 하였다. 당시 ≪신동아≫는 그와 관련하여 전혀 언급이 없었고 ≪세대≫ 잡지는 5.16에 긍정적인 몇 개의 논문을 실었을 뿐이었다.

이때 1966년 6월 6일 서울 서대문구 연희동 297-2에서 할아버지 장석인(張錫仁) 목사가 돌아가셨다. 연희교회에서 장례식을 치른 후 망우리 가족 묘지에 안장되었다. 아버지는 슬픔을 잠시 뒤로 하고 6월 25일부터 베트남 파병을 반대하는 민중당의 첫 지방 유세(전남 광주)에 초청 연사로 참여하였고, 이어 7월 9일에는 부산에서 유세 연설을 하였다.

민중당 입당 성명을 발표하는 장면(1966. 7. 11.). 앞줄 왼쪽에서 두 번째 장준하)

그 뒤 아버지는 1966년 7월 11일 박병권·임철호·김재춘·홍창섭 등 12명과 함께 민중당에 입당하였다. 아버지는 이들과 함께 "건전 단일 야당의 실현으로 군정의 재연장을 봉쇄하고 정권의 평화적 교체를 이룩하기 위해 민중당에 합류한다"라는 성명을 발표하였다. 이로써 아버지는 정치인의 길로 나서게 되었다. 며칠 뒤 11명이 합류를 철회하였지만, 아버지는 그대로 민중당에 남았다.

아버지가 왜 정치인의 길을 걷고자 하였는지는 정확히 알지는 못한다. 다만, 당시 《사상계》가 엄청난 탄압을 받으면서 먹고 살길이 막막해지니 화가 나서 싸움을 하려고 한 것도 있을 것이고, 이범석 장군, 백낙준 박사의 영향도 있었을 것이다. 박정희를 내치려면 어차피 현실 정치로 들어가 싸워야 한다고 생각하셨던 것이 아닌가 한다. 그때 아버지가 가까이했던 인사들로는 유진오 박사, 백낙준 선생, 이범석 장군, 정일형(정대철의 아버지) 박사 등이었다. 당시 아버지를 아끼던 목사들은 정계에 진출하는 것을 반대하셨지만, 아버지로서는 《사상계》가 문을 닫게

민족·국가와 나

생겼으니 방법이 없었다.

얼마 뒤 그해 9월에는 한국비료의 사카린 밀수사건이 터졌다. 이는 정부와 재벌이 한통속이 된 정경유착의 전형이었다. 당시 삼성은 울산에 한국비료공장을 짓고 있었는데, 정부의 보증으로 일본의 미쯔이 물산으로부터 상업차관 2,300만 달러를 빌릴 수 있었다. 이때 미쯔이 물산이 커미션으로 100만 달러를 주겠다고 하였다. 하지만 외환 관계법상 외화를 그대로 들여올 수가 없자, 삼성 사주였던 이병철이 박정희에게 그런 사정을 알렸고 박정희는 그만큼의 현물로 들여오도록 했다. 이에 이병철은 자재와 함께 사카린, 양변기, 전화기, TV 등을 몰래 들여왔는데, 이러한 품목들은 국내에서 생산되지 않았기 때문에 이를 판매하면 2배 이상의 차익을 챙길 수 있었다. 삼성 측은 이익금을 한국비료 운영 자금뿐만 아니라 박정희의 정치자금으로도 사용하고자 하였다.

하지만 1966년 5월 사카린을 몰래 팔다가 국내의 다른 수입업자에게 덜미를 잡히고 말았다. 그해 6월 초 벌과금 추징으로 사건이 일단락되는

민중당의 '박정희 정권 밀수 규탄대회' 장면(1966.10.9. 효창운동장)

가 싶었는데, 언론에서 이를 연일 대서특필하면서 최악의 상황으로 내몰렸다. 결국 이병철은 한국비료공장을 국가에 헌납해야만 했다.

이러한 사실이 세상에 알려지면서 민중당 등 야당과 학생들이 나서 전국적인 규탄대회를 열었다. 대정부 질의 도중에 김두한 의원이 국무위원석에 앉아 있던 정일권 국무총리, 장기영 부총리 등 수 명의 각료들을 향해 오물을 투척하는 사건이 발생하기도 했다. 10월 9일 효창운동장에서 열린 '특정 재벌 밀수 진상 폭로 및 규탄대회'에서 아버지는 연사로 나섰다. 이때 박순천·유진산·서범석·김대중·전진한·이충환·김영삼·한통숙·부완혁 등도 연사로 참여했다. 그날 비가 내리는 날이었는데도 3만여 명의 군중이 모여들 정도로 큰 관심을 끌었다. 단상에 올라간 아버지는 당시 박정희의 비리를 낱낱이 밝히고 정권퇴진운동을 벌어야 한다며 강도 높게 비판하였다.

"박 정권은 협작, 밀수, 테러, 총칼, 공산당식 정보 정치로 정권을 유지하면서 소위 근대화라는 거짓말로 국민과 우방국가를 기만하고 있다. 4대 의혹 사건, 새나라 코로나 차 사건들이 다 그렇다. 오늘날 관청에서 도장 찍는 사람들은 모두 도둑질하고 있으며 그렇게 살아야 하는 것이 오늘날 강도 집단 사회의 현상이다. 우리나라는 오늘날 자자손손이 갚아도 다 못 갚을 빚만 지고 있다. 미국 정부 지도자들이 와서 빚 갚으라고 독촉하고 있으며, 우리는 지금 젊은이의 피로 이 빚을 갚고 있다. 얼마 후면 일본·독일 등 여러 나라가 빨간딱지를 들고 올라올지 모르는 위치에 서 있으며 이런 현상이 허울 좋은 근대화라는 것이다. 밀수 근절, 정치정화 등 여러 이야기를 할 수 있지만, 문제는 박 정권을 몰아내야 한다. 박정희란 사람은 우리나라 밀수 왕초다."

그 뒤 아버지는 10월 15일 하오 2시 대구 수성천변에서 4만 명의 청중이 운집한 가운데 특정 재벌 밀수사건 규탄대회에서도 "특정 재벌의 밀수 왕초가 바로 박정희 씨"라고 발언하는가 하면 "존슨 대통령의 방한은 우리 젊은이의 피가 더 필요하기 때문이다"라고 주장하였다. 이날 박순천 대표위원, 김대중 정책심의회의장, 김영삼 등과 함께 발언을 이어나갔다.

경북도경은 이날 발언을 문제 삼아 아버지를 입건했다. 허위 사실을 공공연하게 유포함으로써 대통령의 명예를 훼손하였다는 혐의였다. 서울시경 수사과는 10월 25일 아버지를 불러 철야 심문을 하고, 다음날 10월 26일에 서울형사지법 박승호 부장판사가 구속영장을 발부하였다. 이날 정오 무렵 사상계 사무실에서 구속영장을 집행하려고 하자, 아버지 요청으로 서대문구 평동 집에 가서 옷을 갈아입고 점심을 먹은 뒤에 그날 오후 1시 10분쯤 연행되어 서울교도소에 수감되었다. 아버지가 처음으로 구속되었다. 이때 나는 이화여자대학교 사범대학 부속 고등학교 2학년 학생으로 학교에 있었기 때문에 집에는 어머니와 막내 호준이만 있었다.

그해 1966년 12월 24일 재판정에 선 아버지는 "행정수반으로서 특정 재벌 밀수에 관한 책임을 져야 한다"라며 "정치자금 수수 운운한 것은 드러난 사실에 따라 자기의 주관대로 말한 것"이라면서 박정희를 증인으로 신청했으나 서울형사지방법원 10단독 안우만 판사는 이를 기각하였다.

생활은 여전히 나아지지 않아 사식 같은 것은 엄두도 내지 못했다. 어머니가 추운 겨울철이라 한복을 넣어드리고자 하였지만, 옷감 살 돈이 없어 발만 동동 구르고 있었다. 이때 박순천 선생이 우리 집을 찾아왔다.

서울 평동 집에서 서울교도소에 수감 되기 전 막내 호준이와 작별하는 아버지

어머니는 시장 점포에서 사용하는 봉투를 만들고 계셨다. 한 장 봉투를 만드는데 2전의 이익이 생겼다. 한참 종이에 풀을 붙이고 있는데 박순천 선생이 찾아온 것이다. 단칸방은 봉투가 어지럽게 널려 있었고 선생이 앉을 만한 공간도 없었다. 이런 어머니의 모습을 본 박순천 선생은 "장

민족·국가와 나

준하 씨가 어렵게 산다는 말을 들었지만, 부인이 직접 봉투를 만들고 있을 줄은 몰랐습니다."라며 어머니의 손을 꼭 잡아주셨다 한다. 박순천 선생은 어머니의 안타까운 마음을 어찌 아셨는지, 한복 한 벌의 옷감을 전해주고 가셨다.

아버지는 두 달간 갇혔다가 1966년 12월 30일 보증금 5만 원과 자택으로 주거를 제한하는 조건으로 보석을 허가받아 석방되었다. 이때 서대문측후소 부근의 집에서 쫓겨나 남산 밑 남산여관에서 6개월 동안 라면만 먹으며 생활을 하였다. 그 뒤에 다시 동대문구로 이사 가서는 답십리 -> 전농동 -> 홍릉 -> 청량리 -> 제기동으로 옮겨 다녔다. 당시 이화여대 부속 고등학교를 버스 타고 다녔다. 한창 공부해야 할 시절에 잦은 이사를 하며 짐 싸는 데 선수가 됐다. 이때 작은아버지들은 결혼하였고 나는 동생들 6~7명과 함께 다 같이 버스를 타고 신촌의 이화여대 부속학교를 다녔다.

그 뒤 1967년 2월 20일 열린 결심공판에서 정명래 검사는 "정치적 발언이라고 하더라도 국가원수를 모독한 것은 언론의 자유 한계를 벗어난 것"이라며 징역 2년을 구형하였고, 그해 2월 28일에 "정치인의 정치적 발언이라고 해도 실정법에 저촉되면 규제받아 마땅하다"라면서 "피고인의 연설 내용은 그 진실을 입증할 수 있는 구체적인 증거가 없어 범의를 인정할 수 있다"라며 징역 6개월을 선고했지만, 보석은 유지했다.

야당 '4자 회담'을 이끌다.

아버지가 잠깐 투옥되었을 당시 야권에서는 후보단일화와 야당 통합 논의가 한창이었다. 1967년 5월 대통령 선거와 같은 해 6월에 치러질 국회의원 선거가 코앞으로 다가왔기 때문이다. 이에 한일협정 비준 과정에서 분열하였던 민중당과 신한당이 통합을 합의하였고, 1966년 12월 24일 흥사단 사무실이 있는 명동의 대성빌딩에서 야당 통합과 대통령 후보 단일화 추진을 위한 위원회를 조직하였다. 이때 백낙준·백남훈·이범석 등이 고문으로 추대되고 허정·장택상·김홍일 등 20명이 추진 위원으로 뽑혔다. 당시 대통령 후보로 거론된 인물은 윤보선·백낙준·이범석·허정·유진오 등이었다. 그런데 대통령 후보를 다투던 이들을 한자리에 모아 놓는 일조차 버거웠다. 박정희를 몰아낼 절호의 기회였던 만큼 유력한 단일후보를 내는 것이 무엇보다 중요한 시기에 아버지가 출옥하였다.

아버지는 사상계 사를 선거본부처럼 이용하였다. 먼저 대통령 후보 단일화 문제를 해결하고자 5명을 한자리에 끌어낼 묘책을 마련하였다. 이에 후보들과 안면 있는 사상계 사의 인사들이 한 명씩 담당하기로 하였다. 이범석은 광복군 시절에 그의 부관이었던 김준엽이, 허정은 사상계의 주간 지명관이, 백낙준은 아버지가 맡기로 하였다. 윤보선과 유진오는 이들 세 명이 함께 찾아가 설득하기로 하였다.

아버지를 비롯한 함석헌·김준엽·지명관 등은 설득 전략으로 한 명씩 사퇴시켜 최종 후보 1명을 선택하거나, 5자회담 혹은 4자 회담 개최하여 최종 후보를 결정하고자 했다. 이들이 애쓴 결과 이른바 윤보선·백낙준·이범석·유진오 등 '4자 회담'이 개최되었다. 회담의 최고 화두는 야당 통합이었다. 신한당의 윤보선과 민중당의 유진오가 회담을 주도하는 분위기 속에 세력 기반이 약한 백낙준과 이범석은 소외되었다. 이때 윤보선은 4년 전의 선거 상황을 언급하면서 자신이 후보가 되어야 한다는 논리를 폈다. 제1 야당 당수로서 자신이 야당 통합을 주도해야 한다는 의견이었다. 4년 전 1963년 10월 5대 대통령 선거에서 윤보선은 박정희(46.6%)에게 불과 1.5% 차이로 낙선한 바 있는데, 부정선거로 기인한 것이라 여겨 대통령 자리를 도둑맞았다고 생각하고 있었다. 이에 이범석이 중간에 자리를 뜨면서 분위기가 한순간 술렁이자 불현듯 백낙준이 아버지를 후보로 내세우자고 제안했다. 이후 아버지는 '재야 대통령'이란 별칭을 얻게 되었다.

그 뒤 대국적인 타협이 성사되어 신한당과 민중당이 신민당으로 통합하고 유진오가 당수로, 윤보선이 대통령 후보로 결정되었다. 이후 아버지는 윤보선을 지지하며 1967년 4월 이후부터 신민당의 선거 캠프에 뛰어들어 유세에 나섰다. 아버지가 사상계 발행인·언론인이 아닌 정치인으로 첫발을 내디딘 것이다. 아버지는 윤보선 대통령 후보를 비롯하여 유진오 당수, 박기출, 정해수 선생 등과 함께 지원 유세에 나섰고 어느 때보다도, 누구보다도 강한 어조로 박정희를 비판하였다.

"대한민국에서는 누구나 일정한 자격과 조건만 갖추면 대통령이 될 수 있습니다. 그러나 단 한 사람 박정희 씨는 안 됩니다. 박정희 씨는 일본 '천황'에게 충성을 맹세하고 일본군 장교가 되어 우리의 독립 광복군에 총부리를 겨누었으니 이런 인물이 우리나라 대통령으로 있는 것은

우리의 국가와 민족의 수치입니다."

　1967년 4월 13일 오전 안양 유세에서는 "현재 건설 중인 여러 공사의 이면에는 흑막이 개재되었다"라고 주장하고, 계속되는 공화당의 인신공격을 다시 한번 경고하는 의미에서 꼭 한 가지만 말씀드리겠다며, "박정희 대통령이 독립투사였다고 말하고 있는 것은 당시 서안군(광복군) 소좌(소령)였던 이해평(李海平; 별칭 이재선) 씨가 해방 직후 철기(이범석) 장군의 이름으로 된 백지 위임장을 가지고 일본군에 있던 한국인들의 포섭에 나섰다가 그해(1945년) 12월에 북경에서 박정희 씨를 만나 이 백지 위임장을 주었다는 사실 뿐이다"라며 박정희가 독립투사였다는 것을 반박했다. 오후 수원 유세에서는 "박정희 씨는 국민을 물건으로 취급하여 우리나라 청년을 월남에 팔아먹고 있고 그 피를 판 돈으로 정권을 유지하고 있습니다"라며 베트남 파병을 비판했다.

　1967년 4월 15일 오후, 부산 항도초등학교 앞 초량역 광장 유세에서는

신민당 부산 항도초등학교 앞 유세 장면(《조선일보》1967년 4월 16일자)

15만 명의 청중들이 모여들었는데, 이 자리에서 아버지는 김종필 공화당 회장이 850만 원 수표를 잃어버린 것에 대해, 그 금액이면 2백 호 농가가 1년 벌어야 할 돈이라면서 정부가 발표한 농가 부채액, 양곡 생산량, 통화량 수출실적 등은 거짓된 통계라며 신랄히 비판하였다. 또한 아버지는 월남에 파견된 장병은 농민 노동자, 가난한 상인들의 아들뿐이며 정부 고관과 공화당 간부의 자제들은 한 사람도 없다고 비난하였다.

아버지가 부산에서 유세하고 있을 때, 박순천 대표와 윤보선 후보가 함께 우리 집을 방문한 일이 있었다. 그때 어머니가 집안에서 헝겊으로 조화(造花)를 접고 있는 모습을 보고는, 윤보선 후보가 "그걸 뭣에 쓰려고 접는 거요?"라고 묻자 어머니는 "팔려고 접습니다"라고 대답하였다. 그 말은 들은 윤보선 후보와 박순천 대표는 우리 집안 형편을 집작하고는 어머니를 붙잡고 울었다고 한다.

　1967년 4월 16일 오후 2시 반 대구 수성천변에서 열린 신민당 유세에서 아버지는 "5·16 직후 소련의 후루시초프가 창안한 민족적 민주주의를 부르짖던 공화당이 그동안 이 말을 잊었다가 인제 와서 또다시 민족적 민주주의를 들고나온다"라면서 "이처럼 사상적으로 방황하는 정당에 어떻게 정권을 맡길 수 있느냐"고 주장했다. 뒤이어 4월 18일 진주 공원 유세 때에도 아버지는 박정희 정권의 '민족적 민주주의'를 다시 거론하여 사상 논쟁을 불러일으켰다. 이때 아버지는 "이 땅에 민족적 민주주의의 망령이 되살아나고 있으며 박정희 씨는 자기 사상을 갖지 못한 사상적 방랑아"라고 비판했다. 여수·순천반란 사건 때 이상한 정치사상을 가졌으며 새로운 주의를 발견했다고 말하면서 행정적 민주주의를 내세웠다가 지난 선거 때는 민족적 민주주의를 내세웠다고 비판했다. 이어 그는 4년간 군사독재를 자행한 민주공화당이 선거를 앞두고 또다시 민족적 민주주의를 들고나온다며 "박정희 씨를 사상적 방랑아로 규정한다"라고 맹비난했다.

　이에 민주공화당은 자립을 추구하는 박정희 후보의 민족적 민주주의에 대해 신민당이 또다시 낡은 매카시즘 수법으로 사상 논쟁을 일삼으려 하고 있다며 상대할 흥미조차 느끼지 못한다며 야당이 무슨 소리를 하든지 자신들의 자립을 향한 굳건한 의지는 아무도 가로막지는 못할 것이라며 반박했다.

　1967년 4월 20일 오전 포항 유세에서 아버지는 "박 씨는 과거 공산주의의 남로당 조직책으로 임명되어 남한에서 지하조직 활동을 한 사람이며 조직원 동료를 팔아 희생시키면서 자기 목숨을 산 사람입니다."라고 하였고, 그날 오후에 영천 유세장에서는 맹호작전이라는 모종의 부정선거 공작을 전국적으로 획책하고 있다고 주장했다. 이렇듯 강한 어조의 아버지 유세 발언에 유권자들은 아연실색하기도 하고 아버지가 저러고도 무사할까 하는 의구심도 내비쳤다. 이후 '박정희의 천적은 장준하다'라는 말이 회자하기도 하였다.

그런데 아버지는 포항 유세 다음 날인 4월 21일 포항 경찰에 입건되었다. 대통령선거법 제148조 및 149조를 들어 박정희 후보를 비방했다는 이유였다. 그 뒤에도 아버지는 4월 22일 오후 2시 윤보선 후보, 박순천 고문, 박기출 등과 함께 서울 남산 음악당 유세 지원 연설을 이어나갔다. 이때 아버지는 "김종필 씨는 요릿집에서 850만 원을 잃어버렸다"라며 말을 꺼낸 뒤, "김종필 씨는 건설을 외치면서 1천만 원짜리 공장을 짓는데 3천만 원 또는 1억 원씩 외국에서 부채를 들여와 그 차액을 정치자금으로 썼다. 지급보증은 국민의 연대보증인에 박정희 씨가 정권을 빼앗았을 때 1,734만6천 달러밖에 안 되던 외채가 오늘날에는 2억 달러로 늘어나 국민 경제를 파탄시키고 있다. 박정희 씨는 군에 있을 때 좌익계에 관련됐다는 것은 널리 알려진 사실이다"라며 박정희 후보의 비판을 이어나갔다.

며칠 이어진 유세로 체력도 떨어지고 목이 쉬었는데도 아버지는 4월 23일 평택과 천안유세에 강행군을 이어갔다. 이날 천안유세에서 아버지는 "우리나라 신문들은 베트콩의 패잔병과 싸우고 있는 파월 국군의 전투 상황을 엉터리로 보도하고 있다. S지는 남산 유세 청중 수를 형편없이 적게 보도하고 있다"는 등의 특정지를 가리키며 언론기관을 공격하였다.

4월 26일 오전 서울지검 선거 전담반 문상익 부장검사는 4월 21일 남산공원에서 아버지의 유세 내용을 가지고 대통령선거법 제149조(후보

1967년 4월 22일 남산 음악당 광장에서 열릴 윤보선 대통령 후보 정견 발표회 광고
(《조선일보》1967년 4월 18일자)

서울 남산 음악당에서 열린 윤보선 후보의 유세 장면(《조선일보》1967년 4월 23일자)

자 비방죄) 위반 혐의로 또다시 입건했다. 아버지는 그러거나 말거나 하고 지원 유세를 계속했다. 신민당은 선거를 6일 남겨 놓은 4월 28일 대중당과 공동으로 공명선거투쟁위원회를 구성하기로 했다. 이날 아버지가 설득하여 함석헌 선생도 신민당에 입당하고 선거유세에 동참하였다. 5월 1일과 2일에 부산과 대구 등 영남지방 대도시에서 박순천·함석헌·부완혁 등과 함께 지방 특별유세반을 꾸렸다. 5월 3일에 대선을 결성하는 날이었기 때문에 마지막 유세였다. 그런데 4월 29일 오후 서울지검 수원

민족·국가와 나

지청은 아버지를 세 번째로 대통령선거법 149조 위반 혐의로 입건했다. 이번에는 지난 4월 13일 서울의 매산국민학교 교정에서 있었던 찬조 강연 내용을 문제 삼았다. 4월 30일에는 대전지검에서 4월 24일 공주유세 당시 유세 발언을 이유로 입건했다. 아버지는 이에 굴하지 않고 특별유세반 인사들과 함께 5월 1일, 2일 이틀간 유세하며 이번 선거는 공화당과 공화당을 반대하는 전 국민 연합 세력 파의 싸움이라며 윤보선 지지를 호소하였다.

하지만 1967년 5월 3일 제6대 대통령 선거에서 51.4%를 얻은 박정희가 40.9%에 머문 윤보선을 누리고 재선에 성공하였다. 이렇듯 선거가 끝난 후 아버지에 대한 본격적인 수사가 시작되었다. 5월 3일 부산지검 선거부(부장 나호진)는 아버지와 박기출, 통한당 대통령 후보 오재영 선생 등의 선거법 위반 혐의에 대한 본격적인 수사를 벌였다. 대검 선거부의 수사 승인을 받은 부산지검은 경남도경을 지휘하며 5월 4일부터 방증 수사를 하였다. 4월 말부터 5월 2일까지 부산·마산·진주·삼천포 등 지방 유세에서 정부를 비방하며 불법 운동을 한 혐의였다. 허위 사실을 유포하여 특정 후보를 비방하였다는 죄목이었다. 아버지를 수감한 것은 6·8 총선거에 출마하지 못하도록 하려는 조처이기도 했다.

옥중 출마하여
7대 국회의원에 당선되다.

　대선이 끝난 후 신문사 지프가 아버지를 밀착취재하였다. '밀수 왕초' 발언으로 아버지가 구속될 것이 뻔한 상황에서 이를 집행하는 상황을 놓치지 않으려 한 것이다. 그뿐만 아니라 아버지를 미행하는 정보계 형사들의 수도 늘어났다.

　1967년 5월 7일 오전 11시 10분경, 아버지가 안국동 신민당 중앙당 대표최고위원실에서 기자들과 '정치 방담'을 나누던 중 형사 4명이 찾아와서는 쇠고랑을 채웠다. 곧바로 서울지검 6호 검사실로 연행되었다. 당시 아버지는 구속될 줄을 알고 그랬는지 이발까지 하였다. 구속되기 전날 밤, 아버지는 어머니에게 "내가 신부(神父)가 되었더라면 좋았을 것 같소. 당신에게 미안할 뿐이오. 내게 있어 미안한 것은 가족들밖에 없소"라는 말씀하셨다 한다. 그때만 해도 나나 어머니도 크게 걱정하진 않았다. '그놈들이 항상 못살게만 굴지 금방 나오겠지'라고 생각했다.

　아버지는 체포된 그 날 문상익 부장검사로부터 6시간 동안 신문을 받은 후 오후 7시경 서울구치소에 갇혔다. 독방 5사 8방이었다. 대통령 선거유세 중에 십여 차례에 걸쳐 '박정희 씨는 국민을 물건 취급한다, 우리나라 청년을 월남에 팔아먹었다, 박 씨는 과거 공산주의의 조직책으로 임명되어 조직 활동을 한 사람이다' 등의 발언이 박 후보를 비방한 것이라 것이다. 이로써 아버지는 대통령 선거법 148조 허위 사실 공표 위반죄로 두 번째 투옥되었다. 어머니는 서대문 구치소를 매일 찾았다. 3분 면회를 위해 3시간을 기다리는 수고도 마다하지 않으셨다.

아버지는 그날 오후 6시 40분경 신문이 끝난 뒤 기자들에게 옥중 출마를 표명하였다. 아버지를 옆에서 모셨던 분이 5월 8일 국회의원 입후보 첫날 동대문구 을구 지역구 후보로 등록하였다. 부랴부랴 동대문구 여관에 방 두 개를 빌려 사무실을 차렸다. 돈이 없어 점심을 굶기가 예사였고 일당을 줘야 할 선거운동원들이 오히려 어머니에게 가락국수를 사주곤 했다. 당시 나는 고3 학생이었지만, 가끔 잔심부름하곤 했다.

서울구치소에 수감되는 장준하 선생
(《조선일보》 1967년 5월 9일자)

동대문 을구는 주로 영세민들이 살던 곳이라 돈 없이는 당선되기 힘들다는 얘기도 돌았다. 여하튼 동대문구로 이사하였는데 그곳은 지역적 기반이 전연 없던 곳이었다. 더욱이 조직이나 자금도 없던 형편이라 어려운 선택이었다. 그에 비해 민주공화당의 강상욱 후보는 당시 현역 국회의원이었고 서울시당위원장이었다. 그는 육사 9기생으로 최고위원 출신의 5·16쿠데타의 한 사람이었으며 청와대 비서실장까지 지낸 인물

이었다. 그는 자금뿐만 아니라 지역적
기반도 탄탄하여 골리앗과 다윗의 싸움
에 견줄 만하였다.

구속 적부심사를 받는 장준하
(《조선일보》 1967년 5월 12일자)

　아버지 쪽 운동원이래야 사상계 사 고
성훈 취재 부장 등 3명과 함석헌 선생 정
도였다. 함석헌 선생을 중심으로 어떻
게 선거본부는 꾸려졌는데 선거운동을
어떻게 해야 할지 막연했다. 그런데도
1967년 5월 16일 오후 5시경, 청량리역
광장에서 첫 유세를 하였다. 당시만 하
더라도 야당의 유세장에는 유권자들이
해가 진 뒤에 모여드는 속성이 있었다. 그래야 서로의 얼굴을 알아볼 수
없기에 그런 것이었다. 그런 사정도 모르고 오후 5시경에 유세를 시작하
였는데, 의외로 유권자들이 모여들기 시작하였다. 나중에 알고 보니 이
들은 대개 공화당 선거운동원들이거나 공화당 지지 성향의 유권자들이
었다. 이들이 유세장을 찾은 것은 아버지가 옥중 출마한 상황이기 때문
에 여론의 동향을 살피려 한 것이었고, 다른 한편으로는 대중들에게 널
리 알려진 함석헌 선생이 유세한다는 소문에 찾아온 것이기도 하였다.
당시의 청량리역 앞 광장은 지금의 반도 되지 않는 넓이였는데, 자리를
메운 청중 수는 대략 4, 5백 명 정도로 제법 많았다. 어머니는 사람들에
게 사탕을 나눠주는 것으로 유세를 도왔다. 그때 사탕을 얻어먹으려는
꼬마들이 어머니 뒤를 따라다녔다.

　흰 두루마기, 흰 머리, 흰 수염의 함석헌 선생은, "여러분! 장준하를
살펴 주십시오. 장준하 사상계 사장을 국회로 보내주셔야 합니다. 안 그

러면 장준하, 이 사람 죽습니다. 자살할지도 모른단 말입니다"라고 말한 뒤 손수건으로 흐르는 눈물을 닦아냈다. 이러한 그의 모습에 유권자들은 순간 숙연해졌다. 이후 유권자들은 아버지에 대해 관심을 가졌고 왜 옥중 출마를 하였는지도 알게 되었다. 어머니가 교도소를 오가며 당시 상황을 전해드리곤 하였다.

그 뒤 야당의 거물 박순천 대표가 전농여중 운동장에서 유세하는데 청중이 구름같이 몰려들었다. 민중당 대표를 지낸 박순천은 '정치권의 여장부'로 널리 알려져 있었다. 이때부터 전세가 역전하여 공화당 표가 아버지 쪽으로 몰려오기 시작하였다. 그럴수록 공화당 측에서는 아버지의 조속한 석방을 독촉했다. 동정여론을 막고자 한 것이다. 이에 아버지는 투표일 1주일을 앞두고 5월 31일 오후 6시 20분경 옥에 갇힌 지 25일 만에 보석으로 풀려났다. 통한당 대통령 후보였던 마포지구 국회의원 후보 오재영 씨와 함께였다. 보석금은 10만 원이었다.

서울교도소를 나선 아버지는 "선거 뒤에 석방될 줄 알았는데 막상 나오게 되어 어리둥절하다"라며 출감 소감을 밝혔다. 아버지는 주거가 자택으로 제한되었기 때문에 집으로 가기 전에 마중 나온 신민당원들과 함께 '서울 자 7060' 자동차를 이용하여 유세장으로 달려갔다. 아버지는 "여러분의 힘으로 풀려 나왔다"라고 하면서 선거운동에 나섰다. 하지만 아쉽게도 합동 정견 발표회가 모두 끝나버린 뒤였고 선거일도 1주일 밖에 남지 않은 상황이었다.

열세를 면치 못하던 강상욱 후보는 "이제서야 장 씨 선거운동에 나선 함석헌 씨 등의 동정표 호소 작전이 없어져 잘 됐다"라면서, "선관위에 부탁해서 이미 다 끝난 합동 연설회라도 재개하도록 해 보겠다"라며 허세를 부렸다.

기호 ||||
（6번）

장준하
張 俊 河
-52세-

통합야당 밀어주어 일당독재 막아내자!

● 経歴 ●
ㅣ.日本유학중에 學兵, 徐州서 탈出, 重慶서 光復軍참가（光復軍大尉）
ㅣ.해방직후 臨時政府와 같이 金九主席秘書로 귀국
ㅣ.韓國神學大學졸업 ㅣ.1953년 創刊이래「思想界」社 社長
ㅣ.反独裁 言論鬪争으로 1962년도 막사이사이賞 수상
ㅣ.밀수사건 규탄으로 被檢, 一審서 징역형언도 받고 上告후 保釋
ㅣ.신민당 중앙당 운영위원, 동대문 을구당 위원장
ㅣ.선거법위반혐의로 본 선거공고 一日前 구속되어 獄中出馬

신민당

제7대 국회의원 선거용 벽보

　선거일이 다가올수록 선거유세는 과열 양상을 보였다. 종친회, 동창회, 계 등이 선거에 이용되었고 막걸리, 들놀이, 금전 살포 등이 다반사였다. 선거전은 막바지에 다다르면서 최고조에 올라 테러, 폭로, 인신공

　　　　　　　　　　　　　　　　　　　　민족·국가와 나

격과 갖가지 중상모략이나 종잡을 수 없는 흑색선전 등이 꼬리를 물고 이어졌다. 6월 3일에는 여야 간에 몇몇 선거구에서 총력전이 벌어졌다. 신민·공화 양당은 서울 시내에서만 14곳 유세장에 중진급 등이 총동원되어 유세전을 펼쳤다. 하지만 그날 비가 오락가락하는 바람에 열기를 이어가지 못했다. 그날 오후 2시에 일신초등학교 운동장에서 김종필 공화당 의장 등이 연사로 나섰지만, 기대만큼 성황을 이루지는 못했다. 오후 5시에 남산야외음악당에서 합동유세가 있었지만, 청중은 겨우 150명 남짓이었다. 그나마 경찰들과 양측 당원을 빼면 어린이와 광주리 장사꾼들이 대부분이었다.

한편 신민당에서도 6월 3일 오후 3시 청계국민학교 운동장에 정일형 후보를 지원하기 위해 윤보선 · 유진오 · 박순천 등이 나타났지만, 유진오와 박순천 등이 등단하지 않아 열기를 이어가지 못했다. 그런데 그날 오후 5시에 청량중고 운동장에서 열린 아버지 유세장에는 3천여 명의 청중들이 몰렸다. 성황이었다. 아버지를 보기 위해 더욱 많은 사람이 유세장으로 몰려들었다. 이 자리에서 윤보선은 "일국의 대통령을 아들이라고 한 모국의 정객은 칙사 대접을 하면서, 밀수의 왕초라고 한 장 씨를 붙들어 넣을 수가 있느냐"라며 목청을 높였고 청중들은 우레와 같은 박수로서 화답하였다. 윤보선은 1963년 12월 일본 자민당 부총재 오노 반보쿠(大野伴睦)가 박정희 대통령 취임식 참석차 한국에 와서는 박정희와 자신과는 '부자지간'이라 하여 말썽이 된 적이 있었는데 이를 두고 한 말이다.

당시 판세는 역전하여 아버지 쪽으로 기울고 있었다. 다급해진 강상욱 선거사무소는 "당원 여러분 유권자를 찾아 밖으로 나갑시다"라는 벽보를 붙이는가 하면 80여 명의 당원이 두 대의 전화에 매달려 각 동의 선거연락사무소와 연락하기에 바빴다. 상황실에서는 군사 작전을 펼치듯 밤늦도록 간부들이 아버지나 연사들의 연설 녹음을 분석하며 마지막 공격을 위한 작전을 짜느라 여념이 없었다.

아버지는 6월 5일 밤에도 이문동에서 유세를 펼쳤고 6월 6일 새벽에는 선거연락소를 찾아다니며 운동원들을 격려하였다. 당시 아버지는 여관에서 숙식을 해결하면서 선거운동에 몰두하였다. 아버지를 격려하는 전화가 빗발쳤다. 아버지는 투표 하루 전날까지 정견 발표를 통해 득표전략을 밀고 나갔다. 아버지는 그럴수록 박정희를 거세게 비판하였다.

"천황폐하 만세를 다반사로 부르짖던 이가 대통령으로 군림하여 이 나라는 민족정기가 말살되고 있습니다. 군사정권이 여러분 자제의 젊은 목숨과 여러분의 고혈을 착취하여 부정 축재한 거금에서 몇 푼씩 나누어 주는 돈 봉투에 여러분 고유의 소중한 주권을 팔아서는 안 됩니다."

이어 함석헌 선생의 유세 연설이 더해지면서 유세장은 후끈 달아올랐다. 그 뒤로도 아버지와 함석헌 선생은 동대문구 을구 지역구를 돌며 투표일까지 열다섯 차례나 유세 연설을 이어갔다.

6월 8일 저녁부터 청량고등학교 강당에서 개표가 이뤄졌다. 이때 일이 있었다. 여·야당 참관인이 개표장에 들어가서 개표 상황을 감시하던 중에 강상욱에 의해 개표가 중단된 것이다. 투표함을 반쯤 개봉했을 때 아버지가 압도적으로 우세한 상황이 되자 강상욱 측에서 돌연 본인들이 졌다고 선언하고는 개표를 중단하자는 것이었다. 당시 선거에서 최다 득표자가 국회의장이 되는 것이 원칙이었는데 아버지가 최다 득표자가 되면 큰일 나니까 개표 중단을 선언한 것이다. 물론 이는 해프닝으로 끝났다. 밤새 개표가 이뤄져 다음 날 새벽 3시경 끝났다.

장준하 57,119표 강상욱 35,386표 표 차 21,733표

　아버지가 2만1천여 표로 강상욱 후보를 압도적으로 누르고 국회의원에 당선되었다. 공화당 대리투표의 덕을 보기도 했다. 대리투표에 동원된 사람들이 공화당을 안 찍고 신민당을 찍기도 한 것이다.

　나는 아버지가 당선되었다는 소식을 들었지만 별 느낌은 없었다. 당시 국회의원이라고 해봐야 애들 사이에서도 남다르거나 그런 것이 없었다. 당시에는 국회의원이 됐다고 해서 차를 제공해주는 것도 아니었다. 아버지는 사상계 사를 운영할 때나 국회의원으로 활동하시면서도 군용 지프를 타고 다녔다.

　총선거가 끝났지만, 정국은 6·8 부정선거 문제로 혼란스러웠다. 야당은 등원 거부로 맞섰다. 당시 총선거 상황을 살펴보면, 직접선거로 131명을 선출하였고 정당별 득표율에 따라 전국구 44명을 뽑아 모두 175명이 국회의원 배지를 달았다. 민주공화당이 129명이 당선됐지만, 신민당은 45명에 그쳤다. 공화당은 여전히 농촌 지역에서 압승을 거뒀지만, 신민당은 대도시에서 크게 승리하여 '여촌야도' 현상이 더욱 심화하였다.

　선거 과정에 많은 부정선거가 자행된 것에 야당은 '전면 무효화', '전면 재선거'를 요구하며 의원등록을 거부하였다. 이러한 정국 혼란은 대학가로 번져 휴교 조치에 이어 조기방학에 들어갔다. 이에 1967년 6월 14일 신민당 청년 당원 40여 명은 구국동지위원회를 결성하였는데 아버지가 위원장에 선출되었다. 신민당 내에는 6.8선거무효화투쟁집행위가 결성되었다. 당시 위원장 유진오, 부위원장 조한백, 집행위원 유진산·이재형·고흥문·정해영·김영삼·태완선·이병하·김응주·유옥우·유청 등이었다.

아버지는 막상 국회의원이 되었지만, 당선자에 불과하여 세비도 나오지 않았다. 이러길 4, 5개월이 지나면서 뜻하지 않은 일들이 벌어졌다. 날마다 채권자들이 집에 몰려와 진을 치고 돈을 달라며 닦달해대곤 하였다. 아버지가 국회의원이 되었으니 무슨 수가 있지 않겠느냐는 생각에 이미 포기하고 있던 빚쟁이들까지 나타났다. 거기다가 선거를 치르려고 여기저기서 돈을 빌려다가 벽보대·인쇄비·선거사무실 유지비 등으로 사용하였던 것도 만만치 않았다. 세비라도 나오면 어찌해볼 수 있었겠지만, 등원 거부로 그마저 막혔다. 당시 국회의원은 처신하기에 따라서는 돈방석에 앉을 수도 있었지만, 원칙대로 고지식하게 하자면 버스비도 안 남는 자리였다.

7대 국회는 1967년 11월 29일, 총선거가 끝난 지 무려 5개월이 넘어선 뒤에 문을 열었다. 그렇지만 이미 채권자들이 세비를 가압류하였기 때문에 아버지는 4년 내내 세비를 받지 못했다. 명색이 국회의원이었지만 그 흔한 명함도 안 찍었고 옷도 색이 바랠 대로 바랜 양복 하나를 입고 다녔다.

어느 날 김종필 총리로부터 국회의원 당선 축하금을 보내왔다. 아버지는 "가서 총리께 전하시오. 흰 봉투 받기 위해 장준하가 국회의원이 된 것이 아니라고."하고는 축하금을 돌려보냈다.

국회의원 겸직 규정에 따라 아버지는 사상계 사에서 손을 떼야만 했다. 이때 아버지는 조선일보 주필, 신민당 중앙상임위원을 지낸 부완혁(夫琓爀)에게 사상계 사를 넘겼다. 다시 사상계 사의 경영 상태가 어려운 상황이었기에 신민당 출신의 김세영이 재정적으로 주선하기로 하여 3자가 약정서를 쓰면서 부완혁이 발행인으로서 모든 일을 맡기로 하였다. 그래서 아버지의 이름을 발행된 사상계는 1967년 12월호가 마지막이었다.

그런데 아버지가 《사상계》를 부완혁에게 맡긴 것은 잘못된 결정이었다. 그 사람이 《사상계》를 자기 개인의 것으로 법적으로 바꿔버렸다. 원래 《사상계》의 논조가 반정부 성향이었던지라 키워나가기 힘드니까 공화당과 손을 잡으면서 《사상계》의 논조도 공화당 쪽으로 변하였다. 그러한 변화를 알아챈 독자들의 항의가 이어지면서 다른 사람에게 맡기려고 했지만 이미 법적 소유권까지 그에게 넘어가 있었다.

이후 사상계 사는 한청빌딩 시대를 마감하고 종로5가에 있던 효제동 기독교방송국 근처로 이전하였다. 한청빌딩 2층 편집실 벽면 서가에 가득 꽂혔던 아버지의 15년 동안의 육필 원고들은, 매호의 순서대로 꿰매 차곡차곡 정리한 뒤에 당시 이화여자대학교 도서관장이던 이봉순 교수에게 전달하였다. 이화여대 측은 이를 영구히 보관하겠다고 약속하였다.

그러던 가운데 1968년 1월 21일 북한이 보낸 특수부대가 청와대 습격을 기도하는 사건이 터졌다. 이틀 뒤인 1월 23일에는 미국의 정보수집함 푸에블로호가 원산항 앞 공해상에서 북한 해군 초계정에 납치되었다. 국민은 곧 전쟁이 일어날 것 같은 공포 분위기에 휩싸였다. 박정희 정권은 '안보 위기'를 강조하면서 사회 전반에 대한 통제를 강화하기 시작했다. 정부는 이를 기회로 4월 1일 '싸우면서 일하고, 일하면서 싸우는' 향토예비군을 창설하였다. 모든 예비역 장병은 '유사시'에 '총력전'에 참여해야 한다는 목적에서였다. 4월 5일에는 박정희 정권은 '학생 군사훈련 강화 방침'을 발표하여 남자고등학교 2·3학년 학생과 ROTC 교육을 받지 않는 남자 대학생들에게 군사교육을 시행토록 했다. 당시 아버지는 국방위원회 소속이었는데 이러한 박정희 정권의 '사회 병영화 정책'을 통렬히 비판했다.

한편, 아버지의 국회의원 출마로 어수선한 집안 분위기도 있었지만, 1968학년도 대학입시에 떨어지고 말았다. 1968년 1월 22일 서울대를 비롯한 전국 49개 전기대학 입학시험이 치러졌다. 이때는 국가 고사가 시행되지 않았기 때문에 대입을 위한 별도의 예비시험이나 자격시험은 없었고 진학하려는 대학에 응시하면 되었다.

나는 외교관이 되고 싶어 연세대 정치외교학과에 지원했다. 내가 영어를 잘했던 것이 지원 동기 중 하나였다. 신촌 살 때 나는 국민학생이었는데 아버지가 하버드대 교환학생 마샬을 집에 데려다 놓고 몇 년 동안 하숙 생활을 하도록 했다. 그때 그로부터 영어를 배웠다. 나는 살아 있는 영어를 배우게 된 것이다. 또 당시 아버지가 집에서 외국인 파티를 자주 열었던 것도 외교관의 꿈을 키운 이유가 되기도 하였다.

그런데 영어시험은 백 점이었지만 다른 과목 점수가 부족해 낙방했다. 당시에는 시험보다 연줄로도 대학에 들어갈 수 있었다. 당시 정태섭 박사가 연세대 정외과 학장이셨고, 백낙준 박사도 있었고, 박대선 씨가 총장으로 계셨다. 다들 영어 점수가 백 점이니 이 정도면 입학시켜도 된다고 하였고, 백낙준 박사도 돈이 문제면 장학금을 주겠다고 했지만, 끝내 아버지는 이를 받아들이지 않았다. 현실에 타협하지 않는 원칙을 고수하셨다. 어머니는 그때 꽤 실망이 크셨던 모양이다.

대학 낙방 후 홍릉 집에서 독학 재수를 하고 있는데 돌연 아버지는 나를 군대에 보내버렸다. 끝내 나는 대학에 들어가지 못하고 말았다. 지금 생각해 보면 그때 내가 대학교에 들어갔다면 싸구려 정치권에 들어가 정치활동이나 하고 아버지의 진정한 민족의식은 잊어버리고 어영부영 현실에 안주하는 나약한 현실주의자의 삶을 살지 않았을까 하는 생각이 든다. 대학교를 나와 겉과 속이 다른 국회의원을 했다면 그것 하나로 의미 없는 삶을 살았겠지만, 지금 나는 민족의식이나 국가관에 있어 나름의 고집이 있다. 그런 고집이 생긴 것은 싱가포르에 도망 아닌 도망을 갔을 때부터였다. 그곳에서 자리를 잡게 되면서 나를 알아보는 사람이 생겨났다. 그때 어떤 사람이 나보고 '독재와 싸우고 있어야지, 왜 한국 감옥에 안 가 있고 여기로 도망쳐 나와 있느냐'라는 얘기를 들었을 때 충격이 컸다. 아버지를 욕보이게 하는 것이 무엇인지를 알게 되었고 주변 사람들이 나를 어떻게 보는지도 알게 된 것이다. 그래서 그 말이 제일 가슴에 박혀서 한국에 돌아가면 반드시 ≪사상계≫ 잡지를 다시 살려야겠다, 아버지의 뜻을 이어가야겠다고 결심했다.

아버지가 나를
해군에 입대시키다.

　　1968년 6월, 아버지 비서인 경희대 학생회장 출신의 지 씨가 나한테 아버지가 그랬다며 부산에 다녀오라고 했다 한다. 나는 아무 의심도 없이 그와 함께 서울역에서 부산으로 향했다. 당시 나는 아버지 심부름 차로 울산 출신의 박재우(朴載雨, 1918~2005) 의원을 만나러 가끔 부산을 찾았다. 그런데 부산에 도착해서는 뜬금없이 마산으로 가야 한다는 것이다. 작업복으로 갈아입고 버스를 타고 마진고개를 넘어 마산에 도착했는데, 이번에는 진해에서 만날 사람이 있다며 그곳으로 가자는 것이다. 나는 그저 그분 말을 믿고 마산에서 기차를 타고 진해로 향했다. 서울에서 출발해서 진해까지 3박 4일 정도 걸렸다.

　　진해역에 내렸는데 경찰 모자 같은 모자를 쓴 사람이 기다리고 있었다. 처음 보는 사람이었는데 자신이 몰고 온 지프에 타라고 하는 것이 아닌가. 어리둥절하고 있는데 비서가 묘한 웃음을 띠면서 "수고해요"라고 하는 것이 아닌가. 내가 무슨 소리냐고 물었더니 입대하러 가는 것이라 한다. 나는 그때 진해에 해군사령부가 있는지조차 몰랐고 나중에 안 사실이지만 그 사람은 해군 장교였다. 나는 그 길로 지프에 실려 해군 진해 신병훈련소에 입대하게 되었다. 1968년 6월 17일이었다. 그때까지 아무 말도 안 해줬다. 졸지에 군에 들어가게 돼서 원망을 엄청 많이 했다.

때가 되면 어련히 군에 갈 텐데 갑자기 이렇게 보내버린다고 하는 생각에서였다. 후일 아버지의 뜻을 이해한 것은, 자식이 정치권에 휘말리지 않게 하려는 생각에서 취한 조치였던 것 같다.

당시 해군은 징병하던 육군과 달리 모병이었기에 날짜가 정해져 있었다. 내가 갔을 때는 이미 모병이 끝난 상황이었고 신병들이 훈련을 받고 있었다. 그 앞을 지나가려니 단상에 있던 교관(하사관)이 날 가리키며 "저기 지금 들어오는 놈 봐라, 저런 놈들이 대한민국에 있으니까 안되는 거다"라며 무안을 줬다. '빽 있어서 이제 들어온다'라는 비아냥 섞인 소리였다. 그 말이 젊은 시절에도 상당히 가슴에 와닿았다. 아무런 준비 없이 엉겁결에 입대하여, 남들은 미리 머리를 짧게 깎고 입대를 하는데 그러질 못해 군대 내에서 머리를 깎아야 했고 뻣뻣한 전투복으로 갈아 입는데 아주 죽을 지경이었다. 어찌 되었든지 간에 나는 137기로 해군에 입대하게 되었다.

서울 구축함 92함

어느덧 3개월 동안 힘든 훈련소 생활을 마치고 배속을 받게 되었다. 나는 함선을 타겠다고 자원하였다. 당시만 해도 힘든 선상 생활을 해야 했기에 꺼리는 사람들도 적지 않았지만, 다른 한편으로 공해상으로 한 계절을 보내고 돌아오면 그만큼 휴가도 길었기 때문에 이를 선호하는 이들도 있었다. 그런데 내가 함선을 타겠다고 한 것은 아주 단순한 생각에서였다. 그때 마침 우리나라에 처음으로 DD급 구축함 '서울함'이 들어왔는데, 미국에서 갖고 온 신형이라 거기에는 냉장고도 있고 고기를 비롯하여 먹을 게 많다는 소리에 혹했다. 아무튼 내가 바라던 대로 나는 군함에 배속되었다. 그런데 알고 보니 그 군함은 6·25전쟁 때 인천상륙 작전에 참전했던 '서울 92'(DD-912)였다.

그래서 나는 서울함에 승선하였고 얼마 뒤 처음으로 출동하였는데 참

해군 복무 시절(왼쪽 필자)

민족·국가와 나

운도 없게 북한간첩선과 교전이 벌어졌다. 1970년 2월경의 일이었다. 2월인데도 갑판에 얼음이 얼 정도 바닷바람은 매서웠다. 그때 연평도를 지나 공해상 순찰을 하며 위쪽까지 왔다 갔다 하는데 새벽에 갑자기 간첩선이 출몰했다고 비상이 걸렸다. 그때 함장은 주무시고 부함장이 당직을 서고 있었는데 우리는 간첩선을 좇아갔다. 전투태세 갖추고 전 대원들이 함포에 배치되어 만반의 준비를 하고 있었는데 깜깜한 밤중이라 그만 북한으로 넘어가고 말았다. 얼마쯤 갔을 때 두 척의 배가 불을 밝히고 있어 어느 게 조금 전에 달려온 배인지 알 수 없었다. 그러면 멀찍이 떨어진 곳에 군함을 정박하고 선박을 검문 검색을 해야 하는데 함장이 군함을 끌고 들어갔다. 그런데 당시 구축함에는 개인 병기가 없었고 5인치 대포만 있었기 때문에 가까운 곳을 표적 하기란 쉽지 않았다. 이때 간첩선이 불을 끄더니 군함에 바짝 달라붙었다. 우리는 포를 쏘지도 못한 상황에서 간첩선은 수류탄을 던지고 기관총 등으로 공격해왔다. 간첩선이 철갑탄을 쏘는 바람에 우리 측 동료 6명이 죽었다. 그때 긴박한 상황에서 미군 비행기가 출격하여 겨우 호위받아 남측으로 내려왔다.

군함은 엉망진창이 된 채 인천항에 입항했는데 조사한다고 하여 몇 개월 동안 하선하지도 못하고 붙잡혀 있었다. 나중에 어머니한테 들은 얘기인데, 그때 아버지는 아마 말씀도 안 하시고 발가락을 꼬부리고는 주무시는 시늉을 하였다고 한다. 우리 장씨 집안은 몸이 아프면 문 딱 걸어 잠그고는 아무도 안 만나는 습성이 있었다. 어머니 생각에 무슨 일이 있으신 줄은 알았지만 물어보지도 못했다고 한다. 나중에 아버지는 사망자 명단에 내가 없는 것을 확인하고서는 그때에서야 어머니에게 "호권이가 탄 배가 이북이랑 전투를 했는데 살았대"라는 말씀을 하셨다고 한다. 어머니도 나에 대해서 잘 알지 못하였는데 해군 연락 장교가 알려쳐서 내가 그 군함에 타고 있었다는 것을 뒤늦게 알게 되셨다고 한다.

그런 일이 있고 난 뒤에도 아버지는 가타부타 말씀이 없으셨는데, 해군 본부에서 그래도 국회 국방분과위원 아들인데 아차 싶었는지 나를 서울 동작구 대방동에 있던 해군 본부로 인사발령을 보냈다. 그곳에서 하사관, 헌병들과 같이 생활하였는데, 그때 월급이 500원이었는데 '너희들은 빽이 있어서 여기 와있으니까 돈이 필요 없다'라고 하면서 월급을 빼앗아갔다. 그것 때문에 그들과 말다툼을 하다가 상관을 때렸다. 그때 시국이 시국인지라 보신(保身)을 해야 하겠다고 생각하여 바로 밑의 동생은 유도를, 나는 고등학교 다닐 때부터 삼각지에 있는 합기도 도장에 다녔다. 하여튼 그때 싸움이 벌어졌는데 상대방의 이가 부러졌다.

국회 국방분과위원으로서 부대 시찰 당시 권총 사격 장면(오른쪽에서 두 번째 아버지)

민족·국가와 나

국회 국방분과위원으로서 부대 시찰 당시(왼쪽에서 두 번째가 아버지)

베트남에서
삶과 죽음의 경계를 넘나들다.

당시는 베트남 전쟁이 거의 막바지에 다다랐을 때이다. 아버지는 원래 베트남 파병을 반대하셨는데 당시 아들을 보냈다고 하여 이런저런 말들이 많았다. 나는 죽을지도 모른다는 생각에 가기 싫었다. 독립운동하러 가는 것도 아닌데 내가 왜 꼭 가야 할 이유가 없다고 생각했다. 나는 베트남으로 가는 '해군수송선 808함'에 배속되었다. 수송선은 진해에서 군수물자 싣고 부산 가덕도를 거쳐 베트남으로 수송하는 것이 임무였다. 나는 수송선이 가덕도에 정박했을 때 '이건 아니다' 싶어 밤중에 바다로 뛰어들었다. 그 길로 나는 서울로 올라와 숨어지내고 있었는데 어머니가 헌병이랑 비서를 대동하고서 나를 체포하러 왔다.

해군 수송선 808함(덕봉함)

수갑은 안 채웠지만, 나는 다시 진해로 끌려가서는 군함 안의 철창에 갇혔다. 그곳에 갇힌 채 수송선은 출항하였고 남중국해를 지날 때 함장이 찾아와서는 나 보고 "또 도망갈래? 가고 싶으면 가라!"라고 하면서 약을 올

백구부대 깃발

렸다. 아마도 아버지는 베트남 파병을 반대하였지만, 장관, 장군 등 지도급 인사들이 자신들의 아들을 파병 명단에서 슬그머니 빼는 것을 보고서는 나를 베트남으로 보낸 것이다. 6·25전쟁 당시 마오쩌둥이 자기 아들을 전쟁터로 보낸 것처럼 아버지도 나를 솔선하여 베트남 전쟁터로 보낸 것이다.

노블레스 오블리주라할까!

한국 해군이 베트남 전쟁에 참전하게 되는 과정을 간단히 살펴보면 다음과 같다. 1965년 3월 LST(Lading Ship Tank) 812(위봉)함이 인천항에서 군사원조 단장(준장 조문환)을 비롯한 장병 63명과 차량 및 수송물자를 적재하고 십자성을 길잡이로 삼아 남중국해를 지나 사이공으로 향한 것이 처음이었다. 그 뒤 7월에 LSM(Lading Ship Medium) 609함, 611함에 장병 261명을 증파하였다. 이후 LST-812함, 609(월미)함, 611(능라)함 등 3척의 함정과 장병들을 근간으로 '해군수송단대'가 편성되었다. 이어 월남의 해상 수송 소요가 증대하자, 1966년 2월 LST-807(운봉)함과 808(덕봉)함을 증파했으며, 그해 3월 비둘기부대에 배속되어 있던 해군수송단대를 '해군수송전대(백구부대)'로 증편함과 동시에 주월한국군사령부

백구 부대가

피 끓는 청춘을 조국에 바친 미덥고 씩씩한 해군의 용사
자유의 날개를 바다에 펴고 월남을 오늘러 우리는 간다.
우리는 백구 부대 바다의 방패 우리는 백구 부대 대한의 해군

필승의 결의를 가슴에 품은 빛나는 전통에 충무공 후손
정의의 날개를 바다에 펴고 파도를 헤치며 우리는 간다.
우리는 백구 부대 바다의 방패 우리는 백구 부대 대한의 해군

의 직할부대로 승격시켰다. '백구'라고 한 것은 '바다와 더불어 생존을 걸고 나는 하얀 갈매기란 뜻'이다. 이에 해군수송전대는 사이공을 모항으로 북쪽은 다낭으로부터 남쪽은 캄보디아 국경 부근의 푸꿕섬에 이르기까지 1천여 마일의 항정에서 미군 및 월남군과 통합된 연안수송 임무를 수행했다. 백구 부대는 1969년 8월 사이공의 월남해군본부 기지에서 사이공 쿠롱(CUULONG)기지로 이동하였다. 백구 부대가 수송한 물자와 장비 중에는 한국군뿐만 아니라 월남군의 군수물자 수송과 월남 정부가 요청하는 민간 물자수송도 상당 부분을 담당했다.

내가 승선한 808(덕봉)함은 며칠 걸려 베트남에 도착했는데 접안한 곳은 사이공 항구였다. 사이공은 당시에 월남의 수도였고 메콩강의 가장 중심지였다. 지금은 호찌민으로 이름이 바뀌었다. 항구 옆에 '탄 손 누트(Tan Son Nhat)'라는 공항이 있었다. 그래서 항구에 군함을 정박해 놓고 우리 군병력을 수송하고자 한 것이다. 며칠 정박하고 있는데 상관

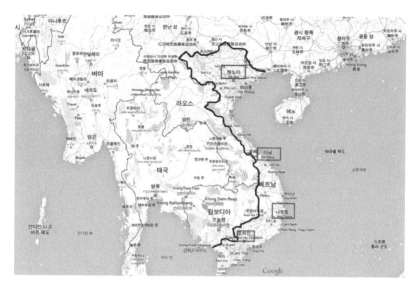

베트남 지도

이 나에게 느닷없이 주월사령부로 가라는 것이다. 이유를 물어봤더니 내가 주월사령부에서 근무하게 되었다는 것이다. 내 주된 임무가 화물을 수송하는 일인데 주월사령부에서 근무하게 되었다는 소리에 희한하게 생각하였지만, 명령이라니 할 수 없다고 생각했다. 그러면 전쟁터인데 부대에서 누군가가 나를 데리고 가야 하는데 어느 사람도 없었다. 함장은 나와 관련한 군대 기록 카드가 담긴 노란 봉투를 건네주고는 그저 나보고 내리라고 재촉하면서 나에게 찾아가란다.

내가 나중에 제대하고 동기들을 만나 당시 상황을 물어보니 나를 행불자로 처리하려고 했다고 한다. 그때 중앙정보부에서 이를 기회로 나를 전쟁터로 보내버린 것이 아닌가 한다. 그렇지 않고서는 해군수송선의 소속이었던 나를 전쟁터로 내몰 수가 없었기에 그 이야기를 듣고 '일부러 공작을 꾸몄구나'라고 생각했다.

나는 하는 수 없이 혼자서 물어물어 사이공에 있던 주월사령부를 찾아갔다. 그런데 다짜고짜 주월사령부에서는 도대체 네가 여길 왜 왔느냐고 반문하는 것이 아닌가. 그러면서 일단 사이공 주월사령부에서 제공하는 '플라자 호텔'에 가 있으라는 것이다. 그곳은 UN군들의 숙소로 이용되던 곳이었다. 하는 수 없이 나는 그곳에서 육군 주월사령부 근무병, 일반병과 같이 열흘 정도 대기하였다. 10여일 후 내가 타고 온 군함이 나 트랑(Nha Trang)에 도착할 것이니 그리 가라는 것이다. 사이공에서 나 트랑까지의 거리는 우리나라로 치면 서울에서 동해의 묵호항 정도였다.

그래서 나는 사이공 탄 손 누트 공항으로 가서 미군 기지에서 미군 수송기를 얻어 타고 갔다. 주월사령부에서 그렇게 가라고 해서 간 것이다. 그래서 나 트랑에 혼자 도착했는데 사막에 있는 공항인데 바다가 다 보였다. 나는 미군에게 부탁하여 지프로 그곳에 도착하였지만, 군함은 보

베트남에서 군 생활하던 당시 필자

민족·국가와 나

이지 않았다. '808'함이 안 들어왔다고 한다. 그래서 난처해하는데 미군이 지프로 두 시간 달려가면 산 고지에 '코리안 화이트 홀스'(백마부대)가 있다고 알려주었다. 그래서 데려다 달라고 해서 미군 지프를 타고 산 고지로 올라가서 백마부대에 갔다. 미군들은 거기에 날 내려주고 가다가 베트콩의 습격받아서 죽었다고 하더라. 참으로 미안했고, 전쟁 통이었지만 나만 살아 만감이 교차했다.

우여곡절 끝에 찾아간 백마부대였는데 거기서도 해군이 여길 왜 왔냐는 거였다. 내가 노란 봉투 하나와 권총 한 자루를 들고 있으니 그들은 내가 특수 임무를 하러 온 자라고 생각했던 모양이다. 그때 나는 해군 군복이 아니라 팔각모, 해병대 군복을 입고 있었다. 원래 해군과 해병대는 제복은 다르지만, 전투복은 비슷했다. 더욱이 나는 계급장도 없고 군복만 입고 있으니 특수 임무를 띤 자인 줄 알고 거기서 숙소 하나를 제공해 줘서 한 달 반 머물렀다.

그곳에서 머문 지 1개월 반 정도 되었을 때 월맹군의 야간 공습을 받았다. 백마부대는 초토화되었다. 그때 로켓포가 터져서 나는 날아갔다. 다행히 후폭풍에 날아가 왼쪽 허벅지에 작은 부상을 입었다.

캄란만(Cam Ranh B.) 미군 병원으로 옮겨졌다. 그리고 거기서 잠깐 치료 아닌 치료를 받은 뒤에 한국군 십자성 부대의 야전병원이 있었던, 붕따우(Vung Tau)라는 휴양소에 데려다줬다. 거기에 있으면서 어딜 가야 하는데 소식도 없고 월급도 못 받고 있었다. 거기서 우리 군인들이 실려 오고 상처 부위를 자르는 모습을 많이 보았다.

내가 베트남에 온 지도 벌써 11개월 다 되어갔다. 더는 그대로 눌러 있을 수 없다고 생각하여 육군 군의관을 설득했다. 결국 부상자 후송군에 포함되어 귀국할 수 있게 되었다.

하여튼 그사이에 병원에서 참 많은 일이 있었다. 월남 첩보 대원들과의 교류에서 역사 월남전쟁의 실상을 알게 되기도 했다. 그때까지도 나는 해군이랑 연락이 닿지 않았다. 행불인 거다. 그래서 비행기로 실려 필리핀으로 갔다. 당시 우리나라 군인들이 월남에서 다쳐서 후송될 때 비행기를 타고 필리핀 클라크(Clark) 미군 공군 기지에 가서 한 달 동안 치료를 받은 후에 본국으로 보내졌다.

그때 필리핀 클라크 공군 기지에 도착했는데 내가 영어를 좀 하니까, 그때 200명 정도가 후송되고 신체 일부가 잘린 사람 등이 많았는데 미군 군의관들과 통역을 해주며 머물렀다. 통역관이 있었지만, 사람이 모자랐기 때문이다. 미군 간호장교와 친해지기도 했는데, 내가 멀쩡히 돌아다니고, 영어도 좀 하니까 미국 가지 않겠냐고 미국행을 제안하기도 했다. 그때 미국 사람들은 한국이 저개발 국가라 가난해서 용병으로 팔려온 것으로 생각한다는 것을 깨달았다. 원래 한 달 있다가 귀국하는 건데 미군 군의관에게 붙잡혀서 도와주느라 필리핀에 한 달 더 있었다.

11개월 만에 한국으로 돌아왔다. 그때 월남 부상병들은 대구 동천 병원으로 후송되었는데, 나중에 알고 보니 전부 육군인데 나 혼자 해군이었다. 그래서 해군 한 명이 다쳐 귀국했다는 소식이 알려지면서 해군 본부가 발칵 뒤집혔다. 지금껏 생사도 모른 채 아무 소식도 없다가 국회 국방분과 연락 장교들에 의해 내가 장준하 의원의 아들로 신원이 확인되고, 해군 소속이어서 후송된 동천병원에 내리지도 못한 채 다시 홀로 김포행 비행기에 태워져 대방동에 있던 해군 통합병원으로 옮겨왔다. 이때는 거의 치료되어 더는 아프지 않은데도 무조건 날 통합병원에 눕혀 놨다.

며칠 뒤 아버지가 찾아오셨다. 난 멀쩡한데 원장이 나보고 병상에 누

워있으라 하는 거다. 아버지와 국회의원과 군 장성들이 내 병실로 왔는데, 원장이 이러이러해서 조금 다쳤다, 해군이니까 거기서 군 생활을 할수가 없으니 이곳으로 보낸 것 같다며 상황을 설명했다. 이를 담담하게 듣던 아버지는 말 한마디 안 하고 그냥 나가버렸다. 월남에 가서 후송되어 올 정도면 뭐 하나 잘린 줄 알았는데 멀쩡하니까 꾀병 부려 도망 온 것처럼 생각하셨나 보다. 난 죽을 고비를 넘기며 돌아와 칭찬받을 줄 알았는데... 며칠 뒤 퇴원 즉시 제주도로 발령을 받았다.

제주 해군기지사령부에 배속되어 해안 경계 초소에서 근무했다. 1970년 8월 태풍 빌리로 큰 피해를 보기도 하였다. 그러다가 1971년 9월 7일 제대했다. 당시 해군 복무 기간은 육군보다 3개월 긴 36개월이었다. 그런데 1968년도 1월 김신조 일당의 청와대 습격 사건 이후 복무 기간이 3개월 연장되어 제대가 늦어졌다. 제대하자마자 서울에서 아버지를 모시고 다니기 시작했다.

3선 개헌 반대 투쟁 속에서
≪사상계≫가 폐간당하다.

　　　　　　　아버지께서 피땀 흘려 일군 ≪사상계≫가 창
간 17년 만에 폐간 처분을 받았다. 내가 아직 군복무 시절이었다. 발단은
1969년 박정희가 3선을 목적으로 개헌을 추진하였고 이를 반대하는 과
정에서 불거졌다. 당시 헌법은 대통령의 재임과 관련해 4년 임기로 1차
에 한해 중임할 수 있도록 규정되어 있었는데, 박정희 정권은 이를 무시
하고 재임을 3차로 변경하는 헌법개정을 추진했다. 이런 가운데 1969년
6월 중순부터 '3선 개헌 반대 투쟁'이 서울지역 대학생들을 중심으로 빠
르게 확산되었다.

　그렇지만 야당인 신민당은 투쟁 방법을 두고 내부적으로 진통을 겪었
다. 국회를 떠나 '장외'로 나가는 데 반대하는 의원들이 다수였기 때문
이다. 이때 아버지는 삼선개헌반대범국민투쟁위원회(이하 범투위) 산
하의 선전위원장을 맡아 여러 방안을 모색 중이던 차에 소장층에 속하
던 박영록 등 학생들과 함께 개헌 반대투쟁을 벌이자는 제안에 아버지
는 흔쾌히 찬성하였다. 이때 아버지 밑에는 범투위 전위대 역할을 하던
6.3학생 운동권 출신의 청년과 대학생들로 구성된 청년위원들이 포진
하고 있었다. 아버지는 이들에게 3선 개헌 음모를 고발하는 전단 50만여
장을 서울 시내 전역에 뿌리도록 했다.

박정희의 3선 개헌 반대 투쟁 당시에 연설하는 아버지

경찰에 연행되어가는 아버지(1969.9.12)

'삼선개헌보다 죽엄을 달라' 어깨띠를 하고 거리에 나선 아버지(오른쪽에서 3번째)

이때 경찰은 전단 살포의 배후로 아버지를 지목하고 종로서로 소환했다. 수사관은 전단을 누가 작성했는지 집중적으로 추궁하자 아버지는

'그 전단은 내가 문안을 만들고 배포도 내가 시킨 것'이라고 대답하여 전단을 뿌린 청년들은 무사했다.

한편, 신민당의 박영록 등 의원 몇 사람은 철사로 서로 몸을 묶고는 태평로의 국회의사당을 뛰쳐나갔다. 그들은 '3선 개헌 반대'라고 쓴 플래카드를 들고 경찰의 저지선을 뚫고 시청 앞을 거쳐 을지로 입구까지 진출하면서 '3선 개헌 반대'를 외쳤다. 그날 오후 신문들에는 철사로 몸을 동여맨 국회의원들의 사진이 크게 보도되었다.

범투위는 '구국국민선언대회'를 개최하고 가두 시위를 전개하였다. 시위대를 1진과 2진으로 나누었다. 아버지는 1진으로서 신민당 청년들과 함께 종로로 나아갔고, 2진은 함석헌을 포함하여 6·3세대 청년들로 구성하여 광화문에서 시위를 벌였다. 이때 아버지와 함석헌 등 수십 명이 경찰에 연행되었다.

하지만 끝내 대통령의 3선 연임을 허용하는 개헌안이 1969년 9월 국회에서 변칙통과 되었고, 그해 10월 국민투표로 확정되어 박정희는 1971년 4월 제7대 대통령 선거에 또 출마, 당선되어 유신체제와 장기집권을 할 수 있게 되었다.

이때 1970년 5월 《사상계》에 당시 젊은 저항 시인이었던 김지하의 '오적(五賊)' 시가 실리면서 큰 반향을 일으켰지만, 사상계로서는 위기를 맞았다. '오적'은 1905년 11월 을사늑약을 찬성한 을사오적에 빗대 당시 나라를 말아먹고 있던 군인·재벌·관련 등 다섯 부류를 통렬히 비판한 내용이다. 이는 먼저 신민당 당보인 《민주전선》에 실렸던 것을 다시금 사상계에 전재한 것이다. 《민주전선》에 실렸을 때는 시에 어려운 한자가 많아 진의를 알지 못했던지 박정희 정권에서는 그냥 지나쳤던 것인데, 《사상계》에 다시 실리자 발끈하고 나선 것이다. 이 일로 김지하와 발

《씨울의 소리》 창간호(1970년 4월호)

행인 부완혁이 체포, 투옥되었다. 《사상계》 또한 이를 계기로 1970년 5월 통권 205호로 중단을 맞고 말았다.

그 뒤 함석헌 선생이 주도하는 《씨울의 소리》가 1970년 4월 창간되어 그 명맥을 이어갔다. 여기서 '씨울'은 함석헌 선생이 지은 것인데 '백성'을 뜻한다. 아버지는 편집위원으로 활동하였지만, 필진 섭외를 도맡았다. 필진들은 어떤 불이익을 당할지도 모르는 일이었지만 선뜻 응하였다. 이때 인물로는 법정 스님, 연세대 김동길 교수, 천관우 선생과 더불어 예부터 사상계의 동인으로 활동하였던 김성식·계훈제·최석채·안병무·이병린, 여류 법학자 이태영 등이 편집위원으로 이름을 올렸다.

이렇게 해서 《씨울의 소리》 첫 호가 세상에 선보였다. 꾸밈없는 표지에 국판 70여 쪽 정도의 작은 책자로 발행되었다. 부피가 커진다 해도 100여 쪽을 넘지 않았다. 아버지는 여기에 '브니엘'을 연재하였고 여러 글을 실었다. 정부는 창간 초에는 남다른 반응을 보이지 않다가 내용 비판 강도가 갈수록 세지자 압력을 행사하였다. 인쇄소 등 제작처가 거래를 끊고 수주를 거부하기 일쑤였고 다행히 어느 인쇄업자가 맡았는데 '남산'에 불려가 곤욕을 치르기도 하였다. 그뿐만 아니라 편집회의조차도 쉽지 않았다. 이목을 피하고자 편집위원 김동길의 누님 김옥길 이화여대 총장 댁에서 회의를 열곤 했다. 이렇듯 어려운 상황에서도 야권 정치인이나 인사들로부터 후원금을 받아 4년 정도 간행해오다가, 이마저도 1973년 유신 집권 이후 명이 끊기고 말았다.

『돌베개』를 출판하다.

1971년 9월 내가 군에서 제대하고 집으로 돌아왔을 때 아버지는 정치
인이 아닌 야인으로 지내고 계셨다. 아버지는 신민당 소속의 국회의원
으로 활동하였는데, 1970년 9월 김대중이 제7대 대통령 후보에 선출되
고 유진산이 당권을 장악하자 이에 불만을 품고 윤보선, 이재형, 박기출
등과 함께 신민당을 탈당하였다. 당시 세간에는 유진산이 "밤에는 여당
이고 낮에는 야당을 한다"라는 말이 떠도는가 하면, 심지어 '박정희 대
통령과 유진산의 밀월'이라는 말까지 나돌았다. 이에 아버지는 "집권
의지와 당성(黨性)이 사라진 정당에 더 있을 이유가 없다고 판단한 것이
다. 이에 아버지는 신민당을 탈당한 인사들과 함께 1971년 1월 '국민에
게 자유를, 민족에게 통일을'이라는 슬로건을 내걸고 국민당을 창당하
였다. 그 뒤 1971년 4월 신민당은 정식으로 아버지를 제명하였다.

하지만 국민당 내에서 박기출을 둘러싼 대통령 후보 논란이 일자,
1971년 5월에 치러지는 제8대 국회의원 선거에 불출마를 선언하였다.
대신에 신민당의 유옥우 후보가 아버지의 조직을 인수 받아 총선거에
선전하여 공화당의 강상욱을 누르고 국회의원에 당선되었다.

이렇듯 아버지가 정치 일선에서 물러난 상황에서 서울지검은 아버지
를 박정희 명예훼손 사건 결심공판에서 징역 1년을 구형했다. 아버지가
1969년 8월 30일 의정부 중앙국민학교에서 열린 삼선개헌반대시국강연

회에서 "1968년 1.21공비 침투 등을 보면 박정희 대통령의 군대 통솔 능력이 의심스러우며, 미국세계은행에서 빌린 지금까지의 차관액은 상환 능력을 넘은 것이며, 차관액이 400억 원이라면 공장을 짓는 데는 100억 원 밖에 쓰지 않고 나머지는 정치자금 등으로 쓰였다"라고 말한 것을 두고 박정희의 명예를 훼손했다는 것이다. 하지만 아버지는 선고유예 판결을 받았다.

야인으로 돌아온 아버지는 1971년 5월 20일 학병 탈출과 광복군 시절을 회고하면서 자서전『돌베개』를 출간하였다. 아버지가 설립한 '사상사'라는 출판사에서 만든 첫 도서였다. 그 뒤로 사상사는『항일민족론』(백기완),『항일민족시집』(민족학교 편),『백범어록』(백범사상연구소 편) 등의 책을 펴냈다.

『돌베개』초판본(사상사, 1971.5)

책 제목인 '돌베개'는 애초에 아버지와 어머니 둘만의 암호였다. '돌베개'는 창세기 28장에서 나오는 말인데, 야곱이 광야에서 사다리 위에 계신 하나님을 뵙는 꿈을 꿀 때 베고 자던 게 바로 돌베개다. 아버지는 그 책에서 책 제목과 관련한 내용을 적어 놓으셨다.

"돌베개 이야기는 내가 결혼 1주일 만에 남기고 떠난 내 아내에게 일본군 탈출의 경우 그 암호로 약속하였던 말이다. 마침내 나는 그 암호를 사용하였다. '앞이 보이지 않는 대륙에 발을 옮기며 내가 벨 돌베개를 찾는다'라고 하였다. '어느 지점에 내가 베야 할 그 돌베개가 나를 기다리겠는가'라고 썼었다. 그 후 나는 돌베개를 베고 중원 6천 리를 걸으며 잠을 잤고, 지새웠고 꿈을 꾸기도 하였다.
나의 중원 땅 2년은 바로 나의 돌베개였
다. 아니 그것이 축복받는 돌베개여야 한
다고 생각했다."

　어느 날 어머니는 편지를 받았는데 그
와 같은 암호가 담겨 있길래 아버지가 탈
출하신 것을 알았다고 한다. 그 뒤 일본
헌병들이 집으로 들이닥쳤는데 어머니
는 되레 남편이 죽었냐, 편지가 안 온다
며 "왜 너희들은 대일본제국인데 이런
것도 안 해주느냐, 죽은 거 아니냐, 남편
의 행방을 좀 알려달라"고 하면서 따졌
다고 한다. 그래서인지 일본 헌병은 '연
락이 안 되는구나'라고 생각하고 그냥 돌아갔다고 한다.

　『돌베개』를 낸 이유에 대해 아버지는 "광복군 모자 하나를 얻어 쓰고
광복군 출신이라고 떠들고 다니는 일부 인사들이 적지 않다는 것에 느낀
점이 많아 과연 광복군이 어떤 일을 했는가를 역사 앞에 밝히고자 함"이
라며 '현대사의 증언'임을 강조하였다. 실제 1967년 대선에 맞추어 나온
소설『광복군』(저자 박영만)에 친일파 박정희를 비밀 광복군으로 둔갑시
켰던 것도 한 요인이기도 하였다. 이에 대해 아버지는 "지금 일각에서 박
정희 후보가 광복군이라고 하면서 써놓은 책이 있는데 이것은 전부 다 거
짓말이다. 내가 광복군이기 때문에 정확히 안다. 그는 당시에 만주에서
일본군 장교로 있었다"라며 분개하였다.

　『돌베개』가 처음 세상에 나왔을 때는 굉장히 인기가 많았다. 그러자 박정희 정권은 내용을 문제 삼아 못 팔게 했다. 그래서 아버지는 자서전 비슷하게 독립운동 한 일부터 자세히 썼으나 책 끝맺음을 박정희 정권 때까지 연결하지 않았다. 그래서 아버지는 후편(『브니엘』)을 조금 쓰시다가 중단하셨다. 그때 원고가 아직 있다. 앞의 내용 일부가 《씨올의 소리》에 실렸다. 그때 아버지가 정신없이 감옥에 갇히고 싸우고 그럴 때다 보니 마무리를 하지 못했다. 그래서 내가 외국으로 도망 나갔다 들어와서 《사상계》를 복간한다고 할 때 이것도 마무리 지어야겠다고 생각해서 조금씩 틈날 때마다 써왔다. 『브니엘』도 성서에 나오는 이야기다.

다만 아쉽게도 아버지가 쓰신 『돌베개』 원고를 가지고 있지 못하다. 아버지가 설립한 출판사 사상사에서 책을 냈지만, 종로 5가에서 진명서림을 운영하고 있던 안광용 씨로부터 출판 비용을 지원받았다. 진명서림은 도서 총판 회사였다. 그 뒤 회사가 망한 뒤 안광용 씨의 차남이 이를 인수하여 운영하였다. 지금으로부터 10년 전에 그 출판사를 찾아갔더니 『돌베개』 판권을 그때까지도 가지고 있었다. 이후 『돌베개』 판권은 어머니가 가지고 계셨는데, 돌아가신 뒤에 지금은 내가 갖고 있다. 그 뒤 2015년부터는 돌베개 출판사에서 『돌베개』를 출판하고 있다. 그 전에 화다출판사(禾多出版社)(1978), 청한문화사(靑翰文化社)(1987), 세계사(1992) 등의 출판사에서 책을 간행하였다. 아버지가 쓰신 원고를 찾을 길이 없어 너무 안타깝다. 또한 아버지가 친필 이서한 책자 한 권도 가지고 있지 못해 못내 아쉽다. 언젠가 누군가로부터 그런 책을 헌책방에서 발견하였다며 연락이 왔지만, 그 이후로 소식이 없다.

이와 관련하여 한 가지 얘기를 더 보태면 출판사 '돌베개'의 탄생 얘기다. '돌베개' 출판사(사장 임승남)는 유신독재 체제가 종말을 향하던 1979년 여름에 창립되었다. 1970~80년대에 돌베개는 민주 출판 운동의

한 부분을 이루면서 우리의 역사와 현실을 밝히는 출판의 새로운 영역을 개척하였다. 설립 당시 출판사 사장이 이름을 뭐로 할까 고민하던 중 이해찬 의원이 '돌베개'로 하라는 아이디어를 냈다고 한다. 과거에는 다른 출판사에서 『돌베개』를 발행하던 것을 중단시키고 돌베개 출판사에서 책을 펴내게 된 것도 그러한 연유에서다. 그것 외에도 '돌베개'라는 이름을 쓰는 '돌베개 산악회'가 있다. 아버지의 유지를 이어받고자 만든 산악회이다.

제9대 국회의원 선거에서 낙마하다.

아버지는 『돌베개』를 펴내는 한편 1971년 8월 15일, 광복 26주년을 기념하여 함석헌 선생과 함께, 원주·천안·광주·대구 등지를 돌며 순회강연회를 이어갔다. 강연 주제는 함석헌 선생은 '8·15의 반성'이었고 아버지는 '근대화와 노동문제'였다. 이외에도 아버지는 『돌베개』 출판 기념회를 갖는가 하면 결혼 주례를 서기도 했다. 간혹 강연을 하시거나 신문사대담에도 참석하였다.

이런 가운데 1972년 7월 4일, 남북한 당국이 국토분단 이후 최초로 통일과 관련하여 합의한 남북공동성명을 발표하였다. 이에 북한에 고향을 둔 아버지는 매우 고무되었다. 조만간 고향에 갈 수 있다는 희망을 가졌다. 아버지가 참여했던 《씨알의 소리》에 「민족통일의 길」이라는 제목의 특집호를 내는가 하면, 씨알의소리사 주최로 '민족통일의 구상'이란 주제로 열린 세미나에서 사회자로 나서 중점 토론을 주재하였다. 이 자리엔 함석헌, 김동길, 천관우, 계훈제, 백기완, 최혜성, 김용준, 법정, 정해숙, 양호민 등이 참석하여 열띤 토론을 벌였다.

아버지는 9대 국회의원 선거를 앞두고 신민당을 탈당하였다. 그즈음 제대한 나는 직접 지프를 운전하면서 아버지의 비서처럼 모시고 다니기 시작했다. 내가 운전하게 된 것은 18살 때인데 몰래 배웠다. 아버지의 차를 운전하던 분이 계셨는데 나는 곁눈질로 운전을 배워서 끼깅끼깅하면서 끌고 다녔다. 그때는 면허증이 별로 필요가 없었다. 당시 면허증은 종잇장 같은 거였는데 교통경찰들이 까만 지프를 보면 경례를 하고 잡을 생각을 안 했다. 그래서 나도 막 몰고 다녔다.

그 뒤 내가 날쌘돌이같이 운전하게 된 것은 아버지를 모시고 다니면서부터였다. 아버지가 움직일 때마다 보안사와 중앙정보부 요인들이 따라붙곤 했는데 이들을 따돌리다 보니 그렇게 된 것이다. 처음에 아버지는 지프를 주로 타시다가 누군가가 '코로나'(새한자동차)라는 승용차를 줘서 이를 타고 다니셨다. 시경, 보안사, 중앙정보부 요인들이 좇아오면 따돌리고 도망가고 그러느라 운전을 많이 배웠다. 내가 운전하게 된 것은 전속 기사를 둘 형편이 안 되었기 때문이라고 당시에는 생각했는데, 지금 생각해 보니 나를 가장 믿으셨기 때문이었다.

1972년 10월 유신이 시작되기 전에 아버지는 김재규, 이세기 장군 등 군인들을 많이 만났다. 아버지가 국회 국방분과위를 지내셨기에 이때부터 친분을 맺어왔다. 아버지가 더는 국회의원은 아니었지만, 그들이 상당히 높이 평가해줘서 대접을 받으셨다. 아버지는 군인이 정치에 참여하면 안 된다는 말씀을 자주 하시곤 하였다. 나중에 일이지만 아버지의 소개로 1974년 9월 김재규가 건설부 장관(1974.9~1976.12)으로 있을 때 찾아가 만난 적도 있었다.

재미난 일화가 있다. 한 번은 광화문 교보빌딩 앞에서 모 육군 장군을 태우고 가던 중 이런저런 이야기를 나눴다. 그때 장군은 사복을 입고 있었다. 그분 집이 수유리인가 어디에 있었는데 아버지를 자기 집으로 초대한 거였다. 차 안에서 아버지가 이야기하시는데 모 장군이 "선생님, 집에 가서 말씀하시죠"라며 말렸다. 아버지가 "걱정하지 말아요. 저 운전하는 게 내 자식이에요."라고 하자, 안심하고 다시 얘기를 나누셨다.

수유리 집에 도착해서는 아버지는 상석 의자에 앉았고 내가 옆에 서 있는데, 모 장군은 부인과 애들을 부른 뒤에 큰절하도록 했다. 당혹스러웠다. 당시 아버지 나이가 50대로 물론 지금과 달리 당시에는 할아버지뻘 되었지만 융숭한 대접이었다. 아마 아버지와 뜻을 같이하겠다는 생각에서 자식들까지 다 인사를 시키셨던 거다. 나는 그때 아버지가 이런 일을 하시는구나, 그들이 이렇게 해서 서로 연결이 되는구나'라는 생각을 하게 되었다.

1972년 10월에 유신을 선포하기 1주일 전쯤에 아버지가 서빙고 분실에 잡혀간 적이 있었다. 이때 그곳 지하실에서 박정희 정권에 협조하라는 회유를 받았다. 아버지가 완강히 거절하니 그들이 전기고문을 들먹이며 위협하였다. 아버지는 오히려 "일제하에서도 내가 왜군과 싸우다 죽지 못한 광복군 출신인데, 어디 광복된 조국에서 왜놈 군관 출신 독재자 놈의 전기고문 맛을 좀 보자"라며 큰소리를 치면서 옷을 벗어 던지고 전기고문 의자로 보이는 곳으로 걸어가니 오히려 그들이 당황하더란다. 몇 시간 뒤에 아버지는 풀려나왔다.

1973년 2월 제9대 국회의원 선거를 앞두고 아버지는 그해 1월 '10월 유신'에 반대하여 양일동과 민주통일당을 창당하고 최고위원으로 활동하였다. 당사는 삼각동에 있었다. 을지로 입구 쪽, 네거리에 샛길이 하나 있었는데 거기가 삼각동이다. 여기 입구에 지금 경기빌딩이 있는데 거기에 통일당 당사가 있었다. 아버지는 민주통일당 당사에 거의 매일 나가다시피 했다.

불미스러운 일도 있었다. 민주통일당이 경기빌딩 203호를 1973년 1월 10일부터 1974년 1월 8일까지 월 13만8천 원에 임대하기로 계약하였다.

그런데 1973년 2월 선거운동을 본격적으로 시작할 무렵에 창강산업 주인이자 건물 주인 안병오 씨가 계약서에 포함된 '제3자의 명의 게시금지' 등을 양일동 선생이 어겼다며 간판부착금지 등 가처분 신청을 서울민사지방법원에 내는가 하면, 경기빌딩 1층 출입구와 2층 복도, 창문 등에 걸려있는 민주통일당 간판의 철거를 요구하기도 하였다.

양일동

양일동 선생은 아버지를 동생같이 여길 정도로 아꼈다. 1973년 1월 27일 천도교 수운회관에서 민주통일당 창당대회가 열렸는데 양일동이 대표최고위원에 선출되었다. 이 자리에 참석한 아버지는 축사에서 "민주통일당은 내가 직접 창당한 당이나 다름없이 생각하고 있다"라고 말씀하실 정도로 이에 적극적으로 참여하였다.

이후 아버지는 민주통일당에 예전 지역구인 동대문 을구로 공천을 신청하여 내정을 받았다. 1967년 총선거 당시 사용하였던 홍릉 사무실을 선거 캠프로 삼았다. 그때 아버지는 회색 두루마기를 주로 입고 다니셨다. 그 두루마기는 아버지가 돌아가신 후에 내가 잠시 입고 다녔는데 지금은 한신대학교 장준하 통일관 1층에 걸려있다. 당시 아버지는 회색 두루마기와 감색 양복 한 벌이 전부였다. 어머니는 늘 아버지 옷을 깨끗이 빨아서 다듬질해서 언제든지 입을 수 있도록 준비해 두셨다.

한 번은 내가 고등학교 3학년 때인가, 신촌에서 쫓겨난 다음인데 어머니께서 '너도 한복 한 벌 입으라'고 하신 적이 있다. 아버지랑 같이 일어나서 옆에서 책을 보라는 거였다. 그때 아버지는 새벽 4시에 일어나셔서

민족·국가와 나

제9대 국회의원 선거 벽보용 전단지

목욕하시고 하얀 한복을 입으시고는 책을 보시곤 했다. 어머님이 나보고 그걸 입어보라고 하니 얼마나 불편했는지 모른다.

그때 아버지는 날 보고 다른 것보다 우리나라 역사책을 읽으라 하셔서 고려말부터 역사책을 엄청 많이 봤다. 얼마 뒤 아버지와 역사 지식을 겨룰 양으로 덤볐다가 1분도 안 돼서 완패했다. 나는 한국 역사, 특히 왕조에 관해 이야기하려 했는데 아버지가 느닷없이 딱 한 마디 질문하셨다. "'키부츠'가 있는데, 그거에 대해서 너는 어떻게 생각하느냐?" 내가 키부츠를 알기나 하나 아무 대답도 못 하고 기가 꺾여 버렸다. 아버지는 내 나라의 것만 아니라 필요한 성서 지식, 외국의 특이한 정책도 많이 섭렵하였다.

아버지는 같은 지역구에 출마한 공화당의 강상욱, 신민당의 송원영·유옥우 등과 겨루게 되었다. 강상욱은 6대 국회의원과 박정희 정권의 청와대 대변인을 지냈는데, 제7대 국회의원 선거에서 아버지에게 패하여 낙

서울 중구 삼각동 115번지, 경기빌딩 현재 지도상 위치

민족·국가와 나

선하였고, 제8대에서는 유옥우에게 져서 제9대에서 만큼은 탈환하겠다
고 별렀다. 송원영은 한때 아버지가 지지했던 인물로 7, 8대 국회의원을
지냈으며 유옥우는 당시 현직 국회의원이었다. 이와 함께 6, 7대 의원을
지낸 박기출이 무소속으로 출사표를 던졌다. 이때도 아버지는 1971년 이
전 강연회, 연설회 등의 발언이 문제가 되어 국민대표법·대통령 및 국회
의원 선거법 위반, 명예훼손 등의 혐의로 재판이 진행 중이었다.

두 차례 합동연설회가 열렸다. 1973년 2월 17일 용두국민학교에서 2
천여 명이 모였고, 2월 18일 중앙공무원교육원에서는 약 5천여 명이 모
여들었다. 합동연설회에서 아버지는 10월 유신을 강하게 비판하는가
하면, "나를 괴롭게 하고 무거운 부담을 주려면 한 표를 던져주고 나를
자유롭게 편안하게 하려
면 표를 찍지 말아 달라"
라고 호소하며 유권자들
에게 한 표를 당부하였
다. 이어 2월 21일 청량리
나비예식장에서 치러진
민주통일당 동대문지구
당 창당대회에서 아버지
는 위원장을 수락하면서,
'통일당은 독립운동자의
모임'을 강조하면서 단상
에 걸어 놓은 얼룩진 태극
기의 내력을 소개하였다.
이때에도 아버지는 김구

김구 선생으로부터 받은 태극기 앞에 선 아버지

선생으로부터 받은 태극기를 행사장에 선을 보였다.

　그러나 선거 분위기는 심상치 않았다. 아버지가 비판하였던 '10월 유신'에 유권자들은 더는 관심을 두지 않았고, 민주통일당이 제기한 남북 문제, 세제개혁, 지방사업공약 등 주요 쟁점 사항은 신민당과의 선명 야당을 둘러싼 열띤 논쟁에 부딪혀 색깔을 잃고 말았다. 또한 경쟁 후보였던 송원영에 의해 '이북표'와 '교회표'가 갈렸다. 더욱이 다들 아버지를 떨어뜨리려고 안달이 났다. 심지어 신민당에서도 아버지를 비토하기까지 했다. 언젠가는 홍릉의 선거사무실에 쳐들어와서는 집기들을 다 부수고 난리를 치기도 하였다.

　1973년 2월 27일 저녁 7시가 지나 개표가 시작되었다. 개표할 때 문을 걸어 잠그고는 야당 참관인을 못 들어오게 하여 통일당 당원들과 함께 문을 때려 부순다고 휘발유 던지고 난리를 친 적도 있다. 아버지는 삼각동 당사에서 라디오와 TV를 통해 개표 실황을 지켜봤다. 결과는 민주통일당의 참패였다. 민주통일당에서 2명이 호남에서 됐을 뿐이었다. 아버지는 "이러한 사태가 올지는 짐작되고 있었지만, 상상보다 더 지나쳤다"라며 안타까워했다. 우리가 선거에 참여함으로써 공화 신민 양 정당의 선거 부정을 합리화시켰다고 후회하시기도 했다. 이때 아버지는 3위를 했다.

　강상욱 140,552표, 송원영 76,267표, 장준하 25,270표

　선거가 끝난 뒤 홍릉 이층집에서 나와 제기동으로 이사를 했다. 제기동 집은 조그만 한옥이었는데 집으로 들어가는 입구에 고압선 철탑이 버티고 서 있어서 그랬는지 당시 아무도 살지 않았다.

2.27총선 참패 후 침통한 통일당사 모습(《경향신문》 1973년 2월 28일자)

선거가 끝난 지 얼마 안 된 1973년 3월 9일 아버지는 김병삼·김경인 등 6명과 함께 선거법위반혐의로 불구속으로 기소되었다. 또한 5월 11일 서울지검 이창우 검사가 아버지를 대통령 선거 위반 및 국회의원 선거법 위반 혐의로 기소하여 징역 1년 6월을 구형하였다. 위반 내용은 1969년 8월 30일 의정부시에서 열린 3선개헌반대시국강연회에서, 1967년 4월 20일 신민당 대통령 후보 윤보선의 대통령 선거운동을 하면서 사상 논쟁을 불러 일으켜 박정희의 명예를 훼손하였으며, 1967년 4월에는 전남 보성군 보성극장에 모인 유권자들에게 당시 신민당 국회의원 후보 이중재를 국회의원에 당선되도록 밀어 달라는 등 사전 선거운동을 한 혐의 등이었다.

1973년 6월 1일 서울형사지법 합의 6부는 아버지에게 징역 10개월을 선고했다. 재판부는 네 번의 기소 사실을 모두 유죄로 인정하면서, "피고인은 과열된 선거 분위기에서 나온 정치적 발언이라고 말하고 있으나 그러한 발언이 위법한 것임은 틀림없다"라며 선고 이유를 밝혔다. 그동안 보석 되어 재판을 받아오다가 이날 실형이 선고됐으나 법정구속 되지는 않았다.

그 뒤 김대중 선생이 1973년 8월 8일 일본 도쿄에서 납치되는 사건이 일어났다. 김대중 선생은 1971년 4월 제7대 대통령 선거에서 53.2%를 득표한 박정희에게 뒤져 낙선하였지만, 그 차이가 8%밖에 안 될 정도로 막강한 영향력을 가진 인물이었다. 그런 그가 유신반대 운동을 주도하고 있으니 박정희로서는 그를 제거하고자 한 것이다. 이에 민주통일당은 8월 11일 '김대중씨납치사건진상규명대책위원회'를 구성했다. 아버지는 김태선·이상돈·윤택중·이태구·김형돈·유택형·김녹영 등 8명과 함께 국제적십자사와 일본 정부에 김대중을 무사히 구출할 수 있도록 배려해 달라는 내용의 전문을 발송하는가 하면, 외무부와 주한일본대사관을 방문하여 그러한 뜻을 전달하기도 하였다. 김대중 선생은 납치된 지 5일 만에 서울 마포구 동교동 자택으로 무사히 돌아왔다.

당시 아버지는 지친 심신을 추스리고자 우리 역사책을 탐독하였고, 『돌베개』 속편 「브니엘」을 집필하였으며, 다섯번 째 설악산행을 다녀오셨다.

'헌법 개정 백만인 서명 운동'을 전개하다.

아버지는 1973년 12월말부터 반유신활동을 펼치며 정치활동을 재개하였다. 그 시작은 그해 12월 18일 서울 명동 예술극장에서 4백여 명이 참석한 가운데 개최한 민주통일당 임시전당대회였다. 이때 최고위원 선출 및 시국 선언문, 결의문 등을 채택하였는데, 양일동 선생이 대표최고위원에 선출되었고 아버지는 윤제술·정화암·김선태 등과 함께 최고위원에 선출되었다. 시국 선언문에는 "현 정권은 민족적 양심에 따라서 유신체제를 전면적으로 청산하고 유신 이전의 헌법 기능을 되살려야 한다. (중략) 국민 생활을 위협하는 물가고 등을 일시적으로 해결하려 하지 말고 외국자본의 독점 이윤과 매판자본의 이윤을 국민적 이윤으로 환원시켜 급박한 생활고를 해결해야 한다"라는 내용이 담겼다.

임시전당대회를 마친 뒤 아버지는 참석자들과 함께 당기(黨旗)와 '민주 체제 회복하라', '몰지각한 일본 악덕 자본 물러가라' 등의 플래카드를 앞세우고 가두시위를 벌였다. 시위대는 명동 코스모스백화점(현재 명동 눈스퀘어) 앞길에서 기동경찰대의 제지로 해산하였지만, 아버지는 양일동, 김녹영, 김경인, 박병배 등 50여 명과 함께 당사까지 시위를 계속하였다.

1973년 12월 23일 저녁, 아버지는 면목동 집에서 계훈제·백기완 등과 더불어 당시 동아일보 기자였던 이부영 등과 비밀회의를 가졌다. 개헌청원백만인서명운동의 시작이었다. 마치 첩보영화처럼 모든 것이 진행됐다. 이날 대문을 걸어 잠그고는 개헌청원운동본부의 발족 취지문과 헌법개정백만인서명운동의 성명문을 작성하였다. 이튿날 12월 24일 새벽에서야 취지문과 성명문, 서명 양식 등이 작성되었다. 그 전에 아버지와 백기완 선생은 등사기를 마련하고자 양일동 선생 집을 찾아가 돈을 얻으려 하였으나 사용처를 묻는 바람에 제대로 말을 꺼내지 못하고 도로 나왔다. 나중에 일이 터졌을 때를 대비하여 양일동 선생에게는 사실대로 말을 하지 않았다고 한다. 그 뒤 아버지는 종로에 있는 진명출판사에 가서 돈을 빌린 다음 등사판과 등사 원지 등을 구매하였다. 이를 이용하여 작성한 문서들을 프린트하였다.

새벽에 이부영이 먼저 빠져나간 뒤 아버지와 계훈제·백기완 등은 아침이 되자 바로 종로의 YMCA 회관으로 자리를 옮겼다. 그곳에는 비밀리에 연락을 받은 천관우·김동길·김수환·김재준·함석헌 등 30여 명의 재야인사가 도착해 있었다. 전하는 말에 따르면, 서명에 동참할 동지들을 모으고자 취지문을 신발 깔창 밑에 감추고 인사들을 찾아가서 되도록 소리 내지 말고 읽도록 한 뒤 고개를 끄덕이면 서명을 받곤 했다고 한다. 이들과 함께 이부영의 연락을 받은 기자들도 와 있었다. 1973년 12월 24일 오전 10시경 YMCA 회관 2층 회의실은 거리의 들뜬 크리스마스이브 날과 달리 긴장된 분위기가 감돌았다. 이날 유진오·김홍일·이희승 등 각계인사들을 포함 30명이 서명하여 현행 헌법개정청원운동본부를 발족하였다. 다만 12월 13일 재야인사 시국 간담회에 참가했던 15명 중 윤보선 전 대통령과 한경직 목사가 불참하였다. 윤보선은 전직 대통령으로

서 현직 대통령에게 청원하는 것은 동양 예의상 어긋난다며 사양했다고
하며, 한경직 목사는 여러 가지 제약이 있어 서명에 빠지게 된 것이라 한
다. 30명은 명단은 다음과 같다.

> 장준하(민주통일당 최고위원), 함석헌(종교인), 법정(불교인), 김동길
> (연세대 교수), 김재준(전 한국신학대학장), 유진오(전 신민당원), 이희
> 승(전 서울대 대학원장), 김수환(추기경), 백낙준(연세대 명예총장), 김
> 관석(대한기독교연합회 총무), 안병무(한국신학대학 교수), 천관우(전
> 동아일보 주필), 지학순(천주교 원주교구장), 김지하(시인), 문동환(한
> 국신학대 교수), 박두진(시인), 김정준(한국신학대학장), 김찬국(연세
> 대 신학대학장), 문상희(연세대 교수), 백기완(백범사상연구소장), 이병
> 린(전 대한변협회장), 계훈제(씨ᄋᆞᆯ의소리 편집위원), 김홍일(항일인사),
> 이인(전 법무장관), 이상은(고려대 교수), 이호철(소설가), 이정규(전 성
> 균관대 총장), 김윤수(이대 교수), 김숭경(의사), 홍남순(변호사)

헌법개정청원운동본부를 발족하고 아버지가 민주주의 회복을 위한
현행 헌법개정을 요구하는 백만인청원운동을 전개한다는 결의문을 낭
독하였다.

"오늘의 모든 사태는 궁극적으로 민주주의를 완전히 회복하는 문제로
귀착된다. 경제의 파탄, 민심의 혼란, 남북 긴장의 재현이란 상황 속에서
학원과 교회, 언론계와 가두에서 울부짖는 자유화의 요구 등 이 모든 것
을 종합하면 오늘의 헌법하에서는 살 수가 없다는 것으로 요약된다.

그러나 오늘의 헌법은 그 개정의 발의권이 사실상 대통령에게만 속해
있는 것이다. 이에 우리 국민은 이처럼 헌법개정 발의권으로부터의 소

외를 극복하고 우리들의 천부의 권리를 제시하는 방법으로 대통령에게 현행 헌법의 개정을 요구하는 백만인청원운동을 전개하는 바이다. 이 운동은 우선 우리 모두의 내 집안에서부터 시작하여 학원과 교회 그리고 각 직장과 가두에서 확대될 것이다."

주된 내용은 '오늘날 경제의 파탄, 민심 혼란, 남북 긴장의 재현이란 상황 속에서 학원과 교회, 언론계가 가두에서 자유화의 요구를 외치고 있으나, 현행 헌법은 그 개정의 발의권이 사실상 대통령에게만 속해 있다'라고 지적하며, 대통령에게 현행 헌법의 개정을 요구하는 백만인청원운동을 전개한다는 것이다. 아버지는 당시 사회의 모든 정치적 금기를 단번에 뛰어넘어 박정희의 유신체제에 '정면 도전장'을 내민 것이다.

서명운동 방법은 ① 헌법개정청원운동본부의 서명자 30명 각자가 본부며, ② 민족의 성원이면 누구든지 대학생 연령층 이상 서명하여 연령 및 시도군을 명기, 개인 혹은 집단으로 서명자 30명 중 누구에게나 보내 주면 된다고 하였다. 그런데 이미 아버지는 10여 일 전부터 학원, 종교계 등에서 음성적으로 벌였던 서명운동을 확산하여 5천여 명의 서명을 받았다.

이에 대해 정부는 발 빠르게 대응했다. 그해 12월 26일 밤 김종필 총리는 전국에 라디오와 TV를 통해, "정부는 여러분의 정부니, 정부를 믿어 달라"라고 당부하면서 "한국에 수백 가지 성이 있지만 같은 피인데 왜 서로 으르렁거리느냐"며, "개헌하자는 사람들처럼 같은 광장에 서 있지 않은 사람들과는 대화가 안 된다"라고 선을 긋고 "이 광장으로 들어오라"라고 권유하였다.

이와 함께 공화당 의원들은 정부가 온건 정책을 표방하고 있는데 시간을 주지 않고 개헌이라는 본질 문제를 성급히 꺼냈다고 비판하였고,

어떤 의원은 삭발한 함석헌 옹을 가리켜 "하필이면 고려대 구내 이발관에서 머리를 깎아 학생들을 자극할 게 무엇이냐"면서 흥분하기도 하였다. 유정회 백두진 회장은 재야인사들의 개헌서명운동에 대해 "정부는 서명운동을 벌인 노인네들을 다스릴 것이고 그러다 보면 망신당할 것"이라면서 조롱 섞인 말을 내뱉기도 하였다.

이와 달리 야권의 신민당은 12월 27일 오전 당직자 회의를 열어 개헌 문제 및 특별방송에 관한 의견을 교환하였다. 김 부총재는 김종필 국무총리의 방송 연설에 대해 '반 위협 반 사정'이라 논평하면서, "국민이 정부를 믿게 하려면 헌법을 고쳐 자유를 주어 내 정부라는 생각을 하도록 해야 할 것"이라 주장하였다. 12월 28일 아버지는 담화문을 발표하고, 김종필 국무총리의 특별방송은 국민의 청원권에 대한 도전이라고 주장하면서 "어떠한 압력에도 굴하지 않고 대통령에의 청원 운동을 계속하겠다"라고 밝히고, "청원 운동을 혼란 또는 선동으로 몰아 적대시하는 것은 민의의 소재가 어디에 있는가를 알아보지 않겠다는 태도"라고 비판했다.

이후 아버지는 민주통일당 조직도 활용하고 200여 명의 고문을 망라하여 '백만인서명운동'을 본격화하였다. 뜻을 같이하였던 재야의 청년과 학생은 이신범·유광언·최혜성 등이었다. 이때 귀신도 모르게 목숨을 잃을 수도 있으니 방법을 달리하자는 의견도 만만치 않았지만 백만인서명운동은 빠르게 확산해 갔다. 이때 서명을 받으려면 인쇄를 해야 해서 내가 아이디어를 하나 냈다. 당시 인쇄는 등사기로 밀어서 한 장씩 찍어내는 방식이었는데, 그렇게 하다 보니 시간이 너무 오래 걸렸다. 어떻게 하면 좋을까 궁리하다가 외삼촌이 근무하던 홍릉의 키스트(KIST. 現 한국과학기술연구원)에 신형복사기가 생각났다. 그래서 밤 12시에 정문 수위의 눈을 피해 키스트 담을 타고 안으로 들어간 뒤 외삼촌의 도움을 받아 총무국의 복사기를 이용하여 서명서 수천 장을 복사하기도 하였다. 집 밖에는 정보부 요인들이 지키고 있었기 때문에 이를 집으로 가져올 수 없었다. 이에 외삼촌이 결혼할 여자친구 집에다가 숨겨놨다가 다음 날 아침에 서명서를 찾아서 차에 싣고는 밤새도록 전주, 광주, 목포, 마산, 부산, 동해 등지를 돌며 통일당 지부 당원들에게 100부, 200부씩 나눠줬다. 그것을 바탕으로 더 필요할 때는 각자 제작하여 사용하였다. 당시 지방은 서울보다는 감시가 소홀하였기 때문에 가능한 일이었다. 그때 동행하였던 사람이 통일당 당원이었던 이철우 씨였다. 작성된 서명서는 전국의 지부장들이 직접 들고 서울로 올라왔다. 그래서 운동을 전개한 지 1주일 만에 상봉동 집에 서명서 5만여 장이 쌓였고 10여 일 만에 서명자 수가 30만 명을 돌파할 정도로 파급력이 컸다.

다급해진 박정희는 1973년 12월 29일 "유신체제를 부정하는 일체의 불온 언동과 소위 개헌 청원 서명운동을 즉각 중지할 것"을 강력히 경고하는 특별 담화를 발표하였다. 그 뒤 1974년 1월 8일 긴급조치 1, 2호를 발표하였다. 개헌을 주장 또는 청원 행위, 유언비어 유포, 그 같은 조치 위반 행위를 전파하는 언동, 동 조치를 비방하는 자는 영장 없이 구속하여 비상군법회의에서 최고 15년형에 처할 수 있다는 내용이었다. 이에 백기완 선생과 함께 상봉동 집에서 서명서를 태웠다. 뺏기면 이름 적은 사람들이 위험해질 수 있다는 생각에서였다. 이때 백기완 선생은 울고 나는 열받고 그랬다.

아버지가 처음에 서명한 30여 명의 서명서는 간직하고 계셨다. 서명서에는 일일이 번호가 매겨져 있었다. 그것만큼은 소중하게 간직하고 있었는데, 그 이후로도 여러 번 이사하면서 결국 분실하고 말았다. 지금

1973년 12월 29일, '개헌 청원 100만인 서명운동'에 대해 신경질적인 반응을 보이면서
강력한 경고를 발하는 박정희의 담화문(《경향신문》 1973년 12월 29일자)

생각해도 너무 안타깝다.

1974년 1월 15일 비상보통군법회의 검찰부는 아버지와 백기완 선생
을 긴급조치 1호 1, 2, 3항 위반 혐의로 구속영장을 발부하고 즉시 구속
했다. 1항은 대한민국 헌법을 부정, 반대, 왜곡 또는 비방하는 모든 행위
를 금한다. 4항은 전 ①②③호에서 금한 행위를 권유, 선동, 선전하거나
방송 보도 출판 기타 방법으로 이를 타인에게 알리는 모든 언동을 금한
다. 5항은 이 조치를 위반한 자와 이 조치를 비방한 자는 법관의 영장 없
이 체포 구속 압수 수색하며 15년 이하의 징역에 처한다. 이 경우에는 15

년 이하의 자격정지를 병과할 수 있다.

이로써 아버지는 긴급조치 1호 첫 희생자가 되었다. 세 번째 구속이었다. 며칠 뒤 검찰부는 1월 21일 11명을 추가로 구속하였다. 윤석규(학원 지도보조원), 김경락·인명진(도시산업선교회 목사), 이해학·김진홍·이규상·박윤수·김성일·홍길복·박창빈(교회 전도사), 박신영(교회 부목사) 등이었다.

집안은 더욱 어려워졌다. ≪사상계≫가 강제 폐간된 이후 딱히 수입원이 없었다. 어머니는 아버지 옥바라지를 하면서 집안일도 챙겼다. 더욱이 나와 바로 밑에 동생은 형편이 안 돼 대학에 가지 못했는데 어머니께서는 여동생만큼은 어떻게든 대학에 보내고자 하셨다. 당시 여동생이 고3이었는데 어머니는 박경수 선생을 찾았다. 그에게 아는 화가를 소개해 달라고 했다. 당장 돈은 없으니 외상으로 말이다. 어머니는 미술에 소질 있던 호경이를 미대에 보내고 싶었던 모양이다. 이후 여동생은 박경수 선생의 친구분인 화가 송수남(宋秀南) 선생으로부터 데생을 배웠다.

얼마 뒤 출옥한 아버지는 박경수 선생을 통해 송수남 씨를 만났다. 이때 아버지는 아끼던 암파문고(岩波文庫) 전집을 국회도서관에 판 돈을 그에게 내밀었다. "이건 공부채로는 3분의 1도 못 되는 액수입니다. 나머지는 내가 돈 벌 거든 잊지 않고 갚아드리겠습니다." 송수남 씨는 이를 극구 사양하였으나 아버지의 강원에 못 이겨 받았다 한다. 그 덕에 동생은 1975년에 이화여대에 입학할 수 있었다.

아버지는 1974년 1월 31일 비상보통군법회의 제1 심판부(재판장 박희동 중장) 국방부 군법회의 법정에서 첫 재판이 열렸다. 당시 가족만 방청할 수 있어서 어머니하고 나하고 둘이서 갔다. 재판장 3명을 비롯하여 전부 군인들이다 보니 제대로 숨을 쉴 수 없을 정도로 분위기는 무거웠다. 재판장 가운데 이세규라는 사람도 있었다. 헌병들이 뒤에 전부 다 앉아 있었다.

아버지의 표정은 이미 초연한 듯했다. 몇 년 형을 받는지에 대해서 전혀 구애하지 않으시는 것 같았다. 긴급조치를 위반했다고 하니 중형을 구형할 것이라 예상했지만, 15년 형을 받을 줄은 몰랐다. 그때 15년 형을 받는다는 법 규정이 있는지 전혀 몰랐다. 첫 재판이었으니까. 그런데 검찰관이 아버지와 백기완 선생에게 징역 15년과 자격정지 15년을 구형하였다. 최고형을 구형받은 뒤에 방송 기자들이 난리가 났다. 나는 15년이면 감옥에서 돌아가시겠다고 생각했다. 이찬식 비상군사재판 대변인은 "엄숙하고 진지하게 진행됐다"고 발표했다. 그 뒤 바로 다음 날 2월 1일 제1심판부는 검찰관의 구형대로 징역 15년과 자격정지 15년을 선고했다. 재

긴급조치 1호 위반으로 비상고등군법회의에서 재판을 받고 있는 장면,
오른쪽부터 장준하, 백기완, 연세대생 7명(《동아일보》 1974년 3월 4일자)

판부는 "북한의 남침야욕을 저지하고 조국의 존립을 수호할 수 있는 유일한 길은 오직 국민 총화로써 정치 경제 및 사회적 안정이 절실히 요구되고 있음에도 개헌을 빙자, 사회적 불안을 조성함으로써 국가의 안정보장과 공공의 안녕질서에 중대한 위협을 준 사실은 추호도 용서할 수 없으며 국민의 이름으로 마땅히 응징돼야 한다"고 판결 이유를 밝혔다.

이에 아버지는 즉각 항소하였지만, 1974년 2월 26일 비상고등군법회의 심판부(재판장 이세호 대장) 결심공판에서 검찰관은 원심판결 형량대로 구형했다. 이날 두 분뿐만 아니라 연세대 학생 고영하·황규천·이상철·문병수·김석경·김경·서준규 등도 재판을 받았다. 3월 2일 국방부 군법회의 법정에서 열린 항소심 선고 공판에서 항소가 기각되어 원심이 확정되었다. 다만 백기완 선생은 징역 12년에 자격정지 12년으로 형이 낮아졌다. 또한 재판부는 서울고등법원에서 심리해 오던 아버지의 대통령선거법 위반 등도 병합 심리하였는데, 징역 10개월을 선고했다. 재판부는 판결문을 통해 "피고인들이 긴급조치가 선고된 이후에도 헌법개정을 빙자, 국론을 분열시키고 사회의 불안을 조성함으로써 국가의 안전보장과 공공의 안녕질서에 중대한 위협을 준 사실은 추호도 용서할 수 없으며 마땅히 처벌되어야 한다"는 판결 이유를 밝혔다.

아버지는 영등포교도소에 수감되어 있었을 때 가족들에게 편지를 보낸 적이 있다. 어머니와 나를 비롯하여 동생들 하나 하나에게 일러둘 말을 전했다.

네 글 참 반가웠다. 기회 있을 때 전화 다오. 그리고 나는 항상 네가 모든 일에 더욱 신중히 행동하여 줄 것을 바란다. 변호사(김택현)에게 자주 가서 사정 알아보곤 하여라. 그리고 변호사 면회는 되니까 가급적 변호사더러 자주 오도록 네가 모시고 다녀라. 그리고 나는 전이나 지금이나 네가 차를 몰고 다니는 것을, 그러나 실수 있을까 보아 마음을 놓지 못하고 있다. 너는 나를 대신하여 철저히 집을 돌보아다오. 내 걱정은 말아라. 무슨 일에나 끼어들지 말라(특히 정치 말아라).

아버지가 나에게 가장 경계하도록 한 것은 정치를 하지 말라는 것이었다. 하지만 나는 이를 어기고 총선에 한 번 출마하였고 대선에 출마 선언을 한 적이 있었다. 아버지의 진상 규명을 하고자 하는데 내가 힘이 없으면 아무것도 할 수 없다는 실망감에서였다.

그 뒤 아버지가 상고하였는데 1974년 4월 9일 대법원형사부는 구속집행정지 결정을 내렸다. 아버지

아버지가 영등포교도소에 계실 때 보내온 편지

가 폐결핵 및 심장협심증을 앓고 있었기 때문에 병보석을 허가하였다. 재판부는 아버지의 주거를 백병원으로 제한했다. 백병원에 입원하게 된 것은 백병원이 남산 중앙정보부 바로 밑에 있었기 때문이다. 당시 백병원은 지금의 상계백병원이 아니라 중구에 있었다. 중부경찰서 정보과 형사들이 아버지의 병실 앞을 24시간 지켰다. 누구도 못 들어오게 하였다.

아버지는 평소 협심증을 앓으셨다. 아버지의 심장병은 해방 후 돌아오신 뒤부터 있으셨다. 우리 집안이 혈관질환이 있는지 나도 그런 증상을 갖고 있다. 심장병이 있으셔서 언제 돌아가실지 모르는 상태였다. 항

상 아버지는 니트로글리세린이라는 하얀 비상약을 갖고 다니셨다. 잘못되면 혓바닥 밑에 그 약을 넣어야 했기 때문이다. 교도소 생활을 하시면서 심장병이 도졌다.

다행히 가족은 면회할 수 있어서 들어가서 보곤 했다. 이때 아버지는 굉장히 힘들어하셨는데 나는 양일동 선생에게 전달하라는 말 심부름을 하곤 했다. 물론 그러한 심부름은 내가 제대한 뒤에 비서처럼 아버지를 수행하였기 때문에 곧잘 했다. 민주통일당 쪽이랑 연결하는 것이나 DJ나 상도동에 심부름을 많이 다녔다. 윤보선 씨 댁에도 갔는데 전당대회나 인선 문제 등 그런 것들을 전달하고 그랬다.

그 뒤 1974년 8월 20일에 열린 상고심 재판에서 대법원형사부가 이를 기각하여 원심대로 형이 확정되었다. 아버지는 영등포교도소에서 수형하였다. 영등포교도소는 지금 없어졌다. 면회는 주로 어머니하고 막내가 다녔다. 나는 아버지가 투옥되어 장남으로서 집안을 챙기기에, 아버지 석방 운동을 벌이느라 여념이 없었다.

1974년 8월 23일에 긴급조치 1호와 4호가 해제되었다. 이에 그해 9월 26일 신민당은 긴급조치 1호 및 4호 위반자 전원을 석방, 사면할 것을 대통령에게 건의하는 내용의 '정치범 석방 및 사면에 관한 건의안'을 국회에 제출했다. 이에 따르면 "이미 긴급조치 1호와 4호가 해체된 오늘에 있어 이들을 더는 구속할 하등의 명분과 이유가 없고 또 이러한 지도층 인사와 학생들이 국가에 이바지할 기회는 시급히 부여돼야 하므로 전원을 석방, 사면해야 한다"라는 내용이었다. 백기완 선생이 상고를 포기하자고 하였으나, 아버지는 대법원 판사들이 이 시대에 무엇을 하고 어떤 결정을 내려야 하는지 남기도록 해야 한다며 10월 19일 대법원에 상고하였다.

감옥에서 나와
병원에서 치료를 받다.

그 뒤 1974년 10월 31일 국회 법사위는 신민당이 제출한 '정치범 석방 및 사면에 관한 건의안'에 찬반 토론을 벌였다. 1974년 11월 28일 서울 종로5가 기독교회관 5층 회의실에서 함석헌·김정준 선생 등 기독교 인사와 구속자 가족 등 1백여 명이 모여 '구속자를 위한 목요정기기도회'를 가졌다. 이 자리에 참석한 어머니는 "장 씨가 만성간염, 심장병 등으로 위독상태에 있으니 기도로써 도와달라고 호소했다. 나도 기도회에 참석하였다. 이때 ① 구속 인사들을 조속히 석방할 것, ② 유신헌법 철폐를 위해 모든 수단을 동원한다. ③ 외국 지도자의 판단을 한국 국민의 의사와 동일시해서는 안 된다 등의 5개 항을 결의하고 민주수호기독자회 제3선언을 채택하였다.

어머니는 이에 그치지 않고 1974년 11월 30일 영등포교도소에 복역 중인 아버지에 대해 황산덕 법무부 장관에게 형집행정지신청서를 냈다. 어머니가 주변 사람하고 이야기를 했는데 직접 신청서를 내는 게 좋겠다는 의견이 있었다. 어머니는 앞장서서 그런 일을 하시는 분이 아니었는데 상황이 그렇게 만들었다. 이때 아버지의 허락을 받았던 것으로 생각된다. 어머니는 성품상 굉장히 낙천적인 분이셨고 힘든데도 다른 사람에게 힘든 얼굴을 내비치지 않으려고 애썼다. 신청서는 김도현, 백기완, 계훈제 선생 등이 쓰시지 않았나 생각한다. 내용은 "장 씨가 고혈압 협심증 심부전증 만성간염 등의 증상으로 앓고 있으며, 날이 추워지면 심장마비를 일으킬지도 모르는 상태"임을 밝히고, "옥중에서 불행한 사고를 당하지 않도록 옥외 병원에서 치료케 해달라"고 호소하였다.

얼마 뒤 다행스럽게 1974년 12월 3일 밤 10시 50분에 아버지는 법무부의 형집행정지 결정으로 출소하였다. 수감생활 10개월 20일 만이었다. 이렇듯 밤늦은 시간에 출소한 것은 사람들이 모이지 못 하게 하려는 의도였다. 그 소식은 그날 밤 8시 30분쯤 김옥길 총장으로부터 전화 연락을 받고 알았다. 어머니와 동생 호준(당시 수도공고 1학년), 김옥길 총장 등이 구치소 정문 앞 구치소장실에 도착하여 아버지의 출소를 기다렸다. 밤 10시 40분쯤 구치소 직원의 연락을 받고 가족 2명만 면회가 허용되어 김옥길 총장이 제공한 '서울 1나7562호' 검은색 크라운 차를 타고 구치소 안으로 들어갔다. 약 10분 후 아버지와 어머니를 뒷자리에 태운 후 구치소 정문을 빠져나왔다. 아버지는 구치소에서 약 2㎞ 떨어진 구로동 대성산업 제5 주유소 앞까지와 기다리던 김옥길 총장의 '서울 1가 6899호' 코티나 자동차 옆에 멈췄다. 아버지가 차 밖으로 걸어 나와 김옥길 총장에게 다가가 "반갑습니다. 고마운 마음이 이루 말할 수 없습니다"고 인사했다.

그 길로 아버지는 밤 11시 20분 종로구 견지동 107번지에 있던 조광현 내과에 도착하였다. 조광현 내과는 개인 병원인데 꽤 컸다. 3층짜리 정도 되는 건물이었다. 비뇨기과도 있었고, 내과도 있었다. 그곳에서 치료를 받고자 한 것은 중앙정보부가 아니라 우리가 원했기 때문이다. 조광현 박사는 이북 출신으로 아버지와 잘 아는 사이였고 그 아들도 나랑 학교 동창이라 친구였다. 이런 인연으로 아버지가 감옥에 가기 전부터 심

병실에 들어서면서 함석헌 선생님과 만나는 장면(《경향신문》1974년 12월 4일자)
함석헌 선생 오른쪽 계훈제 선생, 아버지 오른쪽 나, 왼쪽 동생 호준)

장병 치료를 받아왔다. 아버지는 서울 서대문구치소에 수감될 때부터 협심증으로 왼쪽 팔을 못 쓰게 됐고 그동안 조 내과에서 약을 가져다 먹었다.

병원 앞에서 나와 함석헌, 계훈제 선생이 아버지를 맞았다. 아버지는 노란색 농구화와 어머니가 출소 직전 전해 준 쥐색 바바리코트와 옥색 상의 회색 하의 한복차림이었다. 이때 아버지가 "선생님."하고 말을 잇지 못하자, 함석헌 선생은 "말은 두었다가 나중에 하지"라고 말을 막았다. 아버지는 "수고를 너무 하셨습니다"라고 말했다. 왼쪽 팔을 제대로 쓰지 못한 채 어머니의 부축을 받은 아버지는 약간 부은 듯한 얼굴이었다. 백병원에 계실 때보다 상태가 더 안 좋아지셨다. 아버지는 출감 첫날 병원 205호실에서 어머니의 병간호를 받았다.

아버지는 병실에서 "죽어서야 나올 줄 알았는데 학생들을 놔두고 혼자 나오니 가슴이 아프다"라며 안타까워하셨다. 감옥 안에서의 대우는 비교적 좋았으며 대통령긴급조치 위반으로 징역 15년을 선고받은 권호경 목사, 간병부(看病夫)와 같은 방에서 지냈다고 하셨다.

다음 날 12월 4일에는 양일동 민주통일당 당수와 법정 스님, 신민당 김영삼 총재 등이 찾아왔다. 그날 4일 밤부터 면회 금지조치가 내려졌다. 출감 당시 '주거 제한은 없다'라는 검찰의 통고를 받았는데도 병실 앞에는 종로경찰서 정보과 직원 2명이 가족을 제외한 외부 인사의 면회를 막았다. 어머니에 따르면 12월 5일 오후 김대중 선생이 면회하러 왔다가 경찰에 의해 거절당해 아버지가 간호사의 부축을 받고 병실을 나와 복도에서 김대중 선생을 만났으며, 12월 6일 이후에는 강원룡 목사 등 친지들이 아버지를 찾았으나 면회가 금지돼 그냥 돌아갔다고 한다. 종로경찰서장은 아버지의 면회 금지조치가 상부의 지시에 의한 것인지는 밝히지 않고 그저 "곧 면회 금지조치가 풀릴 것"이라고만 되풀이하였다.

아버지는 영양실조로 시력이 약해지고 몸이 아주 쇠약해졌지만 약한 모습을 보이지 않으려 애쓰셨다, 어머니의 부축을 받아 화장실에 두어 번 가는 것이 전부였다. 온종일 누워지냈다. 밥 대신 죽을 조금밖에 못 들었다. 부은 다리는 가라앉았지만, 며칠 동안은 잠을 통 이루지 못해 약을 먹고 눈을 붙였다. 어머니가 가끔 신문이나 ≪씨올의 소리≫ 등 잡지를 읽어주곤 하였다.

언제인지는 정확히 알 수 없지만, 아버지가 조광현 내과에서 치료를 받고 계실 때 대사관을 통해 미국 국무부로부터 책 한 권과 선물상자 하나가 도착했다. 그 상자는 아직도 가지고 있다. 상자 안에는 두 개의 모자가 담겨 있었다. 하나는 회색 모자이고 다른 하나는 까만 중절모였는

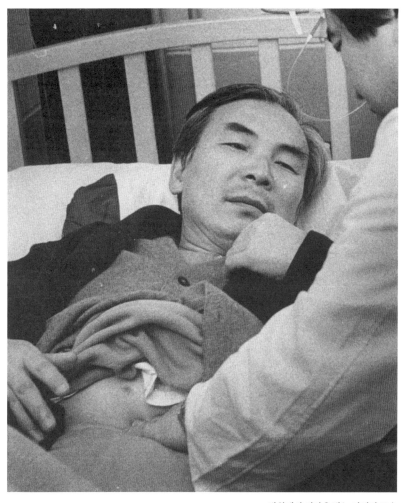

데 외국 수상들이 쓰던 그런 모자였다. 책은 빨간 표지에 『be a president』
라고 적혀 있었다. 우리 말로 번역하면 '대통령이 되는 길'이란 뜻이다.
그때 그걸 받고는 미국에서 아버지를 어떻게 평가하고 있고 어떤 방향
으로 끌고 가려고 했는지 짐작이 갔다. 아버지가 돌아가신 후 내가 모자
를 번갈아 쓰고 다녔다. 까만 모자는 아직도 집에 있다.

1975년 1월 1일 신년을 맞아 세배객들의 출입을 금지하자 복도에서 세배객들과 입초 경찰관 사이에 옥신각신했다. 이 소리를 듣고 아버지는 병상에서 일어나 경찰관에게 "오늘이 무슨 날이야. 당신들은 면회와 세배를 구별도 못 하느냐"고 호통을 쳐 결국 이날 하루만 세배할 수 있었다.

1975년 1월 8일 아버지는 병상에서 박정희에게 보내는 공개서한을 발표하였다. 기자회견 형식을 통해 자신의 서한 내용을 밝혔다.

조국이 광복을 되찾은 지도 올해로 꼭 30년이 됩니다. 해방의 감격이 민족의 분단이란 새로운 비극으로 전환된 이래 30여 성상, 우리 민족은 여전히 민족적 염원인 조국 통일도 성취치 못하고, 국민적 여망인 민주주의조차도 이 땅에 토착화시키지 못한 채, 적대와 긴장 그리고 분열과 갈등 속에서 헤어나지 못하며 암울한 세월을 보내고 있었습니다.

이러한 우리 민족에게 너무나도 충격적인 일이 지난 1972년 7월 4일에 일어났습니다. 남북이 민족문제를 자주평화통일로 발전시킬 것을 합의했다는 이른바 남북공동성명이 바로 그것입니다.

5·16군사정변 이후 귀하의 정치노선에 계속 비판적이던 본인도 벅찬 감격으로 통일을 위한 남북대화가 기필코 성공되기를 기원하면서 귀하가 취한 역사적 결단에 찬사와 성원을 아끼지 않았던 것입니다.

그때 본인은 세계사적 조류와 국제적 조건을 주체적으로 극복해서 다시는 외적 조건이 우리를 결정하지 못 하게 하고, 전변하는 외적 조건을 우리는 자결의 계기로 삼아야 한다고 생각했습니다.

민족·국가와 나

그러기에 민족의 실체인 남북한의 민중이 민주적 참여해야 함을 강조한 바 있었습니다. 그러나 이 같은 우리의 모든 기대와 감격은 그해 10월 17일 이른바 '유신'이란 이름으로 무참히도 무산되고 말았습니다.

국헌을 준수한다고 서약한 귀하 스스로가 그 선서를 헌신짝같이 버리고, 헌법기관의 권능을 정지시키고, 헌법제정 권력의 주체인 국민을 강압적인 계엄 하에 묶어놓고, '국민투표'라는 요식행위를 통해 제정한 소위 '유신헌법'으로써 명실상부하게 귀하의 일인 독재 체제만을 확립시켰습니다. 이렇게 하여 통일에의 부푼 국민의 기대는 민주 헌정의 파괴와 일인 독재라는 참담한 결과로 둔갑해 버렸습니다.

뒤늦게나마 조국 통일에의 의지와 스스로의 자유와 생존을 지키고 키우기 위해서는 소위 '유신체제'를 폐지하여야 하고, 그 근본 규범인 현행 헌법을 완전히 민주헌법으로 개정하여 민주 헌정질서를 회복하는 길밖에 없음을 분명히 깨닫고 굳게 믿는 인사들이 '개헌 청원 백만인 서명운동'을 일으켜 실천 운동에 옮기는 데 이르렀던 것이 1973년 12월 24일이었고, 이 운동은 요원의 불길같이 번져 불과 10여 일 만에 서명자 40만 돌파라는 놀라운 기록으로 나타나게 되었습니다. 그러나 이러한 합법적 민의 운동에 대해 귀하는 '긴급조치'라는 초현실적이며 초헌법적 권력을 발동하여 민주 개헌을 위한 평화적인 청원 운동을 무자비하게 탄압하여 실질적으로 무헌법사태를 초래하였습니다.

그러나 이러한 강압과 폭정에도 불구하고 유신체제에 대한 저항과 민주 개헌에의 열화 같은 국민적 요구는 더욱더 확대되어가고 심화하여가는 형편입니다. 현재와 같은 여건하에서의 '민주 회복'의 성취는 이제 비평화적인 불행한 방법밖에 없다는 체념이나, 폭력에의 유혹에 빠질 수 있는 다수의 국민에게 '민주 회복'을 위한 비폭력, 합법의 방법이 있음을 귀하 스스로가 설득하고 조속히 실천으로 옮겨야 할 단계에 이르렀음을 알려드립니다.

정부가 입버릇같이 항상 외우고 있는 북으로부터의 위협에 대한 협박이나 국제적 경제불황의 핑계, 또는 부정부패 일소라는 구호, 혹은 선심 공세 같은 것으로써 이 국민적 욕구가 수습될 단계는 이미 아님을 다시 밝혀둡니다.

본인은 북으로부터의 위협이나 경제적 위기, 또는 국제간의 고립보다도 바로 이 사태가 지금 우리가 당면한 최대의 국난이라 생각하며 이 어려운 국난을 성공적으로 극복할 수 있는 길은 오직 파괴된 민주 질서를 급속히 평화적으로 회복하는 데 있다고 굳게 믿는 바입니다.

이에 본인은

① 파괴된 민주 헌정의 회복을 위해 대통령 자신이 개헌을 발의하되 민족통일의 기초가 될 수 있는 완전한 민주헌법으로 하여 이 헌법에 의해 자신의 거취를 지혜롭고 영예롭게 스스로 택함은 물론 앞으로 오고 올 모든 집권자가 규범으로 삼게 할 것.

② 긴급조치로 구속된 민주인사와 학생들을 전원 무조건 석방할 것.

③ 학원·종교·언론사찰을 즉각 중지하고 야비한 정보 정치의 수

법인 이간·분열 공작으로 더는 불신 풍조와 상호배신 행위의 습성을 우리 사회에 조장하지 말 것.

④ 자유언론(특히 일제 이래 한국언론의 수난의 여왕이요, 민족지로서 연면한 전통과 역사를 가진 동아일보·동아방송 등)에 대한 비열하고 음흉한 탄압정책을 즉시 철회할 것.

⑤ 정부의 경제적 실책으로 가중되는 당면한 민생문제를 해결하고 사회정의를 구현할 수 있는 획기적인 경제정책을 강구할 것.

⑥ 한반도의 긴장 완화와 평화통일을 위한 이상적이고 현실적이고 적극적인 통일정책을 수립 촉진하되 민중의 대표가 참여할 수 있도록 할 것.

박 대통령 귀하,

이 지구상에는 수백억의 인간이 살다 갔습니다. 그중에 '가장'되었던 사람들은 누구나 '내가 죽으면 내 집이 어찌 되겠는가'라는 걱정을 안고 갔었을 것입니다. 그러나 인간사회는 발전했습니다.

우리도 예외일 수는 없습니다.

귀하의 건강과 우리 국민과 우리 민족의 밝은 내일을 기원하면서 이글을 이것으로 줄이고자 합니다.

1975년 1월 8일
개헌청원백만인서명운동본부
장준하

한편, 어머니와 백기완 선생의 맏딸 백원담은 1975년 1월 10일 동아일보를 방문하고 "고통을 받는 모든 사람의 아픔이 곧 동아일보의 아픔으로 나타나고 있다고 말하고 동아일보와 동아방송의 의연한 자세는 모든 고통 받는 사람들, 그리고 민주 회복을 열망하는 모든 국민이 지표가 되고 있다고 격려하였다. 백원담 씨는 지금 성공회대 교수로 재직하고 있는데, 우리 집안과는 친척같이 지냈다. 당시 백기완 선생을 '백 당수', '백 선생', '백 소장'(백범연구소 소장이셨으니까), '삼촌' 등 여러 호칭으로 불렀다. 또한 아버지가 발표한 '박 대통령에게 보내는 공개서한'을 광고로 내주도록 광고비를 기탁하는 한편 동아일보 2부 구독료 1년치를 선지불했다.

　　아버지는 친구가 입원비로 보낸 돈을 동아방송에 성금으로 보냈다. 당시 아버지가 보내신 서신에는 "자유 언론 최후의 보루에서 사투하는 동아방송에 경의를 표한다"라면서 "구약시대의 선지자 엘리아가 가멜 산상에서 들은 신의 음성을 교훈으로 더욱 분발해달라"는 응원과 당부의 말씀이 있었다. 동아일보 백지광고 사태로 불거진 듯 항거의 모습이 늘어갔다. 익명의 한 시민이 1975년 1월 14일 현금 3천 원을 동아일보사에 기탁했다. 또한 대구시 종우회 일동은 1월 31일 장준하·백기완 씨 등 개헌서명운동으로 구속된 인사들과 지학순·김지하 시인과 인혁당 민청학련 사건으로 구속된 모든 사람에게 전해달라며 10만 원을 동아일보사에 기탁하기도 했다.

　　어머니는 1975년 1월 15일 박정희에게 편지를 보냈는데, 그것이 동아일보 1월 17일자 신문에 실렸다.

　　바로 1년 전 귀하가 발동한 긴급조치 1호로 구속되어 장기형을 선고받은 가족의 한 사람으로서 14일에 있은 귀하의 회견 내용을 듣고 느낀

의문을 몇 자 적어 묻고자 합니다.

　귀하는 작금 제한된 분위기 속에서나마 활발히 제기되고 있는 개헌 요구를 금하거나 장기형에 처하는 무리를 스스로 삼가고 있는 것이 사실입니다. 귀하가 하야 혹은 퇴진해야 한다는 주장도 나오고 있습니다. 그리고 그 긴급조치도 철회한 지 6개월이 됩니다. 그렇다면 현형 헌법개정을 국민 된 자의 당연한 권리로서 어디까지나 합헌적 (현행 헌법 제23조 제124. 125, 126조 현행 청원법 제3조 4항 및 제 6조)인 방법으로 귀하에게 요구하려면 1호 위반 구속 인사들을 이제까지 구금하고 있는 이유와 명분과 근거가 무엇입니까? 귀하는 인권을 침해한 일이 없다고 했습니다. 그렇다면 개헌을 청원 혹은 요구했다는 사실만으로 사람들을 15년형에 확정 복역시켜놓고 1년 이상 잡아넣고 있는 것은 무엇입니까?

　귀하가 3선 개헌을 반대하는 의견에 대하여 귀하의 담화에서 '개헌은 할 수 있는 것이고 개헌을 못 한다는 것은 있을 수 없다.'라고 국민을 비판했던 기억이 아직도 생생한데 그렇다면 귀하는 마음대로 헌법을 고치자고 해도 되고 국민은 개헌 말만 해도 15년씩 징역을 살리는 이런 사태가 바로 '한국적 민주주의'고 '유신'이란 말입니까. 이것이 국민을 국민으로 대접하는 옳은 길입니까. 이들을 석방하면 안보가 안 되고 국민이 살 수 없고 나라가 망합니까. 대한민국은 그렇게도 허약한 나라입니까. 소위 4호 위반자도 즉시 석방돼야 함은 두말할 필요가 없지만, 귀하가 1호 위반자에 대해 일언반구의 의사 표시가 없었던 데 대하여 의구심을 느끼지 않을 수 없습니다.

　나의 남편의 일에만도 그렇습니다. 결과적으로 감옥에서 반병신이 다 되어 형집행정지라는 조치를 내려주었습니다. 그때 석방을 지휘하러 나왔던 당국자는 분명히 "주거 제한은 없으니 마음대로 좋을 대로 가서 치료를 하라"고 했습니다.

그러나 출감 다음날부터 5, 6명의 경찰관이 교대해 가며 24시간 병실 문을 가로막고 자유 출입을 엄중히 금하고 있습니다. 이것은 어느 식의 법입니까? 간신히 부축을 받아 가며 화장실이나 출입하는 고혈압과 심장병 환자에게 신경을 곤두세우게 하자는 것입니까.

1.8조치도 1년이 지났고 구속된 지도 1년이 지난 오늘 구속자 가족들의 분노를 감히 대변하여 즉각적인 석방을 요구하면서 이 글을 씁니다.

박 대통령에게 보내는 공개서한(요지)
《동아일보》광고, 1975년 1월 10일자)

1975년 1월 15일
장준하의 처 김희숙

아버지는 병상에 계시면서도 1975년 1월 22일 박정희가 '유신헌법'의 찬반 국민투표를 한다고 공고를 하자, 바로 다음 날 이에 대해서 "일방적으로 강요되는 국민투표를 거부하는 것이 민주 회복의 당면 과제"라면서 "현행 국민투표법은 실질적으로 찬성 활동은 보장하면서 반대 비판 운동은 엄금하는 등 국민의 참정권을 박탈, 제한하는 악법이며, 따라서 이 법 아래서 행해지는 어떠한 국민투표도 국민의 참다운 의사 표현이 아니며 정당한 국민적 합의라고 볼 수 없다"라는 내용의 성명을 발표하였다. 그해 2월 12일에 실시된 유신헌법 찬반 국민투표는 투표율 79.8%, 찬성 73.1%로 통과되었다.

　　　　　　　　　　　　　　민족·국가와 나

퇴원 후 야당 통합에 진력하다.

1975년 2월 6일 오후 4시 30분경 아버지는 완쾌되지 않았는데 퇴원하였다. 입원한 지 두 달 조금 넘었다. 이를 두고 신문에서는 매월 30만 원 이상의 치료비 부담이 커서 퇴원하였다고 기사에 났지만, 실은 병원비의 부담은 명분이었다. 병원에 있으니 감시가 심해서 활동하려고 나온 것이다.

내가 아버지를 중랑구 면목동 182-46번지 집으로 모시고 갔다. 2, 3개월 더 치료를 받아야 함에도 아버지는 굳이 병원 문을 나왔다. 집 밖에 청량리경찰서 정보과 형사들하고 보안사 요원들이 지키고 있었지만, 병원보다는 그래도 사람들이 왔다 갔다 하기 좀 수월했다. 나도 지붕 타고 넘어 다니면서 아버지의 심부름을 다녔다. 아버지가 병원비 문제로 퇴원했다는 소식이 전해지자 미국 뉴욕의 한국학회가 200달러를 동아일보로 보내왔다. "언론자유 수호의 최후 보루인 동아일보사에 아낌없는 격려를 보내며 가중된 언론탄압에 굴함 없이 더욱 분발하여 줄 것을 당부한다"라는 말과 함께 "민주 회복 항쟁에 주축이 되어 싸우다가 병상에 눕게 된 장준하 선생의 속한 완쾌를 기원한다"라는 말도 전했다. 마산에 사는 익명의 한 독자는 2월 14일 오전 인편을 통해 치료비에 보태 쓰라고 1년 동안 푼푼이 저금통에 모은 4,445원을 동아일보에 보내오기도 하였다.

아버지가 옥에 갇히고 병원에 계신 1년 동안 별다른 수입원이 없어 경제적으로 매우 어려웠다. 나도 돌아다니면서 직장을 구하려 했지만, 잘 안 됐다. 이때 주변에서 많이 도와줬다. 예전에 아버지에게 신세를 졌던 분들이나 《사상계》에서 함께 생활하였던 사람들이었다. 법정 스님도 와서 음식을 놓고 가시기도 했다. 이렇듯 맨날 얻어먹는 생활을 했다.

아버지가 퇴원한 지 5일쯤 지나 김대중 선생이 지팡이를 짚고 아버지를 찾았다. 아마 야당 통합론이 오갔을 것으로 생각한다. 또 언젠가는 김영삼 전 대통령은 남산의 '외교구락부'라는 음식점에서 아버지와 만나 긴요한 얘기를 나누기도 하였다. 그때 아버지의 생각은 김영삼과 김대중, 둘 중에 누가 먼저 대통령을 해야 할 것이냐였다. DJ를 먼저 대통령을 시켜야겠다는 꿈을 꾸셨다. 아버지는 DJ와 YS를 평가할 때, 'DJ는 YS보다 정치적 술수가 세 배가 낫고, YS는 DJ보다 인간적인 면이 세 배가 낫다'라고 하셨다. 그리고는 '저 두 친구가 찰흙이었으면 이렇게 합쳐서 하나로 만들면 좋겠는데', 이런 이야기까지도 하셨다. '박정희가 무너지고 난 다음의 과도기를 정리해나가는 것은 DJ가 낫고, 정리해서 반석을 만들어 놓고는 YS가 합치를 해나가는 게 좋겠다고 생각하신 것이다.

1975년 2월 15일 박정희가 긴급조치 1·4호 위반자 중 인혁당사건, 반공법 위반자를 제외한 전원을 석방한다는 특별 담화를 발표하면서 아버지는 법적으로 석방되었다. 얼마 뒤 2월 20일 박정희는 일부 인사의 국민선동에 대해 헌법상 권한 발동을 경고하고 나섰다. 이런 가운데 아버지는 각계 재야지도자들과 은밀히 연통하여 민주 회복 세력의 힘을 하나로 묶는 데 심혈을 기울였다. 그 결과 '민주회복국민회의'가 설립되었고 그해 2월 21일 '민주 헌장'이 극비리에 선포되었다.

2월 21일 아버지는 두루마기를 입으시고 면목동 집 거실에서 기자회견을 했다. 두루마기가 하나밖에 없었는데 이것을 입으시고 개헌 청원 백만인 서명운동도 하였고, 긴급조치 때 YWCA에서도 이걸 입으셨다. 아버지가 돌아가신 뒤에 내가 좀 입고 다녔다. 내가 키가 아버지보다 더 크지만 그래도 품이 있으니까 입을 만했다. 한 번은 백기완 선생이 서울여대에서 강연하실 때 내가 이 두루마기를 입고 강당 안으로 들어갔는데, 백기완 선생이 얘기하시다가 아버지가 오신 줄 알고 깜짝 놀라서 몇 초 동안 멍하니 쳐다보셨다. 백기완 선생이 아무 말씀을 안 하시니 모든 학생이 뒤를 돌아보았는데 그들도 놀라는 눈치였다. 백기완 선생이 내가 아버지인 줄 알고 놀라셨던 적도 있다. 지금은 한신대(전시 1층 로비)에 전시돼 있다. 거실에는 '일주명창(一炷明窓)'이란 액자가 갈려있었는데 그 앞에서 기자회견문을 읽어 내려가셨다. '일주명창'이란 '심지 하나가 창을 밝힌다'라는 뜻이다. 서예가 창해(滄海) 김창환(金昌煥) 선생님께서 아버지에게 써 주신 것이다. '일주명창' 액자를 언제가 잃어버렸는데 누군가 지하 창고에서 찾아서는 '장준하'라는 이름이 쓰여 있으니 나에게 전해주었다. 양심 있고 고마운 분이다. 지금은 집에 보관하고 있다.

그 외에도 아버지가 해방 후 중국에서 나올 때, 중국 동지들로부터 '준하(俊河)', '풍찬노숙(風餐露宿)'이라고 쓴 글과 그림 두 점을 받아오셨다. 그런데 내가 살기가 너무 어려워서 누구한테 맡기고 돈을 빌린 적이 있다. 그 후로 찾지 못하고 있다.

기자회견문을 요약하자면 다음과 같다.

"지금은 내외의 여건이 민주 회복이라는 목표의 단일화와 투쟁노선의 조정과 통합 전망의 통일을 요구하는 시점에 이르렀다"고 지적하고, "민주 회복 투쟁에 헌신하고 있는 재야지도자 여러분에게 민주 회복의 투쟁노선과 민주개혁의 과정에 대한 기탄없는 숙의를 거쳐 민주 회복

목표를 달성하는 모든 노력도 단일화를 이룩할 것을 간절히 바란다"고 밝혔다.

"지난 1년여의 개헌 운동을 반성하면 각계각층에서 자발적으로 발생, 성장한 민주 회복이었기 때문에 불일치가 있었음은 불가피하나 이런 작은 불일치는 민주 회복 운동에 대한 내외의 기대와 전망 신뢰감을 얻는 데 적지 않은 손실이 되었을 수도 있다"고 말하고 어떤 당은 독자적인 개헌안을, 어떤 정당은 내각책임제를 주장하고 있음을 지적하면서, 나는 흔쾌히 내 주장을 후퇴시켜 단일화된 개헌안에 전면적 지지를 할 것"이라 밝혔다.

3월 27일 기독교회관에서 민주회복구속자협의회 발기대회를 했는데 아버지는 윤보선 선생과 함께 고문에 선정되었다. 위원장은 박형규 목사, 대표위원은 지학순 주교, 김동길 교수, 강신옥 변호사, 김지하, 백기완 등 7명을, 대변인에 이철 등이 선임되었다. 협의회는 발기대회 성명서를 통해 "석방자 전원은 계속되는 불법 연금 강제 연행에도 절대 굴하지 않고 민주 회복의 날까지 용감하고 슬기롭게 투쟁할 것을 재천명한다"고 말하고 헌법개정안 철회 등 4개 항을 결의했다.

그러던 중 중앙정보부가 4월 1일 북한노동당의 지령을 받고 국내에 잠입, 반정부 학원소요를 배후조장하고 야당 정치인을 포섭, 정부 전복을 위해 암약해오던 재일교포 김달남 등 학원 '정계 침투 간첩단' 8명을 검거하여 서울지검에 구속 송치했다고 발표했다. 이때 김달남이 김대중·장준하·김선태·김이권·박재우·박기정 등 야당 정치인을 대상으로 공작을 펼치려 했다는 것이다. 심지어는 김달남이 세운상가의 의원회관에서 박재우·장준하 씨와 접촉했다는 기사까지 보도되었다. 아버지가 주도한 야권통합 운동을 박정희 정권이 어떻게든 옥죄려 했는데 마땅한

기자 회견하는 아버지와 오른쪽에 앉아 계시는 함석헌 선생

방법을 찾지 못하다가 간첩단 사건과 연결해 반공법으로 잡으려고 음모를 꾸몄다. 그런데 나중에 이것이 엉터리라는 것이 발각되어 중단했다.

그런 가운데 1975년 4월 신민당과 민주통일당의 합당이 추진되었다. 신민당 김영삼 총재와 통일당 양일동 당수가 "개인적인 입장이나 당리(黨利)를 초월해서 국민의 여망에 기필코 부응하겠다"고 통합원칙에 합의하였다. 이러한 통합운동은 3월 중순부터 착수하여 김영삼·김대중·양일동 3자 접촉에서 탐색이 끝난 후 윤보선의 연금 해제로 4자 접촉으로 확대하였다. 이에 4월 4일 재야정치지도자 네 분이 재야통합의 원칙을 합의하고 야당 통합을 결의하였다. 이는 민주화운동에 새로운 활력소를

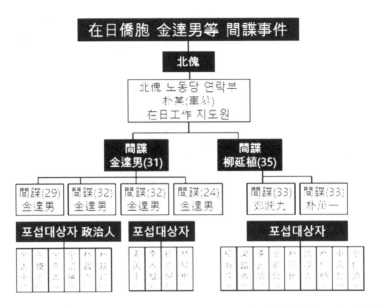

在日僑胞 金達男等 間諜事件

北傀

北傀 노동당 연락부
朴某(軍⋯)
在日工作 지도원

間諜
金達男(31)

間諜
柳延植(35)

間諜(29)
金達男

間諜(32)
金達男

間諜(32)
金達男

間諜(24)
金達男

間諜(33)
鄭洪九

間諜(33)
朴鍾一

포섭대상자 政治人

포섭대상자

포섭대상자

재일교포 김달남 등 간첩 사건 계보도(《경향신문》1975년 4월 1일자)

불어넣어 주었다.

이날 성명에서 "국난의 본질은 개인적인 영달을 위해 유신독재 체제의 존속을 고집하는 소수의 집권 세력과 민주 헌정의 회복을 열망하는 대다수 국민과의 대립에 있는 것"이라고 주장하고, 앞으로 민주 회복에의 국민적 의지를 어떻게 조직화, 구체화하며 새로운 민주 질서 아래서 국민의 자유 복지, 평화통일의 길을 어떻게 보장하고 준비할지를 밝혔다.

하지만 기대만큼 야당 통합은 진척되지 못하였다. 3월 31일 합당 합의를 한 뒤 김영삼과 양일동은 세 차례 접촉하였으나 인사 문제 등을 매듭짓지 못해 합당 작업은 답보 상태였다. 이런 가운데 4월 18일 아버지는 통일당을 탈당하였다. 아버지는 야당 통합을 성원하고 나아가서 이를 촉구하기 위해 민주 회복을 향한 험난한 길을 한 정당인으로서가 아니라 한 사람의 시민으로서 백의종군하기로 하고 통일당을 떠난 것이다.

그러면서 아버지는 지금이야말로 대의 앞에 자기를 희생할 줄 아는 대승적 결단이 요구되는 시기이며 모든 양심적인 민주 세력은 통합된 민주 회복 투쟁 대열에 대동단결하자고 호소하였다.

그런데 합당 문제를 제일 먼저 제기한 김대중은 4월 22일까지 별다른 움직임을 보이지 않았다. 5월 7일 신민당과의 통합이라는 큰 과제를 풀고자 민주통일당 전당대회가 열렸다. 그 자리에 양일동 당수를 비롯해 450여 명 대의원 모두가 참석하였고 '민주 세력은 단합하라'고 쓴 어깨띠를 매고 대회를 진행하였다. 이때 통일당을 탈당한 아버지가 입장하자 대의원들로부터 열렬한 박수를 받고 축사까지 하였다. 이날 통일당 전당대회에서 합당의 전권을 양일동 당수에게 위임키로 결의하였고 아버지는 민주투쟁기념패를 수상하였다.

아버지는 어느 당에 몸담고 계시든 자신의 세력이 없었다. 대통령 할 생각이 없어서서 그랬는지 모르겠지만 여하튼 세력이 없었다. 국회의원을 한 번 하셨지만, 참 묘한 게 당에서 당수를 한다든지, 당권을 잡는다든지 그런 야망이 전혀 없었다. 다만 야당을 결속시키는 일에는 발 벗고 나섰다. 김영삼이나 김대중 등은 정치권에 조직과 세력이 있고 자기 지방의 세력도 있는데, 이들보다 나이가 많았던 아버지는 그러한 세력도 없었고 더욱이 이북 사람이라 지방의 토호 세력도 없었다. 아버지는 축구로 말하면 '링커'와 같은 역할을 했다. 정치권만 아니라 종교계, 학계, 언론계 등이 실타래처럼 연결돼있으니까 필요하면 아버지에게 도움을 요청하지만, 아버지가 리더로 해서 뭔가를 만들어 놓으면 아버지를 빼놓고 자기들끼리 나눠 먹는 그런 식이었다. 그러니까 아버지는 참 외로워 보였다. 그런데 아버지는 외롭지 않았다. 늘 신념과 대의와 함께하셨기 때문이다.

나의 결혼식장이
시국 강연회 장이 되다.

1975년 5월 9일 나는 결혼식을 올렸다. 야당 통합운동에 여념이 없으실 텐데 자식의 결혼식까지 챙겼다. 아버지가 58세였는데 환갑 전에 후손을 좀 보고 싶었던 생각이 있으셨는지, 아니면 장남인 나부터 가정을 꾸려주려고 했는지 모르겠다. 그때 내 나이가 27살이었으니 당시만 해도 꽉찬 나이였다. 아버지는 내가 결혼식을 올린 뒤 불과 3개월 후에 돌아가셨으니 지금 생각해 보면 불행 중 다행이 아니었나 싶다. 다만 손주를 안겨드리지 못한 점이 못내 아쉬운 마음은 감출 수 없다. 석 달 만에 아버지가 돌아가시니 식구가 잘못 들어왔다고 그래서 집사람도 몹시도 힘들어했다.

아내를 알게 된 것은 내가 군대 갈 때, 1968년도부터였다. 그때 아내는 대학생으로 나와 동갑이었다. 친구들끼리 알고 지내는 사이였지만 결혼할 생각이 없었다. 그 뒤 아내는 동아방송에 입사했는데 언젠가 동아일보 주필 천관우 선생이 동아방송에 똑똑한 여자가 하나 있다고 아버지에게 귀띔해 주었다. 그 뒤 아내는 동아투위(동아자유언론수호투쟁위원회)에서도 활동하기도 하였다. 동아투위는 1975년 2월 17일에 강제 해직된 동아일보 출신 언론인들이 결성한 단체였다.

아버지가 퇴원하시고 난 뒤부터 결혼 이야기가 갑작스레 오가기 시작했다. 아마 병원에 계실 때 그런 생각이 있으셨던 것 같기도 하다. 아내를 오랫동안 만났지만, 정식으로 아버지나 어머니에게 인사를 드린 적은 없었는데 아버지가 퇴원한 뒤에 처음으로 인사를 드렸다. 그때까지도 나는 결혼에 관해서는 그렇게 급하지 않다고 생각했다. 집안일도 그렇고 다른 일에 바쁘다 보니 그렇게 되었다. 낮에는 학생운동을 하는 친구들 만나서 저녁에는 소주도 한 잔씩 먹고, 뭐 심부름 다니고 그러면서 왔다 갔다 하니까 결혼 생각은 별로 못했다. 결혼하려면 서로 간의 시간을 가져야 하는데 그럴 여유가 없었다.

장인은 이북 출신인데 6·25전쟁 때 돌아가셨다. 그렇다 보니 식구가 단출했다. 장모와 위로 언니밖에 없었다. 그때 내 나이가 27살이었으니 동갑이었던 아내는 결혼 적령기를 훌쩍 넘긴 때였다. 아내는 홀어머니 밑에서 잘 성장하였고 번듯한 직장까지 있었다.

신혼여행도 가지 못했다. 당시는 동아일보 사태로 기자들이 쫓겨나 광화문 길거리에서 배회하고 있을 때다. 그때 종로 2가의 조그만 교회에서 식구들과 함석헌 선생이랑 조촐하니 결혼식을 치르려 했다. 어머니는 첫 번째 결혼식이었던 만큼 아는 사람들을 모시고자 했으나, 아버지는 그런 일로 남에게 폐를 끼쳐서는 안 된다며 말도 못 꺼내게 했다. 청첩장도 돌리지 않았다.

또 하나의 한 일화가 있다. 이날 문익환 목사의 동생인 문동환 목사께서 주례를 서주시기로 했었다. 그런데 문동환 목사님이 건망증이 심하셨다. 결혼식을 해야 하는데 문동환 목사님이 한 시간이 지나도 나타나지 않는 거다. 그래서 하는 수 없이 아버지가 함석헌 선생 보고 주례를 서달라고 해서 결혼식이 진행되었다. 함석헌 선생은 주례는커녕 맨날 시국 강연만 하시던 분이었는데 할 수 없이 주례하시게 되었다. 이렇듯

한 시간이 지나다 보니 어느덧 입소문이 나서 길거리에 있던 동아투위 기자들하고 통일당 사람들이 와르르 몰려들었다. 빼곡하게 모였다. 결국 함석헌 선생님의 주례사는 시국 강연회가 되어버렸다. 나와 아내는 꼼짝없이 두 시간을 그러고 서 있었다. 다 끝날 무렵에서야 문동환 목사가 헐레벌떡 뛰어 들어왔다.

결혼식이 아닌 시국 강연회(?)가 끝나자 왔던 사람들이 축의금을 냈다. 그런데 아버지는 축의금을 받을 수 없다면서 동아일보에서 쫓겨나 거리에서 자유언론을 위해 투쟁하고 있던 기자들한테 줬다. 그래서인지 동아일보에서 쫓겨난 기자들이 아버지를 그렇게 좋아했다.

신혼집을 마련하지 못해 부모님과 같이 살았다. 우리 형제 다섯에다가 외할머니도 계셨는데 한 명 더 늘어났으니 신혼생활이고 뭐고 없었다. 그러다 3개월 만에 아버지가 돌아가셨고 집은 엉망이 됐다. 지금도 집사람에게 미안한 게 그때 신혼생활도 제대로 못 해 본 거다. 어머니는 아내에게 없는 살림에 3돈짜리 금반지를 해줬다.

아버지와 어머니가
혼배성사를 올리다.

1975년 5월쯤 긴급조치 9호 발동된 이후 아버지는 평생 동지 김준엽을 찾아가서 "박정희를 깨는 것은 민중의 힘으로는 역부족이니 게릴라전으로라도 박을 제거해야겠다"라는 말을 하기도 하였다. 이 무렵 아버지는 박정희의 국제정치담당 특보 김경원으로부터 '몸조심하라'라는 내용의 전화를 받았다. 이때 아버지는 "내가 독립운동하면서 죽지 않고 지금까지 덤으로 살아왔는데, 무엇이 두려워서 몸조심하느냐"라고 말씀하셨다. 아버지와 김경원 씨는 오랜 인연이 있던 분이었고 미국에 있는 작은아버지의 친구이기도 하였다.

아버지는 정치활동에 여념이 없으면서도 산행을 즐겼다. 한번은 아버지가 속초에 있는 작은아버지 댁에 갔다가 이틀 동안 등산 도보로 설악산을 넘어 서울의 도봉산까지 온 적도 있었다. 퇴원 후에는 건강 회복을 위해 등산을 자주 다녔다. 이때 젊은 백기완·이철우·전대열 등의 동지들이 동행하곤 하였다. 주위에서 너무 무리하지 말라며 말리곤 하였는데 "가슴이 답답해서 터질 것 같은데 어떻게 합니까"라며 아랑곳하지 않았다.

이 무렵 아버지가 극비리에 미국 국무부의 초청을 받고 미국에 다녀오셨다. 아버지가 미국 국무부 관계자들을 만나서 내정 간섭하지 말 것과 박정희를 지원하지 말 것 등 두 가지를 전달했다고 한다. 그런데 자기네들이 남다른 뜻에서 모자하고 책을 보내줬는데, 뜻하지 않게 내정 간섭하지 말라니까 당황스러웠던 모양이다. 내가 나중에 들은 얘기로는 미국 측이 '장준하 선생은 민족주의자다, 그러니까 우리 말 안 듣는다'라고 판단해서 더는 접촉을 안 했다고 한다. 이와 관련한 내용은 어디에도 관련 자료가 남아 있지 않다. 이에 대해 미국 뉴욕에 계신 작은 아버지는 기억하고 계신다.

1975년 7월 말경 개신교인이었던 아버지는 천주교인이었던 어머니를 위해 결혼 31주년 만에 상봉동 성당에서 혼배성사를 올렸다. 30주년 때에는 아버지가 감옥에 계셨기 때문에 특별히 뭘 하질 못했다. 그래서 그랬는지 아버지는 개신교에서 천주교로 개종하면서까지 어머니와 혼배성사를 하셨다. 혼배성사는 천주교에서 결혼예식을 일컫는 말이다. 천주교에서는 남편 될 사람이 천주교 신자가 아니면 결혼을 인정해주지 않았다. 그래서 천주교 신자가 된 후에 정식으로 결혼을 인정해준다고 해서 성당 가서 '혼배성사'를 하면 진짜 부부가 되는 것이었다. 이런 사실을 주변 사람들은 몰랐는데, 아버지가 돌아가신 뒤에서야 알았다고 한다. 그 때문에 개신교 측에서 배교(背敎)했다고 들고 일어나기도 했지만, 이내 내용을 알고는 더는 논란은 없었다. 어찌 보면 그러고 한 달도 안 돼서 돌아가셨으니 아버지가 어머니에게 마지막으로 선물을 주고 가신 셈이다.

이외에도 아버지는 어디 먼 길을 가시려는 듯 주변을 정리하는 모습도 보였다. 나와 같이 아버지는 망우리에 있는 할아버지 산소에 가서 인사를 하고 손질을 했다. 자주 있는 일은 아니었다. 8월 8일 아버지는 30년간 소중히 간직해 온 충칭 임시정부 시절 태극기를 이화여대 박물관에 기증했다. 윤봉길 의사가 거사 전에 이 앞에서 맹세했던 귀중한 태극

민족·국가와 나

기인데 홀가분하다고 하셨다. 효창공원에 가서 백범 김구 선생한테 인사도 하셨다. 전남 광주에 내려가서는 홍남순 변호사를 만나 같이 무등산 산행을 하셨다. 이와 관련하여 어떤 이가 '장준하 선생의 암살 음모'란 책을 썼는데, 소설 속 등장인물이 무등산까지 쫓아가서 아버지를 죽이려 했는데 못 죽이고 그냥 돌아오자 중앙정보부의 표적이 되어 죽는 내용이었다. 사실을 바탕으로 썼다는 소설인데 퍽 재미나게 읽은 적이 있다.

전남 광주를 찾았을 때 홍남순(뒷줄 왼쪽) 변호사와 함께 촬영한 사진(앉은 이가 아버지)

약사봉에서
갑작스러운 의문사를 당하다.

1975년 8월 17일, 일요일이었다. 평소 아버지는 일요일이면 백기완 선생을 비롯한 운동권 사람들이랑 같이 산행에 나서곤 했다. 수락산 같은 산에 가서 밥을 먹으면서 회의를 하셨다. 이날도 백기완 선생 등과 산행하기로 하였다. 며칠 전부터 이날도 등산하기로 예정되어 있었으나 38도를 기록할 정도로 혹서의 날씨여서 취소하였다. 백기완 선생 등은 산행이 취소되자 몇 사람들과 함께 상계동 뒤쪽 수락산 계곡으로 피서를 떠났다.

전날 아버지는 나보고는 날씨가 무더워 산행을 안가고 집에서 쉬려하니 아이들과 물가에 가서 놀다 오라고 했다. 그런 말씀을 하신 건 처음이었다. 나는 신혼여행도 못 갔고 해서 둘째 여동생과 막내 남동생만 남겨둔 채 동생 둘과 함께 승용차 코로나를 끌고 남이섬으로 떠났다. 어머니는 아버지 식사를 챙겨드려야 하니 집에 계시겠다고 하여 남았다. 나는 남이섬에 가서 천막을 치고선 저녁을 먹고 모처럼 즐거운 시간을 보냈다.

1975년 8월 17일 당일 아버지는 호림산악회 회장 김용덕으로부터 전화를 받는다. 김용덕은 아버지가 국회의원에 출마했을 당시 선거운동을 도왔던 사람이다. 이때 그가 산악회에서 포천군 이동면 약사봉으로 산행할 것이라며 김용환이 인사차 오니까 동행하자고 했고 아버지는 그러겠다고 하며 당일 산행 버스에 오르셨다. 김용환도 아버지의 선거를 도왔던 사람 중의 한 사람이었다. 나는 그러한 사실을 몰랐다. 약사봉은 며칠 전까지만 해도 군 작전 지역이어서 민간인의 출입을 통제하던 곳이었다.

호림산악회는 아버지와 관계된 사람들이 동대문에서 만든 산악회였다. 아버지의 선거운동을 도왔던 사람들이 참여하였다. 산악회에 이철우라는 분이 계셨다. 이 분은 아버지와 줄곧 산행을 같이하곤 했는데 신민당·통일당 당원으로서 아버지가 어려운 일에 처했을 때 도와주곤 했다. 키가 조그맣지만 단단하고 굉장히 민첩한 사람이었다. 나와도 가까이 지냈다. 그런데 그분이 그날따라 동행하지 않았다.

어머니가 산행을 극구 말렸지만, 아버지는 문을 나서면서 "올 때 도토리묵을 사 올게. 아마 이번에 갔다 오면 다시 갈 시간도 없을 거요"라는 말을 남기고 길을 나섰다. 이게 작별 인사가 되고 말았다.

아버지는 동대문운동장 근처에서 출발한 호림 산악회의 경남 관광버스를 집 근처에서 타고 약사봉으로 향했다. 이때 우리는 동대문구 상봉동 114-35호 셋집에 살고 있었다. 차 안에는 40여 명이 타고 있었는데 김용덕과 선거사무장을 지낸 김희로 등이 아버지를 맞았다. 김희로 선생은 백기완 선생의 친구이기도 하였다.

그날 11시 반경 이동면 도평리에 도착했다. 약사봉 중턱까지 등반하고는 여자들은 밥을 짓고 김용덕은 잠시 마을에 다녀오겠다며 자리를 비웠다. 아버지는 평소 점심을 햄버거로 해결하였기 때문에 일행을 뒤로하고 혼자 정상을 향해 올랐다. 잠시 후 김용환이 아버지의 뒤를 따랐다. 그런데 한참 시간이 지난 뒤에 김용환이 혼자 아버지의 시계를 들고서는 나타났다. 아버지가 암벽 아래 숨져 있다는 것이었다. 이때가 1시

50분경이었다.

그날 오후에 나와 함께 있던 바로 밑의 동생이 자기 여자친구에게 연락해야겠다고 해서, 집에 전화하니까 아버지가 등산 갔다가 사고가 났다고 하면서 빨리 돌아오라는 것이다. 우리는 부리나케 짐을 다 싸 들고 남이섬을 출발하여 집에 오후 한 3시쯤 도착했다.

집 앞에 있던 정보과 형사들에게 무슨 일 있었냐고 물어보니 자기네들도 보고 받은 바로는 '장준하 선생이 산에서 떨어져 다리를 다치셨다'라는 것이다. 이게 또 무슨 소리인가 싶어 집에 들어서니 어머니와 막냇동생은 이미 현장에 달려가신 뒤라 안 계셨다. 어디로 가셨는지 알 수가 없어 노심초사하면서 집에 있는데 오후 6시쯤에 전화벨이 울렸다. 내가 전화를 받았다. 누구인지 잘 모르는 사람인데 아버지 문제로 동대문 옆의 이스턴호텔 다방에서 만나자는 것이다. 나는 동네에 사는 친인척에게 돈을 빌려 차에 기름을 넣고는 바로 밑 동생과 함께 이스턴호텔로 갔다. 차에 동생을 남겨둔 채 나 혼자 호텔 지하에 있는 다방으로 달려갔더니 30대 정도로 보이는 등산복 입은 사람이 앉아 있었다. 그 사람이 "장준하 선생의 장남 맞냐"고 해서 "그렇다"라고 했더니 담배를 하나 건넸다. 담배 피우면서 도대체 무슨 일이냐고 물었더니 그 사람이 하는 말이 놀라지 말라고 하면서, 아버지가 돌아가셨다는 것이다. 너무 놀라 그만 담뱃불에 손을 뎄다. 나는 그 사람의 멱살을 잡고는 당신 누구냐고 물었다. 그 사람은 자기가 아버지를 모시고 등산 갔던 사람이라는 것이다. 그러면서 사고 현장으로 안내하겠다고 하여 그 사람을 차에 태웠다. 그때까지도 동생에게는 그런 얘기는 안 하고 그 사람이 일러 준 대로 포천군 이동으로 차를 몰고 달렸다.

밤 8시쯤 돼서 깜깜할 때 이동에 도착하여 파출소로 갔더니 까만 지프

　　　　　　　　　　　　　　　　　　　민족·국가와 나

들이 줄지어 세워져 있었다. 안으로 들어가니 경찰하고 양복 입은 사람들이 바삐 움직였다. 내가 장준하 선생 아들이라고 했더니 파출소장쯤 되는 사람이 경찰 하나를 부르고는 안내하라고 했다. 그래서 경찰을 태우고 다시 차를 몰아 사고 현장으로 가는데 어디만큼 가서는 '이제부터 걸어 올라가야 한다'라고 해서 경찰이 랜턴을 들고 앞장섰다. 이때 동생이 "형, 도대체 무슨 일이냐?"고 묻기에 "아무 얘기 하지 말아라. 아들답게 행동하라. 아버지가 돌아가셨다."라고 말하고서는 산을 뛰어 올라갔다. 그때 어떻게 뛰어 올라갔는지 모를 정도로 정신이 없었다. 한참 뛰어 올라가니까 깊은 산속에 모닥불이 피어 있고 한쪽엔 개천이 흐르고 있었다. 그곳에 한복을 입으신 어머니가 막냇동생과 함께 모닥불 옆에 앉아계셨다.

어머니는 그날 오후 3시경 누군가로부터 아버지의 사고 소식을 접하고는 정신없이 곧장 포천으로 달려오셨다고 한다. 집에는 두 여동생과 막내만이 있었는데, 전화를 막내가 받았다고 한다. 그때 막내는 고등학교를 그만두고 검정고시를 준비하던 때였다. 전화 내용은 아버지가 산에 올라갔다가 떨어졌는데 서울서 사람들이 많이 와야 모셔갈 수 있다는 말만 남기고는 끊겼는데, 이때까지만 해도 어머니는 아버지가 돌아가셨을 것이라는 생각을 못 하셨다 한다. 어머니는 부랴부랴 막냇동생을 앞세우고 택시를 타고 포천으로 향했다. 이동면 파출소에 도착한 것은 그날 오후 6시경이었다. 어머니가 사고 현장이 어디냐고 물으니, 파출소 순경도 자신도 사고 소식을 듣고는 사고 현장을 찾아 나섰지만, 못 찾고 돌아오는 길이라 한다. 이 부분이 의아하다. 당시 김용환 씨가 사고 직후 산에서 내려와 신고했다고 하는데, 어찌 경찰이 사고지점을 모를 수 있을까?

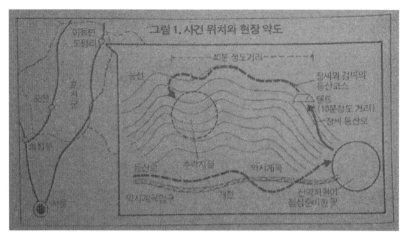

아버지 의문사 사건 위치와 현장 약도(《신동아》 1985년 4월호)

여하튼 어쩔 수 없이 어머니는 순경을 택시에 태운 뒤 사고 현장을 찾아 나섰다. 산으로 올라가는 초입에 가게가 있기에 사고 난 지점을 물었더니, 약사봉 쪽 같다며 아버지와 동행했던 등산객들이 가게에 들렀을 때 그 사람들이 하는 말이 누군가 떨어져 죽었다는 소리를 하는 것 같다는 말도 전했다. 그때 비로소 어머니는 아버지가 돌아가셨다는 사실을 알게 되었다.

택시가 올라갈 수 있는 곳까지 간 뒤에 막내와 순경이 내려서는 사고 현장을 찾아 헤맸다. 1시간가량을 돌아다니다가 겨우 사건 현장에 도착했다. 이때 아버지는 넓은 바위 위에 눕혀있었다고 한다. 그 곁에는 같이 산행하였던 김일호 씨만이 그 자리를 지키고 있었고, 김용환은 신고하러 내려갔다고 한다. 동생이 아버지를 처음 목격했을 때는, 자는 듯이 누워 계셨고 두 팔은 허리띠로 묶여있었으며, 두 발은 등산화가 벗겨진 채 베 조각으로 동여맨 상태였다고 한다. 얼굴은 손수건으로 덮여 있었는데, 피를 흘린 흔적은 전연 없었다고 한다.

민족·국가와 나

그때는 동생도 경황이 없어 사고사인 줄만 알았다. 아버지가 떨어졌다고 하는 곳은 바위가 많았기에 어딘가 부러지거나 상처 난 곳이 있어야 하는데 몸 어디에도 그런 흔적이 없었고 옷 또한 찢긴 곳이 한 군데도 없었다. 그날 어머니가 점심 식사로 샌드위치와 커피를 담은 보온병을 챙겨드렸는데, 메고 계신 보온병 또한 깨진 곳이 한 곳이 없이 그대로였다. 장례식을 치르고 얼마 안 돼서 현장에 가서 아버지가 추락한 곳으로 올라가 사람 몸무게만 한 통나무를 굴렸는데, 두 동강이 날 정도였는데도 말이다.

어머니는 뒤늦게 양초 백여 자루와 광목 한 필을 사서 올라오셨다. 주위가 어두워졌고 모닥불을 피우고 시신 주변에 빙 둘러 양초를 밝혀놓았다. 그 무렵 내가 현장에 도착했다. 어머니에게 아버지가 어디 계시느냐고 물었더니 저기 계신다고 하기에 봤더니 냇물이 흐르는데 큰 검은 바위 위에 아버지가 누워계셨다. 지금도 그 바위는 그대로 있다. 너무 황당하였다. 무슨 이런 일이 다 있는가 싶었다. 망연자실한 채 있는데, 군복 바지에 사복 입은 사람이 숲속에서 나오더니 나보고 큰아들이냐고 묻고는 잠깐 보자고 하면서 "장준하 선생이 그냥 돌아가신 게 아니다, 문제가 있다'라고 말하고서는 이내 사라졌다. 나중에 의문사진상규명위원회가 꾸려진 뒤에 알고 보니 그 사람은 지역 보안사 부대장이었다. 당시에 그 사람이 나한테 양심선언을 한 거였다.

깊은 산 속에 나하고 내 동생 둘, 어머니, 정복 입은 경찰 하나가 다녔기에 아버지를 모시고 내려갈 수 없는 상황이었다. 더구나 경찰은 검사의 지휘를 받아야 움직일 수 있다며 지금은 못 움직인다고 했다. 그러고 있는데 밤 11시쯤 넘었는데 평소에 산에 같이 다녔던 6·3세대 청년들과 백기완 선생 등 6명 정도가 불을 켜 들고 올라왔다. 당시에는 통행금지가 있었는데 사정을 말했더니 그냥 통과시켜 줬다고 한다. 그래서 일단 내려가자고 했지만, 경찰이 또 막아섰다. 검사가 와서 지휘를 받아야 한다는 것이다.

또 그렇게 시간이 흐른 뒤 다음 날 새벽 1, 2시쯤에 의정부지청의 서돈양(徐燉洋) 검사가 심외과의원 원장 심구복(해군 준장 예편), 사진 기사와 함께 현장에 도착하였다. 이때 심 원장은 촉진 위주의 검시를 하였다. 그는 오른쪽 머리 귀 바로 뒷부분에 가로 5㎝, 세로 5㎝ 정도가 푹 꺼져 들어간 상처를 감지하고서는 딱딱한 물건, 이를테면 쇠나 돌과의 충돌로 생겨난 상처일 가능성이 크다며 그 충격으로 인한 뇌진탕에 의한 사망이라는 것이었다. 이후 그는 이를 토대로 사인이 '우측 후두부 함몰 골절'로 추측된다는 소견서를 검찰에 제출했다. 이때 내가 그 사람에게 시신의 팔과 다리 등 전신을 살피도록 하였는데 골절과 같은 상처를 발견하지 못했다. 더욱이 옷 밖으로 드러난 손에도 찰과상과 같은 흔적은 없었다. 그 뒤 검사는 아버지가 돌아가신 것을 확인했다며 내려가라고 했다. 그러면서 검사가 어머니에게 "보안을 유지해야 합니다"라고 말을 건넸다고 한다.

그런데 내려갈 방법이 없었다. 이에 티셔츠를 벗어서 찢고, 나무 꺾어서 묶어 들 것을 만들고는 번갈아 맸다. 아직 동이 트기 전이었다. 내가 업고, 내려오다가 다른 사람이 업고 그러면서 내려왔다. 내려오는데 넘어지고 기고 계곡을 따라 내려와서 보니까 한 새벽 5시 반쯤 됐는데 산에서 먼동이 트기 시작했다. 이렇게 한참을 내려오니 저 밑에 군용도로위에 빨간 십자가를 건 구급차하고 까만 지프들이 줄 서 있었다. 그때 심정은 악만 남았다. 눈물도 안 났다. 조선 시대도 아니고 20세기에 자기 조상 시신을 산속에서 매고 내려오는 사건이 어디 있나 싶었다.

아버지의 시신을
안방 안치하고 검안하다.

　　　　　나는 군용 구급차를 타고 오고, 내가 몰고 갔던 차는 동생이 운전하여 어머니와 동생을 태우고 집으로 왔다. 이동 중에도 아버지의 상처 난 귀 뒷부분에서는 검붉은 피가 흥건히 흘러나왔다. 이때 병원으로 모시고 가자는 사람도 있었지만, 어떻게 될지 몰라 일단 집으로 모시기로 했다. 어머니는 아무 말씀도 없으셨다. 상봉동 집에 도착하니 함석헌·양호민·김준엽·계훈제 등 친지들이 밤을 새우고 우리를 기다리고 계셨다. 이때 염하는 사람들이 안방에 비닐을 깔아 놨다. 이게 뭐냐고 물었더니 자기네들 경험상 산에서 떨어졌으니 피투성이가 됐을 것 아니냐는 거다. 내가 그래서 상처도 없는데 무슨 산에서 떨어졌냐고 하면서 비닐을 치웠다.

　경황이 없어 일단 아버지가 평소 주무시던 침대 위에 안치하고 병풍으로 가렸다. 이날은 아버지가 중국 충칭에서 여의도로 귀국한 30주년이 되는 날로 김준엽 선생과 만남을 갖기로 한 날이었다. 한여름인지라 혹 시신이 부패할까 염려하여 통일당에서 같이 활동했던 전대열 씨가 해태제과에서 드라이아이스를 가지고 왔다. 드라이아이스로 시신을 전부 덮었다. 그래서 나중에 입관하려는데 시신이 다 얼어 팔이 꺾이지 않아서 오히려 그 때문에 혼났다.

상봉동 자택에 마련한 아버지 빈소 앞에서 침통한 표정으로 앉아 있는 필자 모습
《경향신문》1975년 8월 18일자)

길거리까지 포장을 치고 문상객을 받았다. 이태영 선생이 달려와 어머니의 손을 붙들고 울면서 미성(未成)한 자식들을 데리고 어찌 살 거냐고 통탄하자 몽유병자 같은 표정을 짓고 있는 어머니는 "언제 저 양반이 생활비를 가져온 적이 있나요"라며 담담하게 대답하셨다. 어머니의 심정이 어땠을까 짐작도 안 간다. 뒤를 이어 문익환 목사를 비롯한 사람들이 들이닥쳤다. 김영삼, 김대중도 와서 이게 도대체 무슨 일이냐며 안타까워했다. 함석헌 선생은 당시 비통한 심정을 <씨울의 소리>(1975년 7·8월 합병호)에 실었다.

방 안을 들여다보니 빈 침대만 놓여 있고 미소를 띤 사진이 벌써 내놔져 있었습니다. 늘 보던 '일주명창(一炷明窓)'이라 쓴 액자만이 여전히 걸려있지만, 그 타서 밝히던 한 자루 초는 어디를 갔을까? 우리는 어쩔 수 없이 된 사실인 것을 뻔히 알면서도 그래도 믿어지지를 않아 밤새 여

　　　　　　　　　　　　　　　민족·국가와 나

기저기 전화를 걸어 진상을 확인해보려 했으나 알 길이 없었습니다. 그러는 동안에 날이 새고 18일 아침 7시 유해를 실은 앰뷸런스가 괴물처럼 와 닿았습니다. 문을 여니 등산복을 입은 채 들 것 위에 누워있는 사람은 불러도 대답이 없고 귀에서는 아직 피가 흘러나오고 있었습니다. 이날, 8월 18일은 그 30년 전 그들이 해방의 기쁨에 흥분된 가슴을 안고 새 역사를 지어보잔 결심을 품고 비행기로 중경을 떠나 처음으로 여의도에 와 내렸던지 만 30년이 되는 날이었습니다. 그래서, 그때의 동지 김준엽 님 말에 의하면, 그날 서로 모여 기념하는 회식을 하기로 약속까지 했었다고 합니다. 그런데 이제 세계가 서로 달라졌습니다. 아! 나는 '눈물도 아니 나오느냐?'고 내 가슴에 물어보았습니다. (<함석헌 전집 8>, 229~230쪽)

곧바로 장례위원회가 구성됐다. 오일장으로 치르기로 하였다. 호상은 김준엽 선생이 하고 장례위원은 김영삼, 김대중, 문익환 목사 등이었다. 어머니께서 아버지가 개종했으니 천주교식으로 영결 미사를 했으면 좋겠다고 하셔서 그리하기로 했다.

돌아가신 지 3일째 되는 날 '부검해야 하지 않겠느냐'라는 이야기가 나왔다. 김준엽 선생이 아버지의 시신을 보고서는 아버지가 타살되었음을 확신하였다. 아버지의 몸은 후두부에 있는 함몰 상처 외에 큰 상처가 없고 다른 이들의 증언에 떨어질 때 소나무를 붙들었다고 했지만, 손톱에 소나무 껍질 같은 것 하나 잡은 흔적이 없고 손바닥에도 나뭇가지를 휘어잡았던 찰과상이 없었기 때문이다.

문동환 목사 등 아버지의 친지들도 ① 실족 추락사였다던 상처가 여러 군데 있을 터인데 아버지의 상처는 오른쪽 귀 아래 파열상 하나뿐이

조문하는 문익환 목사 옆에서 서 있는 필자(왼쪽)와 동생 호성
(《동아일보》 1975년 8월 18일자)

었고, ② 목격자 김용환을 친지들이 만났을 때, "아버지보다 먼저 산에
서 내려갔다"라고 말했다가 "나중에 내려갔다"라고 진술을 번복하고
있어 아버지 죽음에 의혹이 있다 했다.

그래서 다들 어떻게 돌아가신 건지 도무지 모르니 검시를 하기로 했
다. 이에 조광현 박사와 외과 의사 심 박사와 함께 국립과학수사연구소
에서 근무했던 의사를 부르기로 했다. 그가 범죄 수사에 대해 잘 알 것
같아서였다. 이 분들을 모셔오는데 밖에는 정보부, 보안사, 치안본부 요
인들이 나와 있었기 때문에 문상객으로 가장해서 들어왔다. 나는 이들
이 검시하는 동안 전부 녹음하였다.

당시 검시했던 전 국립과학수사연구소 의사는 시신의 양쪽 겨드랑이
안에 멍이 들었다는 것이다. 그게 뭐냐고 물었더니 사람들이 양쪽을 잡
았을 때 힘을 주면 멍이 생긴다고 하더라. 그러면서 그는 누군가 아버지

민족·국가와 나

를 양쪽으로 붙들고 죽인 뒤에 벼랑으로 떨어뜨리고서는 실족사하였다고 한 것이라고 하였다. 외과 의사는 외상을 보면 어디 찢어지고 그런 것이 아니니까 참 이상하다고 하면서 피가 나는 데를 만져보더니 머리 뒤쪽에 구멍이 나 있다는 것이다. 귀 뒤쪽 갈라진 곳에 성냥개비를 넣어봤더니 깊이 들어갔다. 이때 비로소 '실족사가 아니고 누군가가 뭐로 내려찍었구나'라는 생각을 하였다. 그때 나는 '여지'라는 단어를 처음 알았다. 그 자리가 급소의 여지라고 그랬다. 그때 '여지'라는 단어가 지금도 생생하다. 조광현 박사는 신체를 자세히 살펴보고서는 옆구리에 바늘구멍이 세 군데 나 있더란다. 사람이 주사를 맞고 죽으면 주사 맞았던 곳이 구멍처럼 커진다고 한다. 이를 미루어 나는 누군가 아버지를 붙들고는 주사를 놓아 죽인 뒤에 벼랑으로 떨어뜨려 실족사로 위장하려 했다고 판단했다. 그와 관련한 자료들은 전부 남아 있다.

또한 내 동생과 사진 기사가 와서 사진을 다 찍었다. 상처가 없었다는 것을 증명해 보이기 위해서였다. 그때는 필름을 현상해야 하는데 국내에서는 혹 뺏길지도 모른다고 생각하여 한국 특파원으로 왔던 일본 마이니치 신문 기자에게 은밀히 부탁하였다. 그는 생전에 아버지와도 친분이 있었다. 그가 현상하여 사진 20여 장을 가지고 왔다.

그날 밤 10시 40분부터 자정까지 김용환 씨와 자초지종을 들었다. 대화도 녹음을 하였는데 사고 당시 내용을 정리하면 대략 다음과 같다.

문) 사고 직후 소나무 있는 곳에서 아래로 직접 뛰어내렸는가, 아니면 아버지가 떨어진 곳으로 돌아 내려갔는가?
답) 뒤에 오던 장 선생이 잡았던 소나무가 휘어진 것만 보았지, 그 뒤는 경황이 없어 모르겠다. 검찰에서도 그와 같이 진술했다.

문) 떨어진 순간 돌아가셨다고 믿었나?

답) 경황이 없었다. 떨어진 곳에 가서 인공호흡을 하다가 일행이 있는 곳으로 내려갔다(사고지점에서 일행이 있는 곳까지는 약 15분 정도 걸린다).

문) A 지점에서 B 지점으로 김 씨가 먼저 갔는데, 그곳이 그처럼 위험한 곳이면 건넌 뒤 장 선생이 건너는 걸 지켜보거나 주의를 환기했어야 할 텐데.

답) 바로 뒤따라오시다가 추락했었던 것 같다. 그래서 소나무가 휘어지는 순간만 알았고, 그 뒤는 어떻게 된 건지 잘 모르겠다.

그 뒤 나는 만 이틀 동안 시신 옆에서 잠도 안 자고 무릎 꿇고 자리를 지켰다. 악이 받쳐서 그랬다. 그때 나는 사인 규명보다 한동안 복수, 그 생각만 했다. 복수한다, 복수한다, 복수한다, 다 죽인다, 그런 생각뿐이었다. 마지막 날 발인을 해야 하는데 하도 무릎을 꿇고만 있어서 일어나려 했는데 몸이 굳어버렸다.

검찰 측, 실족사로 처리하다

아버지가 의문사를 당했을 때 신문이나 방송에서는 '장준하가 산행하다가 학생들하고 술 먹고서는 바위를 건너뛰다가 떨어져서 죽었다'라는 얼토당토않은 뉴스가 흘러나왔다. 대략 내용은 다음과 같았다.

"약사봉 정상 쪽으로 2시간가량 오르다 산세가 험해 중도에 하산하기 시작했고, 30분가량 내려왔을 때 장 씨가 경사가 급해 소나무 가지를 잡고 바위에 발을 딛다 나뭇가지가 휘청거리면서 미끄러져 12m 아래 벼랑으로 떨어졌다. 김 씨[김용환]는 급히 내려와 회원들에게 알리는 한편 인근 군부대 군의관에게 부탁하여 진료를 받게 했으나 사고 1시간 뒤인 오후 2시 반경 뇌진탕으로 사망했고, 8월 17일 저녁 함석헌·양호민·김준엽·계훈제 등 친지들이 장 씨 집을 찾아 밤을 새웠다"

그런데 아버지가 추락했다는 곳은 장비를 가지고 암벽타기로 오를 수 있을지 몰라도 일반 등산하는 사람이 내려올 수 없는 절벽이었다. 아버지의 주검을 최초로 목격하였다는 김용환 씨에 따르면, "장준하는 두 손을 가슴에 나란히 얹고 편안한 자세로 자는 듯 누워있었다. 등산모는 바위 중간쯤의 나뭇등걸에 걸려있고 시계는 1시 40분을 가리킨 채 멈춰 있었

「장준하 씨 사인에 의문점」 기사(《동아일보》 1975년 8월 19일자)

다. 왼쪽 귀밑이 약간 찢어진 외에는 상처 하나 없었다."라고 진술했다.

그런데 동아일보 1975년 8월 19일자 보도에서는 세 가지 의문점을 제기했다. 첫째, 추락사고 지점은 산이 너무 험해 젊은 등산가들도 마음대로 오르내리지 못하는 경사 75도, 길이 12m의 가파른 절벽인데 아버지 혼자서 아무런 장비 없이 내려오려 한 점, 둘째, 사고 현장 벼랑 위에 오

를 때는 멀리 등산 코스를 돌
아 올라갔는데 내려올 때는
등산 코스도 아닌 벼랑으로
내려오려 한 점, 셋째, 사고 직
후 김용환이 아버지의 시계를
차고 있었던 점 등이었다.

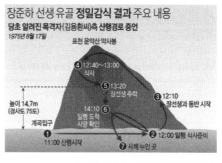

김용환 증언에 따른 아버지 산행 경로.

　아버지가 돌아가신 다음 날
인 1975년 8월 18일 낮에 아버지의 사인에 의문점이 있다고 판단한 서울
지검 의정부지청 서돈양(徐燉洋) 검사가 현장을 찾았다. 포천경찰서가
조사한 아버지의 실족사에 몇 가지 의문점이 있다고 판단한 것이다. 그
는 사고 현장을 혼자 목격했다는 김용환 씨를 다시 소환했다. 서돈양 검
사가 8월 19일 새벽 1시경에 사건 현장에서 김용환 씨를 만났으나 어둡
고 그래서 더는 물어보지 못했다.

　당시 김용환 씨의 진술을 요약하면 다음과 같다.

　"12시쯤 일행이 점심을 먹고자 배낭 등 여장을 푸는데 장준하 선생 혼
자 정상 쪽으로 올라갔다. 12시 10분에 뒤따라 올라갔는데 중간에서 등
산객이 군인들 두 사람하고 장준하가 앉아 커피를 마시는 것을 발견하
고 이어 같이 올라갔다. 12시 40분경 정상에 오르고 1시 사이에 정상 조
금 아래에서 같이 식사했다. 1시 20분 벼랑 쪽에서 하산하는데 장준하
선생이 소나무를 잡고 바위 끝에서 휘청하다가 14m 벼랑 아래로 미끄러
졌다. 뛰어 내려간 김용환은 인공호흡 등 온갖 응급조치를 해 보았다. 그
리고 1시 50분에 김용환은 회원들에게 와 이 소식을 전했다. 회원들은 2
시 10분에 장준하가 숨져 누운 현장에 도착했다."

　서돈양 검사가 김용환 씨가 아버지의 시계를 차고 있는 점에 대해 "사

김용환 증언에 따른 아버지 산행 경로

고 후 신고나 인명구조가 더 급한데 그 바쁜 시간에 아버지의 시계는 왜 풀어서 찾느냐?"고 그를 추궁하자, 김용환은 "자신이 아버지의 곁을 떠난 사이 다른 등산객들이 아버지의 시계를 훔쳐 갈까 봐 그랬다"라고 진술했다. 그뿐만 아니라 서 검사는 김용환이 1965년부터 3년 동안 신민당 서울 제4지구당 총무로 있었는데, 사고 당일 등산길 버스 안에서 아버지와 우연히 만났다고 진술한 점과 김용환이 사고 직후 경찰에 신고하지 않고 군부대에 신고한 점에 대해서도 의문을 품었다.

그런데 검찰 측은 ① 아버지의 가족들이 사인에 대해 별다른 이의가 없고, ② 유일한 목격자인 김용환이 실족 추락을 강력히 주장하고, ③ 아버지가 잡았다는 소나무가 휘어져 있는 점 등을 들어 실족 추락사고로 보고 있으며 다만 의문을 남기지 않기 위해 재조사를 하는 것뿐이라며 특별한 의미를 두지 않으려 했다.

서울지검 김태현(金台鉉) 차장 검사는 8월 19일 오후 기자회견을 자청하였다. 그는 일부 신문이 아버지의 사인에 의혹이 있어 검찰이 수사에 나섰다는 보도에 대해 사실과 다르다며 반박했다. 그는 의정부지청 서돈양 검사가 현장을 검증하고 목격자였던 김용환을 부른 것은 일상적인 변사 사건 수사의 범주를 벗어난 것이 아니었다며 의미 확대를 경계했다. 실족사로 단정했다고 말했다.

이어 김태현 차장 검사는 검찰 조사 결과 ① 아버지가 잡았다 놓쳤다는 소나무가 휘어진 채로 있었고, ② 의정부시 심 외과원장 심용복(沈龍福)이 시체를 검안한 결과 추락에 의한 두개골 파열사로 진단했으며 현장에 나왔던 가족들도 추락사로 인정, 자세한 검안을 위해 아버지 옷을 벗기려 할 때 만류했었던 점을 들어 아버지 사망에 의혹이 없다며 부랴부랴 실족사로 결론을 내렸다.

명동성당에서
아버지의 영결식을 치르다

1975년 8월 21일 9시경 아침에 개신교식으로 발인 예배를 마친 영구는 행렬을 이뤄 집을 나섰다. 발인제가 끝난 뒤 함석헌 선생의 선창으로 "장준하 만세, 대한민국 만세, 민주주의 만세"를 불렀다. 주민 3백여 명이 나와 작별 인사를 고했다. 이날 시신이 대문 밖

1975년 8월 21일 김수환 추기경 집도의 추도식 장면(명동성당)

1975년 8월 21일 아버지 장례식날(광탄면 천주교 공원)

을 나서 골목으로 나오니 경찰관들이 줄을 서서 경례하였다. 살았을 때도 저랬으면 오죽 좋았을까 하는 생각도 들었다. 어머니는 이것이 하도 북받치셨는지, 울지도 않으셨던 분이 왈칵 눈물을 쏟고 말았다. 운구 행렬은 경찰 경계를 호위처럼 받으며 시가를 행진해 명동성당에 다다랐다. 오전 10시 그곳에서 개신교와 천주교 합동 영결식이 치러졌다. 김수환 추기경이 직접 의식을 집전하였다. 함석헌·백낙준·유진오·김영삼·김대중·양일동·박순천·김홍일·김준엽·천관우·양호민·김동길 선생 등과 평소 아버지를 따르던 젊은이 등 1,500여 명이 참례하였다. 아버지의 관 위에 이화여대 박물관에 기증한 태극기를 덮었다.

김수환 추기경은 "고인은 한 분의 애국자나 정치가만이 아니라 정의와 진리의 사도였다"라고 말씀하고 "그의 죽음은 별이 떨어진 것이 아니라 죽어서 새로운 빛이 되어 우리의 갈 길을 밝혀주기 위하여 잠시 숨

민족·국가와 나

1975년 8월 경기도 파주시 광탄면 천주교 공동묘지의 아버지 묘소를 참배하는 나(오른쪽)와 동생 호성

은 것뿐입니다"라며 추모했다. 이어 이해영 목사의 성경 봉독과 문동환·서남동 목사가 추모 기도를 하였다. 재야인사들이 성당 안을 꽉 메웠고 성당 밖으로 도로에까지 수많은 정치 지망자와 학생들로 메워졌다. 그 밖으로 경찰들이 에워싸고 초비상의 경계를 폈다.

　영결식을 마친 운구 행렬은 성당을 한 바퀴 돌아 퇴계로 쪽으로 해서 소공동과 시청 앞을 지나 아버지가 가장 아끼던 옛 사상계 건물을 거쳐 중앙청 앞을 가로질러 사직터널을 통과했다. 그리고 현저동 서대문 서울구치소 앞을 지나가게 되었는데, 누군가 동지들이 아직도 감옥에 있으니 그쪽에서도 보이진 않겠지만 장준하 선생님이 지나간다는 걸 알라고 잠깐 묵념하고 가자고 했다. 그래서 시간 맞춰서 서대문형무소 앞을 지나가는데 경찰들이 정차하지 못하도록 저지하였다. 그때 이철우라는 사람이 나와서는 운구차 밑에 드러누웠다. '깔고 가라'는 것이었다. 그래서 덕분에 1분간 묵념을 하고 통일로를 달려 파주 광탄면 신산리의 천주교 나사렛 공원묘지에 도착하였다.

막상 장지에 가보니 조그맣게 관을 묻을 곳을 파놓았다. 참 한심한 생각이 들었다. 사람 설 자리도 없었다. 내가 하도 기가 막혀 무릎 꿇고 말았다. 어쩔 수 없어 매장할 수밖에 없었다. 그로부터 아버지가 돌아가신 지 40일도 안 돼서, 49재 전에, 양일동 선생이 한 평도 안 되는 땅에 아버지를 묻은 것이 마음에 걸리셨던 모양이었는지 그 옆에 있는 땅을 전부 다 구매해서 50평 정도 되었는데 그곳으로 49재 전에 이장하였다. 그래서 아버지를 맨 처음에 모셔놨던 곳에서 한 10m 아래로 옮겼다.

아버지가 생전에 "내가 죽으면 무덤 만들지 말라"고 하신 적이 있다. "무덤을 만들면 분명히 작은 무덤이 아닐 것이니까, 그 평수에 밤나무를 심으면 열 가구는 먹고살 것이다"라고 하셨다. 그런데 양일동 선생이 이장한 뒤에 보니 진짜 거기다 심으면 열 가구가 먹고 살 정도의 땅이 됐다. 이장했을 때는 비석도 안 세우고 평장 비슷하게만 해서 마무리했다. 봉분을 제대로 쌓은 것은 1985년 8월 서거 10주기 행사 때였다. 비석도 나중에 세웠다.

02

나와 아버지;
홀로서기와 의문사 진상규명 활동

의문사 현장에서
진상 규명에 나서고,
추모비를 세우다.

아버지가 의문사 혹은
추락사 했는지를 풀고자
장례를 치른 지 3일만인
1975년 8월 24일 나를 비
롯하여 내외신 기자, 통
일당원 등 18명이 약사봉
사고 현장을 다시 찾았

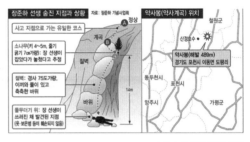

아버지 의문사 관련 삽화
(《한겨레신문》1988년 10월 22일자)

다. 대략 명단을 떠올리면, 나와 동생 호준을 비롯하여 유경환(이모부),
김용덕(호림산악회장), 김영봉(회장 동생), 동아방송 송석형 기자, 홍콩
파 이스턴 이코노믹 리뷰 지의 서울 특파원 로이 황 기자, 통일당원 등이
었다. 김용환 씨는 몸이 불편하다는 이유로 고향인 충남 당진으로 내려
가 있어 동행하지 않았다.

그때 가장 궁금했던 것은 14.7m 암벽에서 자갈밭으로 떨어졌는데도
전연 외상이 없었고 오른쪽 귀 뒤쪽에 약간의 함몰 부분만 발견되었다
는 점이었다. 사고 현장 약도에서 보듯 누가 보더라도 아버지가 추락했
다는 (A) 지점에서 (B) 지점으로 이르는 길을 하산로로 택할 가능성이

희박하였다. 일반 사람의 판단으로 보더라도 그토록 위험한 코스를 일부러 택할 리 만무하였기 때문이다. 더욱이 아버지가 오랫동안 산행을 하셨던 분이기에 더욱 그렇다.

당시 현장 조사를 통해 (B)에서 (D)를 건너 (C)로 건너갔을 때는 "소나무를 잡을 필요가 없다"라는 결론을 내렸다. 아버지가 잡았다 놓쳤다는 소나무는 결코 휘어질 수도 없고 설사 휘어졌다 할지라도 곧 원위치로 되돌아왔을 것이다. 이는 사고 당시 "소나무가 휘어진 상태로 있었다"라고 진술한 김용환의 말이 신뢰성에 의문을 품게 된 부분이다. 또한 14~15m의 높이에서 추락했는데도 옷은 찢겨 나간 데가 없이 말짱하였다는 점이다. 특히 산등성이 벼랑 아래쪽엔 울퉁불퉁한 바위들이 많았는데 커피를 담은 보온병도 깨지지 않은 채 말짱했다. 이때 동행하였던 동아방송 송석형 기자는 답사 취재 결과를 다음과 같이 요약했다.

△소나무가 있는 곳은 현장답사 결과 안전지대로서 그곳에서 추락했다고는 믿기 어려웠다. △사고지점까지 도달하기 위한 코스가 너무 험준했으며, 그 코스를 택하지 않고 우회전해서 하산하는 것이 정상적이라 판단되었다. △현장답사 시에도 추모 등반 일행 중 10명가량만 자일을 이용해서 코스 가운데의 두 지점을 겨우 내려왔다. △검찰과 경찰에서 사고 현장에 김용환 씨를 대동, 현장 검증 및 확인을 한 일이 없다. 이 점은 이동지서의 이수근 순경과 김경환 씨를 통해 확인되었다.

이 밖의 의문점은 △김용환 씨가 갑자기 사고 당일에 나타나 아버지와 동행했고, 일행을 떠나 우연하게도 단둘이만 등반했다는 점과 △산 정상에서 만났던 텐트 속의 군인 2명에 대해선 전혀 언급이 없다는 점이었다. 이를 종합해 볼 때, 나는 아버지가 문제의 사고 현장에 아예 가지 않고 이미 다른 지점에서 변을 당한 뒤, '추락사를 가장할 수 있는' 가장 그럴듯한 위치로 옮긴 것이라는 의심이 들었다.

사고 직후부터 실족사를 가장한 타살이란 의문점을 제기했음에도 검찰은 부랴부랴 실족사로 매듭짓고자 하였고, 문제를 제기한 동아일보 성락오 기자는 긴급조치 9호 위반 혐의로 구속되기도 하였다. 성락오 기자는 1975년 8월 19일자 사회면 톱에 '장준하 씨 사인에 의문점'이라는 제목으로 아버지의 사망 기사를 내보냈다. 이 일로 한우석 지방부장, 성락오 편집부 기자, 장봉진 의정부 주재기자 등이 연행되어 조사를 받았다. 그 가운데 성락오 기자는 긴급조치 9호 위반으로 구속되었다가 열흘 만에 풀려났다.

아버지가 돌아가신 뒤 한 달이 되는 9월 17일, 오전 11시 의문사 장소로 알려진 약사봉 계곡에서 계훈제·백기완·전대열·김삼웅 등 민주화운동의 동료와 후학들이 조촐한 추모식을 열었다. 그날 아버지가 숨겨 누웠던 자리에 조그만 표지 판석을 하나 가져다 놓았다. 표석에는 다음과 같은 글이 새겨 있다.

오오, 장준하 선생.
여기 이 말 없는 골짝은 빼앗긴 민주주의 쟁취, 고루 잘사는 사회, 민족의 자주·평화 통일운동의 위대한 지도자 장준하 선생이 원통히 숨진 곳, 비록 말 못 하는 돌부리·풀·나무여!

먼 훗날 반드시 돌베개의 뜻을 옳게 증언하라.

돌아가신 날 *1975.8.17.*

비를 세운 날 *1975.9.17.*

고 장준하 추모 동지 일동.

고 장준하 선생 추모 동지 일동이 세운 추모비(1975.9.17.)

아버지 의문사 1개월 후 추모식 행사 장면(1975.9.17.)

사건 진실을 밝히려다 테러를 당하다

아버지가 그렇게 가시고 살림은 어머니가 도맡아 하셨다. 어머니와 동생들과 함께 남산 밑 여관방에서 6개월을 산 적도 있다. 내내 라면만 먹었다. 어머니는 보험 외판원 일을 하셨다. 나 또한 결혼한 몸이었기에 먹고 살아야 했다. 더욱이 아버지가 황망하게 떠나신 뒤에 1976년 3월 1일에 첫딸 원경이가 태어나 가장으로서 책임이 더욱 커졌다. 당시 '종로서적'이라는 서점에 취직했다. 종로서적 사장은 장 씨로서 이북 출신으로 아버지와도 친분이 있던 분이었다. 그런데 내가 취직한 뒤에 곤란한 처지가 된 모양이었다. 한 번은 기관원들이 와서 하도 못살게 구니까 어떻게 해주면 안 되겠냐고 나에게 물었다. 나한테 말을 못 해 매우 괴로웠던 모양이다. 그래서 석 달 만에 나왔다.

언젠가는 아버지도 알고 유창순 씨와도 가까웠던 기업인들이 저녁에 불러서 갔더니 "미안하다, 어머님이 고생이 많다, 우리 처지도 이해해 달라"라며 생활비로 쓰라고 봉투를 줬다. 아마 27살 때 즈음이었는데 나는 거절하고 나왔다. 유창순 씨는 한국은행 총재, 상공부 장관, 경제기획원 장관 등을 역임한 《사상계》 동인이었다

지금도 사람들은 개인적으로는 아버지와 나를 좋아하지만, 단체에 끼워 주거나 같이 뭘 하는 것은 꺼린다. 아버지와 가까우면 피해를 본다는 트라우마가 여전히 남아 있기 때문이다. 내가 오랫동안 외국 생활을 한

민족·국가와 나

뒤에 귀국했는데 주변 사람들이 말하기를 자기들도 친해지고 싶지만, 혹시나 당하지 않을까 하는 우려가 아직 남아 있다고 한다. 정치인들도 만나보면 나랑 있으면 자기들이 피해를 받는 것 같다고 한다. 그래서 나도 자연스럽게 그들을 꺼리게 되고 멀리서 보거나 필요할 때만 보는 정도이지 같이 어울리지 못한다. 결국 나는 그때의 트라우마를 다시 또 겪고 있다. 그런 삶을 살다 보니 섬에 사는 것 같은 느낌이 들곤 한다. 가끔씩 '아버지는 그 외로운 싸움을 참으로 오래도 하셨구나'라는 생각을 하곤 한다. 그러니 나도 나름의 원칙을 세워 주변 사람들과 거리를 둔다. 다시는 우리 같은 가족이 이 나라 현대사에 나오지 않길 바랄 뿐이다.

나는 아버지의 사인을 밝히기 위해 명동의 백범사상연구소를 찾곤 했다. 그곳은 백기완 선생의 사무실이기도 했다. 나는 유엔에 조사를 요청해보기도 했고, 뭐 이런 것들을 하고 돌아다녔다. 그러던 중 1977년 4월 18일 낮에 내가 백범사상연구소 건물 꼭대기 층에 올라가서 판잣집 같은 데서 이야기를 나누고 있는데 그곳에 상주하던 보안사 요원들이 있었다. 그들은 나를 보고서는 다짜고짜 "장준하 선생은 돌아가셨는데 그런 것 가지고 시끄럽게 외국에다가 뭐 보내지 마라. 그런 짓 하고 다니지 말라"고 하는 것이다. 나도 군대도 갔다 왔고 젊은 혈기에 그들과 말싸움을 하였다.

그날 저녁에 지인들하고 술 한잔을 하고 저녁 늦게 자리를 파했다. 밤 11시쯤 상봉동 집에 다다랐을 때 어떤 사람들이 날 불러 세웠다. '장호권 맞지?'라고 해서 '그렇다'라고 했더니 느닷없이 두들겨 팼다. 그때 나는 기절하고 말았다. 나도 싸움 좀 한다고 하는 사람인데 3명이 한꺼번에 달려들어 두들겨 패는 바람에 쓰러지고 말았다. 한참 만에 깨어나 보니 길거리 전봇대 밑에 내가 쓰러져 있었다. 굉장히 아팠는데 피는 하나도 안 났다. 아마 가죽 장갑을 끼고 때린 것이 아닌가 한다. 겨우 집을 찾아가서는 문 앞에 푹 쓰러졌다. 통증이 너무 심해서 통행금지가 해제되길 기다렸다가 새벽 4시쯤 동네 병원에 갔더니 큰 병원으로 가야 한다고 해서 경희의료원으로 실려 갔다. 응급실에 들어갔는데 턱뼈가 부서져 긴급하게 수술해야 한다고 하여 8시간 동안 수술을 받았다.

수술하고서 마취에서 완전히 깨어나기 전에 비몽사몽 하는 사이에 내 앞에 서 있는 사람을 잡고서는 '죽여 버리겠다'고 흔들었던 모양이다. 그런데 내가 잡은 것이 공교롭게도 함석헌 선생님의 수염이었다. 아버지가 타살된 것에 대한 울화가 마취가 풀리면서 폭발했던 모양이다. 그 뒤 3개월 동안 입원했는데 식사도 제대로 못 하여 38kg까지 빠졌다. 입원하기 전의 몸무게가 60~61kg였는데 20여kg이나 빠진 셈이니 제대로 걷지도 못할 정도였다. 상처가 좀 아물어 철삿줄을 끊고 뽑았는데 그만 입이 굳어져 안 벌어졌다. 그래서 회복하는 데 2개월이 더 걸려서 5개월

박정희 정권 당시 최규하 국무총리와 악수하는 하비브 정무 담당 국무부 차관

민족·국가와 나

만에 퇴원하였다.

내가 경희의료원에 입원해 있는데 어느 날 주한 미국 대사를 지냈던 하비브(Philip Charles Habib)가 병문안을 하려다 경찰의 봉쇄로 되돌아간 적이 있었다. 하비브는 뉴욕 출신으로 캘리포니아 대학에서 철학 박사학위를 취득한 후 1949년부터 외교관이 되었다. 그는 에스파냐·캐나다 주재 대사관 근무를 거쳐 1962년에 한국으로 건너와 1965년까지 한국 주재 대사관의 정무 담당 참사관을 지냈고, 1966년 베트남 주재 대사관 참사관, 국무성의 동아시아·태평양 담당 차관보, 1967년 국무성 부참사관보 등을 역임하였으며, 1969년 파리 평화회담에서 미국의 차석대표로 출석하였다. 그 뒤 1971년 한국 주재 대사에 취임하였다. 그 후 1974년 국무부 차관보, 1976년 카터 대통령 정무담당 국무부 차관을 거쳐 레이건 대통령의 중동 특사로 활약하여 미국의 대(對)중동정책의 추이와 함께 주목을 받았던 인물이다. 하비브가 1971년 11월 11일 주한 미국 대사로서 김포공항에 도착할 때 아버지가 그를 맞이하러 가기도 했다. 아버지가 그를 만나 우의를 돈독히 한 것은 1960년대 초였다.

이런 인연으로 하비브는 비밀리에 미 대사관을 통해 나에게 편지를 보내왔다. 편지에는 "당신 아버지 장준하 씨가 이루고자 했던 일이 곧 이뤄질 테니 몸조심하고 기다려 달라"는 내용이었다. 그때 미국이 박정희하고 협상해서 민주화하려고 그랬는지는 모르겠지만, 그 편지를 받고서는 '살아야겠다'라는 생각에 해외로 나가야겠다는 마음을 먹었지만, 당장 가족을 먹여 살려야 했다.

가족 생계를 위해
장사를 시작하다.

퇴원한 뒤에 여동생 둘을 시집보냈다. 여동생 호경, 호연이 대학을 졸업한 지 얼마 안 되었을 때다. 당시 결혼식장도 없어 김옥길 총장에게 부탁해서 이화여자대학교 소강당에서 몇 개월 차이로 결혼식을 치러 여동생 둘을 시집 보냈다. 남편들은 내 바로 밑의 남동생 친구들이었다. 첫째 여동생의 시아버지는 육사 7기인데 남한산성 교도소장을 두 번이나 지낸 사람이다. 당시 남한산성 교도소장이면 평생 먹고 살길이 생긴다는 소문이 있을 정도였는데, 박정희가 종신 집권한다고 했을 때 반대했다가 일등병으로 강등 제대했다. 그런 집에 여동생이 시집가서 고생고생하다가 지금 미국에 가 있다. 신랑은 대한항공 스튜어드를 했는데, 제주도 출신의 동료를 둘째 여동생에게 소개를 해줬다. 둘째 여동생은 결혼한 뒤에 제주도로 내려가 살았다.

당시 어머니는 어릴 때부터 배운 뜨개질과 바느질로 곤궁한 생활을 이어나갔다. 언젠가는 동네 영세민들과 취로 사업장에 나가기도 했다. 이런 일만으로는 도저히 생계를 이어갈 수 없어 손수레를 구해 과일 장사를 해 볼 생각이었다. 그런데 이를 어찌 알았는지 관할 경찰서의 경찰이 찾아와 '제발 그런 것 하지 말고 가만히 계셔달라'라기에 그마저도 접었다. 그뿐만 아니었다. 어머니가 취로 사업장의 일도 오래 하지 못했다. 형사가 득달같이 달려와 '당장 집으로 돌아가'라고 호통치는 바람에 그마저도 어려웠다. 나 또한 취직이 안 되었다. 신원조회 때마다 말썽이 생겨 취직이 여의치 않았다.

하루는 술을 잔뜩 마시고 집에 들어가서 아버지 영정 앞에서 엎드려 엉엉 운 적도 있었다. 오두막집이라도 남겨 놓았다면 그걸 팔아서라도 뭘 할 수 있지 않겠느냐 하소연을 하였다. 이런 나를 지켜보던 어머니께서 "네 아버지는 물질적인 재산은 안 남기셨지만, 그보다 큰 유산을 남기지 않았느냐. 깨끗하고 맑은 것, 그것 이상 소중한 게 어디 있느냐. 너희들이 어디 가서 '우리 아버지가 장준하입니다' 할 때 사람들이 아, 그러냐면서 고개를 끄덕거리지 않느냐"라며 나를 달랬다. 어머니도 나의 그런 모습을 보면서 마음이 찢어질 듯 아프셨겠지만, 차분하고도 냉정하게 말씀하시는 것을 보고 부창부수라는 말이 그래서 나온 것이라고 깨닫기도 했다.

하루는 집에 쌀이 떨어져 당장 굶을 처지가 되었다. 막막하던 차에 쌀 두 가마니가 배달됐다. 김옥길 총장이 운전사를 시켜 쌀을 보내온 것이다. 이외에 연탄이나 식량이 떨어질 때면 누군가로부터 도움을 받았다. 어머니는 그들에게 제대로 인사를 못 했다며 미안해하곤 했다.

나는 퇴원을 하고 당장 먹고살아야 하겠기에 롯데제과 유창순 회장을 찾아갔다. 유창순 씨는 앞서 얘기했는데, 박정희의 군정 연장과 한일협정 조기 타결 움직임에 반발해 공직에서 은퇴했다. 제3공화국 시기에는 유엔 한국협회 부회장 등을 지내며 아버지와 함께 범야권에서 활동하며 한일협정 폐기 및 재협상, 월남전 파병 반대, 1967년 제6대 대통령 선거 당시 유진오 후보와 윤보선 후보의 후보단일화 협상에 나서는 등 반 박정희 자세를 취했다. 그는 대선이 끝난 후 1967년, 친분을 맺어왔던 신격

호 일본 롯데 사장이 한국에 롯데제과를 세우면서 초대 대표이사가 되어 기업인으로 변신해 롯데그룹의 한국 정착에 도움을 주었고, 1974년 칠성 한미음료를 인수한 후 대표이사도 겸했다.

1979년 롯데그룹이 서울 중구 소공동에 롯데호텔과 더불어 부속 건물로 '롯데쇼핑센터'를 지었다. 지금의 롯데백화점이다. 그때 유창순 씨가 롯데쇼핑센터 꼭대기에 식당가를 만드는데 거기서 가게를 하면 먹고살지 않겠느냐며, 나한테 아이스크림 가게 하나를 한번 해 보라고 권했다. 비록 1평짜리 가게였지만 당시로는 엄청난 이권 사업이었다. 덕분에 가게 하나를 얻어 아이스크림 장사를 하면서 생계를 유지할 수 있었다. 허나 임대료, 설치비용 등을 전부 부담해야 하는데 당장 돈이 없어 급한 대로 돈을 빌렸다. 이에 장사를 해서 번 돈은 대부분 빚 갚는데 나가다 보니 별 수익이 나지 않았다. 이때 옆에서 장사하던 사람이 자기에게 가게를 팔고 빚도 갚으라는 것이다. 나는 짧은 생각에 빚을 갚고도 남을 돈을 준다기에 그냥 넘겨버렸다. 그리고 두어 달 먹고사니까 남은 돈도 없어지고 말았다. 나중에 들으니 아이스크림 가게를 인수한 사람은 그걸로 애들 대학 다 보내고 그랬다고 한다.

장사를 접은 뒤에는 살아갈 날이 막막하였다. 살아갈 날이 막막하였다. 결국 상봉동 집에서 쫓겨나 가족들이 뿔뿔이 흩어져 살게 되었다. 바로 밑에 동생은 일찌감치 결혼하여 나가 살았다. 어머니는 여동생이 시집살이 하는 제주도로 내려가셨다. 그때 어머니께서 눈물을 많이 흘리셨다고 한다. 막내 호준이는 친구 집에서 거처하게 되었는데 내가 양재동에 있던 한국신학교에 보냈다. 그 학교는 기숙사를 운영하였다. 나중에 대학에 편입시키려 했는데, 본인이 목회자의 길을 선택했다.

아버지가 돌아가신 후 1976년 말경 김재규 중앙정보부장으로부터 만나자는 연락을 받았다. 1974년 9월 김재규가 건설부 장관 (1974.9~1976.12)으로 있을때, 아버지의 심부름으로 그를 찾아가 만난적이 있었다. 남산 근처로 가서 그를 만났다. 이때 김재규는 "자네 부친 사망 사건은 언젠가 진실이 밝혀질 것"이라는 말을 꺼냈다. 하비브 씨가 했던 말과 연결되어 무엇인가 짚이는 듯했지만, 얘기가 더는 진전되지 못했다. 그 뒤 1979년 10·26사태가 있기 3개월 전 그가 다시금 사람을 보내 나에게 "미국으로 나가 있는 것이 좋을 것 같다"라는 제의를 해왔다. 여권도 만들어주겠다고도 하였다.

말레이시아로
도피성 외유를 떠나다.

우연한 기회에 말레이시아에서 일하는 지인을 만났다. 그는 그곳에 가서 돈벌이도 하고 몸도 피하면 좋지 않겠느냐며 적극적으로 권유하였다. 나 또한 그리 나쁘지 않을 것으로 생각하고 그리하기로 하였다. 그런데 여권을 발급받는 게 문제였다. 그때 법무부 장관과 문교부 장관을 지낸 황산덕 선생을 찾아갔다. 그는 평안도 출신으로 《사상계》 편집위원으로 활동하면서 아버지와 인연을 맺었고, 아버지가 긴급조치 1호 위반으로 감옥에 갇혔을 때 법무부 장관으로서 석방을 힘써 주기도 하였다. 그분의 도움으로 여권을 갖게 되었다. 그때 모 검사가 뒤에서 나를 도와주기도 했다. 당시에는 누구나 외국에 나가는 시절이 아니었기 때문에 여권 하나 만들기도 쉽지 않았다. 더욱이 말레이시아가 1973년 6월에 북한과 외교 관계를 수립하고 다음 해인 1974년 1월 한국 정부가 주말레이시아 대사관을 개설하였기 때문에 그곳으로 가는 것은 더욱 간단치 않았다.

당시 김포공항에서 말레이시아 쿠알라룸푸르(Kuala Lumpur)로까지 직항로가 개설되어 있었다. 나는 어머니를 비롯하여 아내와 첫째 딸을 남겨 놓고 1979년 말레이시아로 도피성 외유를 떠났다. 당시 계창호 선생이 쿠알라룸푸르에서 경남기업 본부장으로 있다는 얘기를 듣고 무작정 그를 찾아갔다. 계창호 선생은 사상계 편집장을 지냈고 함석헌 선생의 글을 받아오면서 제목을 '생각하는 백성이라야 산다'(《사상계》 1958년 8월)라고 지은 장본인이기도 하다. 그는 서울고를 수석 입학, 졸업한 귀재였고 한국일보에서 《일간스포츠》를 창간하기도 하였다.

당시 경남건설은 쿠알라룸푸르 시내에 말레이시아 최대 상업은행인 '메이뱅크' 건물을 짓는 중이었다. 내가 그분을 찾아서 뵙고 내가 살려고 도망쳐 왔다고 하니 놀라면서도, 특별히 도와줄 것은 없다고 하면서도 공사장 청소 일을 줘서 내가 사람 몇을 데리고 다녔다. 그래서 그곳에서 막노동을 시작했다. 당장 돈을 벌어야 했기 때문이다. 그때 월급이 말레이시아 돈으로 1,000링깃(Ring git) 정도 받았다. 당시 우리나라 돈으로 환산하면 50만 원 정도였다. 그 돈으로 방 하나 얻고 한 달 생활비 하기도 빠듯하여 한국에 송금하지는 못했다. 그때 마침 또 나와 같이 일하던 말레이시아 업자가 편의를 많이 제공해줬다.

어느 날 인부들과 청소를 마치고 차를 마시고 있는데 한국인 현장 소장이라는 사람이 지나가면서 "야, 너 여기서 커피 마셔? 나가서 청소해!"라며 윽박질렀다. 청소나 하는 주제에 어디서 커피를 마시고 있냐는 매우 무시하는 말투였다. 그때 참 별난 수모도 다 당했다.

박정희가 1979년 10월 26일 김재규에게 총을 맞고 죽은 뒤, 그해 12월 크리스마스를 즈음해서 한국에 잠깐 들어왔다. 그때 1979년 12·12쿠데타로 전두환이 집권야욕을 보이고는 1980년 5·18민주화운동까지 짓밟는 것을 경험했다. 이때 공교롭게도 나는 중앙 기관 요인으로 생각되는 사람들에게 붙잡혀 어디론가 끌려가 나흘 동안 고초를 당하기도 하였다. 그들은 나에게 자신들이 수배하려는 재야인사와 학생들이 어디 있는지를 자백하라는 것이다. 그들은 아마도 내가 박정희 정권 당시에 아버지의 심부름으로 재야인사와 학생들과 관계를 맺었기 때문에 조직을 많이 알 거로 생각한 듯하다. 그러나 그것은 예전 일이라 내가 알 수도 없는 노릇이었다. 그런데도 그들은 나를 꿇어 앉히고는 짓밟고, 등허리를 몽둥이로 두들겨 팼다.

그러다가 잔꾀를 부려 '군산에 너희들이 찾는 운동권이 숨어 있다'라고 거짓 정보를 흘렸다. 그리고는 '그걸 아는 사람이 있으니 그 사람을 불러 달라'고 했더니 그를 잡아 왔다. 그 사람이 누구냐면 아버지 운구차 밑에 들어가 시위했던 이철우 씨였다. 그 뒤 둘이서 얘기 좀 하겠다고 하여 은밀하게 대화를 나누는 중에 내가 처한 상황을 말해주었다. 그때 이철우 씨가 아이디어를 내서 기관원들과 함께 군산으로 내려갔다. 군산의 어느 여관방에 묵게 되었다. 이때 나는 그들이 '어느 동네 수박밭 움막에 숨어 있다'라고 기관원들한테 알려줬다. 그러고선 여관에서 심부름하는 애들에게 물 주전자 밑에다 쪽지를 넣고는 경찰에 신고하라고 하여 똑같은 정보를 흘렸다.

결국 기관원들이 그 움막에 쳐들어갔는데, 군산지역의 경찰들 또한 전두환에게 잘 보이려는 욕심도 있었기 때문에 서울에서 온 사람들한테 공로를 뺏기기 싫어 역시 그들도 그곳으로 출동했다. 결국 그들끼리 대치하는 상황이 되어버렸다. 그사이에 나는 도망쳐 서울로 올라와서는 다시 외국으로 나갈 준비를 하였다. 그래서 1981년 3월 전두환이 대통령을 연임하게 되어 5공화국이 출범한 뒤에 나는 다시 외국으로 나갔다. 이번에는 말레이시아가 아닌 싱가포르로 목적지를 정했다.

싱가포르로 떠나서도
아버지를 기리다.

내가 싱가포르로 외유를 떠난 것은 비자가 필요 없기 때문이었다. 말레이시아에 있을 때 싱가포르 건설업자들과 교류를 많이 했다. 양국 간 건설업자들끼리 서로 연결이 되었고, 내가 건설업을 좀 배웠기 때문에 무슨 일을 할 수 있을 것이라는 희망을 품고 갔다. 그때 마침 싱가포르에서 한국 건설업체가 큰 공항 건설을 추진하고 있어서 공항 건설을 도와주면 먹고살 수도 있고 집안 식구들도 도울 수 있으리라 판단하였다. 이제는 잡부가 아니라 그 지역 사람들과 협업을 통해 건설 현장에서 하청을 받을 수 있을 것이라 생각했다.

하지만 싱가포르의 생활은 생각했던 만큼 쉽지 않았다. 싱가포르에 갈 때 내가 들고 간 것은 20달러가 전부였다. 내가 처음으로 자리를 잡은 곳은 싱가포르 북쪽에 있는 이순(Yisun)이라는 곳인데, 그곳에서 오차드(Orchard) 중심가에 있는 건설 현장까지 전철을 타고 한 30분 정도의 거리였다. 종로에서 구로 좀 지나서, 잠실에서 서대문까지 오는 그 정도 거리일 것이다. 그런데 나는 가진 돈이 별로 없어 지하철을 타기도 망설여졌는데, 그렇다고 더운 날씨에 먼 거리를 걸어서 오갈 수도 없었다. 결국 지하철표를 살 동전 몇 개를 주머니에 넣고선 전철역으로 향했다. 혹 동전을 잃어버리지는 않을까 노심초사하며 주머니 안에 손을 넣고는 동전을 꽉

쥐고 갔다. 전철역에 도착해서 표를 끊으려 동전을 꺼냈는데 동전이 땀에 범벅이 되어 있었다. 요즘도 가끔 그때를 생각하면 눈물이 핑 돈다.

이렇듯 힘들게 하루하루 살아가면서도 어머니와 처자식들을 만나려 가끔 한국에 드나들었다. 맨 처음 귀국한 것은 1985년 8월 17일 10주기 추도식때였다. 이날 행사는 한국교회사회선교협의회·민추협· 민주통일 운동연합이 공동 주최로 흥사단 대강당에서 열렸다. 이날 김대중·김영삼·문익환 목사 등 재야인사 3백여 명이 참석하였다. 이어 파주에 있는 묘소를 찾았다.

한 달 뒤 1985년 9월 17일 종로구 연건동 흥사단 강당에서 어머니와 문익환·김재준 목사, 홍남순 변호사, 계훈제 선생 등 350여 명이 참석한 가운데 아버지 10주기 추모문집출판기념회가 열렸다. 나는 그 행사에는 참석하지 않았다. 당시 장준하 사건을 취재한 송석형 동아방송 기자는 상부의 압력으로 관련 취재의 중단을 당했으며, 주변 지인들은 중앙정

제10주기 추도식을 마친 뒤 묘소를 찾았을 당시 모습(민주화운동기념사업회 소장, 박용수 기증).
오른쪽 여덟 번째가 나. 네 번째 어머니(1985. 8. 17.)

민족·국가와 나

'장준하 선생 10주기 추도식' 장면

천주교 나사렛 공원묘지에서 서거 10주년 추도식을 마친 뒤 어머니

장준하 선생 10주기 추모문집 출판기념회 장면(1985.9.17.)(민주화운동기념사업회 제공)

보부로 끌려갔을 뿐 아니라 장 선생 사후 상가 방문객 명단 및 인적 사항, 조의 금품까지도 중앙정보부에 감시당하는 등 정권 차원의 치밀한 공작이 있었다고 증언했다.

『장준하문집』을 간행하는데 김재준·함석헌·김성식·홍남순·문익환·안병무·계훈제·문동환·백기완 선생 등이 애써주셨다. 이들은 아버지의 글을 모아서, 제1권 민족주의자의 길. 제2권 돌베개, 제3권 사상계의 수난사 등을 펴냈다.

『장준하문집』(1985)

간행위원회는 '문집 간행으로 이 땅의 민주화와 민족통일을 염원하시다 산화하신 선생의 신념이 아무쪼록 우리 민중의 가슴 속에 열매로 영글어 가는 계기가 되었으면 더 바랄 것이 없겠다는 염원'을 담았다.

'장준하 새긴돌'을 세우다.

그뿐만 아니다. 10주기에 맞춰 1985년 9월 계훈제·백기완·백낙청 선생 등이 주축이 되어 '장준하선생시비(새긴돌)건립위원회'를 결성하였다. 아버지가 평소 "통일이 나의 소원이니, 통일이 안 된 상태에서 혹시 내가 죽더라도 무덤을 쓰지 말라"라고 하였지만, 묘지는 마련했을지라도 묘비를 쓸 수 없던 차에 기념비라도 대신하고자 한 것이다. 나는 백기완 선생 등 위원회 분들과 함께 까마귀돌[오석]을 찾기 위해 전국을 돌아다녔다. 그러던 중에 주재환·양영환 선생 등

동해시 이기동에 있는 '장준하 새긴돌'(사진 현장사진연구소 이용남 사진작가)

과 1986년 이른 봄 충남 운천에 갔다가 그곳 채석장 주인의 도움으로 어렵게 이를 구했다. 백두산 모습과 기지개를 켜는 호랑이 형상을 한 독특한 오석(烏石)이었다. 높이 1.5m, 폭 3m 그리고 무게가 3t이나 되는 큰 바윗돌이다. 1986년 5월 주재환 선생의 책임 아래 민예총 예술가 김용태·김정현·양영환·윤용환 선생 등이 제작에 참여했다.

새긴돌에 새겨 넣을 글은 백기완 선생이 아버지의 평소 통일운동사상을 염두에 두고 작시했고, 계훈제 선생이 글씨를 써 이를 조각가 윤용환 씨가 도맡아 1986년 가을 자신의 고양시 일산 작업장에서 완성했다. 위원회는 새긴돌을 서울 남산공원 혹은 백범 묘지가 있는 효창공원에 세우려 하였으나 당시 정부 당국의 불허로 하는 수 없이 윤용환 조각가 작업실에 보관했다. '장준하 새긴돌'에 새겨진 내용은 다음과 같다.

오늘도 밤이슬
이렇게 흠빡 젖은 건
외세의 반역이 내리친 벽을
새도록 까부신 피눈물인 줄
왜들 모르나

벗이여 나의 비원은
첫째도 둘째도 셋째도
민족해방 통일이라
이곳 땅 밑에서도 이가 갈리는
분단의 원흉은
그 누구도 용서하지 말라

하지만 통일은
딴 데 있는 게 아니다
우리의 삶 속에 마디마디 박힌
분단의 독살 빼앗긴 자유
바로 그 싸움의 현장에서
통일을 찾으라

그리하여 쓰러진 전사는
무덤이 아니라
저 들판을 일으키는
바람으로
잠들지 못하나니

벗이여 이불길 나는 듯
봉우리마다 이어 붙여라
눈물도 한숨도
노여운 아우성으로

저 간악한 것들을
한꺼번에 쓸어버리는
통일신바람
통일신바람으로 한꺼번에
한꺼번에 몰아쳐라

강원도 동해시 이기동 한 야산에서 이 마을 오화선 전 이장이 '장준하 새긴돌'을 가리키고 있다
(사진제공 현장사진연구소)

　'장준하 새긴돌'을 완성하였지만, 마땅한 장소를 확보하지 못해 방치되다시피 하였다. 그러다가 '장준하선생추모모임'이 결성하고 1988년 각계의 후원에 1,400만 원이 모금되면서 장소 문제가 해결되었다. 그 자금으로 고양군 벽제읍 내유리와 파주시 조리읍 장곡리 경계에 있는 군 방호벽 주변 땅 486평을 백기완 선생의 지인인 이모 씨 명의로 매입했다. 이때 백기완 선생이 이를 옮기려고 새긴돌을 살피러 갔는데, 누군가 새긴돌에 불을 놓는 바람에 글자가 떨어져 나가고 말았다. 이를 발견한 백기완 선생은 충격을 받아 지병인 협심증이 악화하여 한양대병원에 입원하는 일도 있었다. 그 뒤 부랴부랴 다시 돌을 구해 글자를 새겨 1989년 8월 아버지의 14주기에 맞춰 제막하고자 하였으나, 이번에는 공원 조성 허가가 늦춰져 그해 10월 3일 개천절에 제막식을 하게 되었다.

　그런데 또 다른 문제가 발생하고 말았다. 명의를 대신했던 이모 씨가

2002년 9월 13일 위원회 몰래 은행에 근저당을 설정해 6,110만 원을 빌린 후 소유권을 자신의 딸에게 넘겨버렸다. 위원회는 이모 씨와 딸에게 내용증명을 보내는 등 소유권 반환을 요구했으나 이모 씨는 되레 자신의 땅이라며 막무가내였다. 법적 대응을 검토했으나 위원회는 한때 백기완 선생을 옆에서 충실히 보호해 준 사람인데 법적 싸움을 벌이는 것은 옳지 않다고 판단하여 그만두었다.

결국 내유리 토지가 경매로 넘어가고 말았다, 이때 파주 장곡리 공원에 옮기려 하였으나 허가가 나지 않아 새긴돌은 방호벽 밑에 방치되고 말았다. 장곡리 공원은 통일로 공릉천이 흐르는 곳에 위치해 있는데, 그곳에는 '학도의용군 파주지대 6·25동란 참전기념비', '통일염원 김기팔 방송비' 등의 다양한 기념비가 있다.

싱가포르에서
경제적인 기반을 닦다.

1986년 11월에 둘째 딸 원희가 태어났다. 이때는 내가 한국을 떠나 있었기 때문에 출산을 지켜보지 못했다. 그 뒤 공사장 일이 너무 힘들어서 장사하려고 홍콩에서 가구를 들여다가 팔기도 했다. 싱가포르에 살던 교포가 같이 장사하자고 하여 그 사람 돈을 조금 빌려다가 물건을 들여왔다. 그런데 그 사람은 가구를 한국에 팔려던 생각을 했는데 자신이 생각했던 것처럼 잘 안 팔리자 물건을 찾지도 않은 채 날 보고 알아서 처리하라는 것이다. 내가 가구를 팔아서 대금을 지급하겠다고 하였는데도, "거, 장 선생 장사할 줄 모르는구먼. 돈 갖고 오세요"라며 막무가내였다. 나는 하는 수 없이 그때 빚진 2만 불을 갚느라 고리대금업자로부터 8만 불인가, 10만 불을 빌렸다. 당시 싱가포르의 고리대금업은 주로 깡패들이 하였는데, 그 이자가 무지막지하였고 이를 갚지 못하면 목숨까지 잃을 수도 있었다. 1만 불을 빌리면 그걸 매주 얼마씩 갚아나갔는데, 예를 들어 2만 불에 이자를 한 30%를 붙였다면 2만 3천 불을 나눠서 갚아야만 했다. 만약 1주일쯤 갚고 그다음 날에 못 갚으면 이전까지 갚은 건 다 무효가 된다. 하루만 못 갚아도 전부 무효가 돼서 다시 시작해야 했다. 내가 6개월 동안 빚을 갚지 못했는데, 어느덧 2만 불이 8만 불이나 됐다.

훗날 내가 돈을 벌면서 집도 장만하고 그랬는데 그 친구는 망했다. 그 친구가 거지가 되다시피 했는데 연락이 왔다. "장 선생, 요즘 현대건설이랑 일하면서 돈도 많이 벌고 잘 나간다면서요"라고 하면서 미안하지만, 돈을 좀 빌려주면 안 되겠냐고, 먹고 살기 힘들다고 했다. 나는 그 말에 화가 치밀어 올라서, "돈 굉장히 많이 벌었소. 많은데 딱 당신 빌려줄 돈만 없네"'라며 복수한 적도 있다. 그런데 나중에 그 사람의 부인이 병으로 죽었다는 소식을 듣고는, 나한테 피눈물 나게 했지만 도와줄 걸 그랬나 하는 생각에 수양하는 계기가 됐다.

조금씩 수입이 늘게 되면서 서울의 어머니와 집사람, 그리고 미국에 있는 동생에게도 돈을 보내기 시작했다. 비로소 내가 가장다운 가장 역할을 하게 된 거다. 동생들은 나를 형보다 아버지처럼 생각했다. 또한 조금 여유가 생겨 서울 강남구 개포동 주택 공사가 지은 5층 규모의 아파트 18평짜리 집 하나를 장만하여 어머니와 식구들이 같이 살게끔 했다. 얼마 뒤 남동생이 집 없어 힘들어하여 아파트를 팔아 얼마간 도와주어 여주에 전셋집을 마련하였고 어머니는 적은 돈을 가지고 마천동의 국가유공자 아파트로 이사하셨다. 그러나 내 처와 딸들이 갈 곳이 없어 싱가포르로 불렀다. 헤어진 지 12, 13년 만에 한 지붕 아래서 같이 살게 된 것이다.

막상 가족들을 싱가포르로 불렀지만, 현대건설 사업이 부도나는 바람에 수입이 끊겨 집도 절도 없는 굉장히 힘든 시절이었다. 원래 사업이란 게 서로 어떤 이해관계가 있으면 같이 하지만 그렇지 않을 때는 돌아서기 마련이다. 그때 싱가포르의 중국인 친구 하나가 파이낸스, 금융업을 하였는데 나를 도와주겠다고 하여 하숙집 같은 곳에서 먹고 지내며 금융업을 공부하고 있었다.

어찌 되었든 가족들을 부르긴 했지만 막막하였다. 공항에 마중 나갔더니 젊은 아낙이 어린 애 둘을 데리고 큰 가방 두 개를 들고나오는 거다. 그때 둘째 딸을 처음 봤다. 유치원을 다닐 정도로 컸다. 그나마 가족들이 오기 전에 싱가포르 친구들에게 부탁하였더니 그쪽 정부가 지은 부엌 달린 방 한 칸과 응접실 하나 있는 집을 쓰라고 줬다. 공항에서 처자식을 데리고 그 집으로 들어왔는데 먹을 게 아무것도 없었다. 참 난감했다. 가장으로서의 책임감이라는 것을 피부로 절실히 느꼈다. 싱가포르 친구의 도움을 받아 쌀을 사다 밥을 하였는데 몇 가지 반찬까지 얻어다 주었다. 바닥에 신문지를 깔고 밥솥에서 밥을 퍼 담았는데 이번에는 젓가락이 없다. 하는 수 없이 밖으로 나가 정원에 있는 나뭇가지를 꺾어서 젓가락 대신 사용했다. 그것이 싱가포르에서의 가족들과 첫 식사였다.

그때부터 가족들을 먹여 살려야 하니 열심히 뛰어다녔다. 그 뒤 5년쯤 지나 현대건설이 다시 일을 시작하였다. 그래서 예전 경험을 살려 내가 직접 회사를 꾸렸다. 그때 만든 회사 이름이 '히키(Hiki) 엔터프라이즈'였다. '히키(Hiki)'는 내 별명이었다. 내가 말레이시아로 처음 도망 갔을 때 잘 먹지 못하고 그러다 보니 폐병을 앓게 됐다. 폐병에 내가 힘들어하고 쓰러지기도 하니 말레이시아 업자들이 날 데리고 병원을 갔다. 병원에서 의사가 이름을 쓰라고 하여 내 이름 머리글자를 따서 'H. K. Chang'으로 썼다. 그런데 점이 길게 쓰였는지 의사가 나에게 '히키(HiKi)'냐고 물었다. 난 아니라고 하였지만, 옆에 있던 사람들이 'HiKi'라는 말이 재미있다고 하여 그것이 내 별명이 되어버렸다. 그 사람들 덕분에 폐병은 완치되었다.

회사를 차렸지만, 무일푼으로 사업을 시작했다. 처음에는 내가 직접 사람을 공급했다. 내장공사에 필요한 벽돌공 등을 모집해서 공급하고 그랬다. 얼마 뒤에는 말레이시아라든가 싱가포르에서 공항 건설할 때 배운 벽돌 공사, 칸막이 공사 이런 것을 따내기 시작했다. 그걸로 적지 않은 돈을 벌어서 국내 식구들뿐만 아니라 싱가포르 한인들도 많이 도와줬다. 그것 때문이었는지 내가 싱가포르 한인회 부회장을 맡게 되었다. 말레이시아라든가 싱가포르는 영어권이었기 때문에 소통하는 데는 큰 어려움이 없었다. 싱가포르에 화교들이 많아서 중국어를 좀 배울 수 있었는데 그들은 영어가 국어다 보니까 중국말을 안 쓰고 대개 영어를 썼다. 중국인들의 영어가 영국식 영어다 보니 우리 애들도 영국식 영어를 쓰고 그랬다.

싱가포르에서 몇 년간 지내면서도 내가 어떤 사람이라고 떠벌리지는 않았다. 고국을 도망쳐 나온 사람이 그럴 형편도 아니었다. 그런데 수입이 많아지고 이런저런 한인들을 만나게 되면서 한인회라는 데서 나를 알게 됐다. '장호권이란 사람이 왔는데 장사도 잘하고 그래서 돈도 좀 벌었다더라'라는 소문이 났다. 사람들은 나에 대해서 직접적으로는 모르지만, 한국에서 나와 관련한 이야기를 많이 들은 모양이었다. 내가 서울고, 경복고 친구들이 많다 보니 자기네들 동창인 줄 알고 동창회에 와달라는 일도 있었다. 심지어는 연세대 동창회에서도 오라고 그러기도 했다. 나중에 그런 오해들은 깔끔히 정리했다.

그러는 가운데 한인회 회장 선거를 하는데 나보고 회장을 해 보는 게 어떻겠냐는 제안이 왔는데 이를 고사하고 부회장직을 맡았다. 내가 건설회사 사람들뿐만 아니라 교민 중에 어려운 사람들을 도와주고 그러니 그런 제안을 받은 것이다. 내가 싱가포르에 와서 가장 기억에 남는 일은 한인 여공들이다. 싱가포르에 처음 왔을 때 우리나라의 재봉 여공들이 많았다. 그들 가운데는 현지의 중국인과 결혼한 사람들이 적지 않았다.

그러다 보니 그들은 한인사회와 접촉을 잘하지 못했다. 당시 한인이 3천명 정도 있었는데 매우 폐쇄적이어서 현지인이랑 결혼한 우리나라 여공들을 안 받아들였다. 서양인도 아니고 동양인이지만 외국 사람하고 결혼했다는 이유에서였다. 그래서 자기네들끼리 모임을 만들기도 하였다. 자기들도 한국인이니까 한인사회에 어울리고 싶어 했다. 그래서 돈을 모아서 한인 학교 같은 데 후원하는 것이 어떻겠냐고 제안을 했는데, 오히려 한인회 측에서 이를 거부하였다. 그래서 내가 한인회에 대놓고 '다 같은 동포인데 무슨 쓸데없는 소리 하냐'라고 큰소리를 쳤다. 그 뒤 한인 총회가 열리는 12월 24일 크리스마스이브 날에 그 여자들한테 전부 참여하라고 했다. 내가 직접 그들이 만든 소싸이어티에 가서 설득하기도 하였다. 전부 모인 자리에서 다 같은 교민들이니 뭉치자고 했더니 몇몇 사람이 반대하고 나섰다. 그래서 내가 난리를 쳤더니 겨우 받아주기로 했다. 여공들이 너무 행복해했다.

싱가포르 한인들은 먹고살기 바빠 개인주의적이고 몇몇 그룹끼리만 모임을 가졌다. 한인회 골프대회도 한 열댓 명 정도가 모여 치르곤 했는데 내가 여공들까지 포함한 골프대회를 열었더니 200명 정도가 모였다. 내가 배 한 척을 통째로 빌려 그들 모두 싣고 인도네시아 어느 섬의 골프장에서 온종일 즐거운 한때를 보냈다. 당시 한인회 부회장으로서 교민 단합만큼은 내가 주도했다. 그 뒤부터 서로들 모여 행사를 같이하곤 했다. 내가 2004년 한국으로 돌아올 때까지 4, 5년 정도 부회장으로 활동했다. 언젠가 김대중 대통령이 평통자문위원 좀 맡아달라고 했는데 평통자문위원회의 성격을 알고 있기에, 고사를 하다가 대사가 직접 부탁을 해와 자문위원을 2회 맡기도 했다.

한편, 10주기를 기념하여 추모비를 건립하기로 하고 '장준하선생추모비건립위원회'(위원장 김준엽)가 만들어져 각계인사들의 모금으로 12주기에 맞춰 1987년 8월 15일 파주군 광탄면 신산리 천주교 나사렛 묘지에 추모비가 건립되었다. 추모비는 김성한 선생이 비문을 짓고 안병욱 선생이 글씨를 썼으며, 조형은 조각가 정관모 선생이 맡았다. 이즈음에 《사상계》를 복간하고자 문공부에 등록 신청을 해놓고 허가가 나면 206호부터 새로 내려고 계획했지만, 중단되고 말았다.

아버지 묘소에 세워진 추모비, '사상계비'의 앞면에는 다음과 같은 아버지의 말이 새겨졌다.

진정한 민주주의 사회를 이룩하기 위하여, 자손만대에 누를 끼치는 못난 조상이 되지 않기 위하여 우리는 지성일관(至誠一貫) 용왕매신(勇往邁進)하자.

장준하

뒷면에 소설가 김성한이 명문을 짓고 안병욱이 쓴 묘비 문은 다음과 같다.

일찍이 사상계에서 당신과 함께 고락을 같이하던 우리는 당신이 없는 세상의 허전함을 가눌 길이 없어 여기 묘 옆에 이 비를 세우고 추모의 각근(恪勤)한 정성을 당신의 영전에 바친다. 일제의 식민 통치에 항거하여 대륙 천지를 누비던 젊은 날의 민족 독립 투쟁, 자유 사상계를 창간하여 민족의 혼란기에 그 진로를 밝힌 뛰어난 식견, 가난한 자, 애통해 하는 자의 편에서 고통을 함께한 남다른 인간애, 당신은 이 시대의 선각자로 우리 현대사에 커다란 자취를 남겼다. 당신이 가신 지 12년, 그 단아하던 모습, 다정하던 목소리, 물결에 부서지는 달빛과도 같이 언제나 자기 희생 속에 빛을 발하던 그 청순한 인품. 세월이 가도 우리는 잊을 길이 없다. 아! 장준하, 그 이름은 당신이 사랑하던 이 민족과 더불어 영원할 것이다.

1987년 8월 15일
사상계 동인 일동

思想界

높고 한 民主主義精神으로
일으켜 가는 젊은 세대에 불을
겨레 붓는 祖上이 되기 않기 위하여
우리는 조 一堂 勇住를
遷遷하

張俊河

<사상계비> 전면에는 아버지의 글귀를 새겼고 뒷면에는 김성한 선생이 쓴 묘비문이 새겨져 있다.

귀국 후
낯선 고국 생활을 시작하다.

내가 고국으로 돌아오게 된 것은 딸들이 전부 다 미국으로 공부하러 떠난 뒤였다. 첫째 딸은 한국에서 고등학교 1학년을 다니다 와서 싱가포르에서 졸업했다. 처음에는 싱가포르의 '페어필드'라는 굉장히 좋은 기독교 고등학교에 다녔는데, 외국인으로서는 처음으로 학생회장에 선출되었다. 그런데 딸애를 학생회장으로 뽑아놓고서는 놀 때는 자기네들끼리 놀아서 매우 외로워했다. 그 뒤 2학년 때 대학 문제 때문에 아메리칸 스쿨로 학교를 옮겼다. 그곳에서 유엔대표부라는 학생 조직에서 의장도 하면서 학교에서 인정을 많이 받았다. 그때 미국인 학생이 학비가 없어서 퇴교를 당하게 되었을 때 내가 학비를 대줘서 졸업을 시켰다. 큰딸은 졸업식에서 당시 클린턴 미국 대통령상을 수상하기로 했다. 그 아이는 지금 미국에서 열심히 활동하는 사람이다. 첫째가 미국으로 공부하러 떠난 뒤 둘째 딸도 고등학교를 마치고 미국으로 유학을 떠나게 되면서 나는 영구 귀국을 결심하였다.

내가 싱가포르에 있을 때 여러 일을 했다. 싱가포르 폴리텍 학생들한테 강연해주기도 했고, 그곳에 있던 영국 옥스퍼드의 분교에 입학하여 연구 과정으로 '휴먼 네트워크'라는 공부를 한 1년 동안 했다. 나보고 그걸 공부해서 정규 학교로 가라고 했지만, 갈 시간도 없고 하여 그만두었다. 그곳 사람들은 내가 영어를 유창하게 하니까 상당한 교육을 받은 사람인 줄 알았던 모양이다. 그래서 "나는 정규로는 고등학교밖에 안 나왔다"라고 하니까 다들 깜짝 놀라기도 했다.

내가 한국에 들어오기 전에 MBC TV 기자가 찾아왔다. 그때가 2004년 12월경으로 아버지와 관련한 다큐멘터리 프로그램을 제작하던 중이었는데, 내가 귀국하는 장면을 카메라에 담았다. 내가 하던 사업이 잘 안된 것도 귀국 이유 중의 하나였다. 미국에 딸 둘이 가 있었기 때문에 아내와 둘만 들어왔다. 공항에 도착하니 망명객이 돌아오는 것처럼 TV에 방송되었다. 당시 노무현 대통령이 집권할 때인데 내가 들어온다고 하니 혹시 정치활동을 하려고 들어오는 게 아닐까, 들어와서 뭐 하지 않을까, 그런 생각을 가지고서 찾아온 것이다. 처음에는 공항에 기자들이 몰려들어 무척 당황했다. 나는 '뭔가 잘못됐구나, 큰일 나겠구나'라는 생각을 했다.

1979년에 해외로 나갔다가 2004년 12월 거의 20년 만에 귀국하니 모든 것이 낯설었다. '내가 20여 년 동안 대한민국에 없다 보니까 그만큼 시간이 없어졌구나'라는 걸 깨닫곤 한다. 내가 70년대 초창기, 20대일 때 유행하던 노래들이 지금 나오면 잘 따라 부르는데, 그 후에 나온, 굉장히 유명한 가수의 것이라고 하는 노래가 나와도 도대체 모르겠다. 내 머릿속에 20여 년이 없는 것이다.

나는 귀국한 후에 당장 갈 곳이 없이 일원동 시영아파트에 사시는 어머니 집으로 들어갔다.

그리고 적은 돈으로 생활할 수 있었던 것은 미국 대학에 있던 큰애는 졸업했고 둘째는 자기가 아르바이트하면서 학비를 벌었기 때문에 가능했다. 다행스럽게 법학을 공부한 큰애가 변호사가 돼서 경제적으로 독립했다. 둘 다 미국 시민권을 가지고 있지 않다. 내가 딸들에게 절대 미국 시민권을 따지 못하도록 하였다.

큰애는 건축설계를 하고 싶어 했는데, 내가 반대하여 콜롬비아 대학을 졸업한 뒤에 로스쿨에 입학했다. 그 뒤 뉴욕 변호사가 됐다. 처음에는 9·11테러가 일어나던 때(2001), 뉴욕시장을 지낸 사람이 변호사 로펌을 하고 있었는데 거기서 일을 했다. 얼마 뒤 그만두고 조그만 변호사 사무실에서 기업들의 문제가 되는 법 조항들을 고쳐주는 일을 주로 했다. 그런데 큰애는 미국 시민이 아니다 보니 제대로 월급을 받지 못했다. 큰애가 미국에서 전문으로 했던 것은 가상화폐를 어떻게 정부 차원에서 대처하고 법적 제도로 처리해야 하는지를 열심히 공부해서 노하우를 가지고 있었다. 죽지 않았으면 지금 제대로 쓰일 텐데 세상이 너무 원망스럽다. 이 글을 쓸 때 큰애는 아파서 미국에서 치료를 받았는데, 글을 마칠 때쯤 그만 저세상으로 떠나고 말았다. 그래서 하는 수 없이 글을 고쳤다.

작은애는 아버지를 닮았는지 혼자서 이곳저곳을 돌아다니며 비즈니스를 잘하고 있다. 중국어, 아랍어, 프랑스어, 이탈리아어, 영어 등 7개 국어를 할 줄 안다. 작은애는 대학 졸업 후 주로 유럽에서 난민 구조 활동을 벌였다. 몇 년 전《중앙일보》에 작은애에 관한 기사가 실리기도 했다. 나도 신문을 통해 작은애가 무슨 일을 하는지 알았다. 기사를 보니 작은애는 시리아에서 독일, 이태리 등 유럽 쪽으로 건너오는 난민들 구조 활동을 하고 그들이 살아갈 방법을 교육하는 일을 하고 있었다.

한 번은 작은애가 싱가포르에 있을 때 유튜브 동영상을 보내왔다. 뭔가 해서 봤더니 이스라엘에 가서 특공무술을 배우고 있다는 것이다. 그 이유를 물으니 자기방어 차원이라 한다. 그런데 동영상을 보다 보니 칼 들고서 훈련하는 모습을 보고는 IS 애들하고 싸움하는 건 줄 알고 놀라기도 했다.

또 언젠가는 밤중에 외무부에서 전화가 왔다. 지인이 외무부 차관으로 있었는데, "선생님, 장원희 씨가 따님 맞습니까?" 그래서 맞는다며 무슨 일이냐고 물었더니, 작은애가 이란에 들어가 있다는 것이다. 다급하게 미국에 있을 애가 왜 거기에 갔느냐 물으니, 미국의 어느 단체가 봉사활동 차원에서 전쟁하고 있는 나라에 가서 아이들을 교육하는 일을 하는 데 작은애가 따라간 것이라 한다. 나중에 확인해보니 그 단체는 작은애가 미국 시민인 줄 알고 일도 열심히 하고 영어뿐만 아니라 다른 외국어도 곧잘 하니 데리고 간 것이다.

여하튼 이란 정부도 미국에서 교육하러 들어온다니까 입국을 허락했는데, 작은애가 호텔에 들어가려고 한국 여권을 내주면서 문제가 생겼다. 당시 한국 정부는 이란에 들어가지 못하게 막아놨다. 그때 이란의 한국 대사관이 철수한 상황이었기 때문에 이웃한 요르단의 한국 공사관에 연락이 갔다. 이에 직원들이 호텔로 가서 작은애를 요르단으로 데리고 나왔다. 둘째 딸에게 '잘못했다'고, '모르고 그랬다'고 하라고 해서 무마시킨 적도 있었다. 그런 작은애는 아버지 추모일에 맞춰 입국하곤 한다.

2004년 1월에 나는 딸들과 함께 KBS에서 방송한 '인물 현대사-민족주의자의 길' 1, 2편에 출연하기도 하였다. 그때 나는 딸들과 함께 아버지가 일본군에 끌려갔다가 탈출하여 해발 3천 미터가 넘는 파촉령을 넘어 7개월여 만에 대한민국 임시정부가 있던 중경에 도착하던 여정을 따라 답사하였다.

두 딸(왼쪽 원경, 오른쪽 원희)과 아버지의 길을 따라 답사하던 장면
(KBS '현대인물사' 화면 캡처)

두 딸(왼쪽 둘째 원희, 오른쪽 첫째 원경)과 아버지의 길을 따라 답사하던 장면
(KBS '현대인물사' 화면 캡처)

민족·국가와 나

귀국 전
진상 규명에 한계를 느끼다.

내가 고국을 떠난 이후에도 아버지를 기억하고 기리는 많은 사람이 관광버스를 전세하여 광탄면 천주교 나사렛 묘지에서 추모식을 거행하는가 하면 강당에서 추모 강연을 열기도 했다. 이때 만들어진 단체가 '고 장준하선생추모모임'이었다. 대표 계훈제·백기완 선생이 맡아서 조직을 운영하였다. 이를 통해 끊임없이 아버지의 사인이 단순한 실족사가 아니라며 언젠가 반드시 진실이 규명될 것이라고 의문사를 거듭 주장했다. 그런 가운데 1988년 10월 19일 국회 내무위 국정감사장에서 민주당 조만후 의원이 아버지의 사망 의혹에 대한 재수사를 요구하면서 다시금 진상 규명이 재점화하였다. 당시 참고인으로 출석한 어머니는 8가지 의문을 제기하며 정치 암살 의혹이 짙다고 증언하였다. 어머니가 개포동 시영아파트 19동 312호에 살고 계실 때다.

이를 계기로 장준하선생사인진상규명위원회가 구성되었다. 그 뒤 1988년 10월 28일 경기도경은 포천경찰서에 수사 진행 과정, 수사기록, 현장 조사, 산행동반자 가족과 시신 처리자들의 진술 내용 등을 보고토록 지시했다. 이에 형사계 직원 5명으로 재수사전담반까지 편성하고 재수사에 나섰지만, 포천군 이동지서에 근무했던 심복석 순경 등 사건 취급 경찰관 4명의 진술을 들었을 뿐 사건의 '원형복원'조차 하지 못하였다. 당시 심 순경은 "당시 검찰, 중앙정보부 등에서 나와 일을 처리했기 때문에 지서 근무자들은 심부름만 했을 뿐"이라 증언했다. 이는 당시 사건처리가 통상적이지 않았다는 사실을 말해준다.

더욱이 사건 발생 13년 2개월이 지나 당시의 변사기록(보존 연한 3년)이 이미 폐기되었고 사건의 열쇠를 쥐고 있는 것으로 알려진 최초 목격자 김용환 씨는 소재 파악을 할 수 없었다. 유족 등 사건 해결과 관계가 있는 참고인들이 서울 등 전국에 흩어져 있는데도 해당 경찰과의 공조수사 또한 제대로 이뤄지지 않았다. 또한 당시 현장에서 수사를 지휘했던 서돈양 검사의 진술을 경찰이 받을 수도 없는 노릇이었다. 그렇다고 도경이 나서서 사건 해결에 대한 의지나 지원도 보이지 않은 점으로 미뤄 국정감사에서 지적한 재수사 흉내만 낸 것에 불과했다.

이런 가운데 1988년 11월 6일 아버지의 시신을 처음으로 촬영한 포천군 이동면 장암리에 사는 임귀굉 씨를 찾아낸 데 이어 그동안 잠적했던 김용환 씨의 소재를 파악했다. 임귀굉 씨는 아버지의 "얼굴과 몸에 이렇다 할 외상은 없었다"라고 진술했다. 그런데 김용환 씨로부터 "산 정상에 오른 뒤 내려오던 중 길이 몹시 험해 5, 6m 앞서가다 사고지점에서 소나무를 잡고 바위 밑으로 뛰어내려 잠시 기다리는데, '억'하는 소리가 들려 뒤를 돌아보니 장 씨가 절벽 밑으로 추락했다"라며, "곧바로 내려가 인공호흡을 시켰으나 소용없어 일행에게 알렸다"라고 진술했다. 경기도경은 재수사를 시작한 지 22일만인 그해 11월 18일 의문사에 대한 뚜렷한 혐의점을 찾지 못했다며 사인을 단순 추락사로 굳히고 재수사를 종결했다. 이때 김용환 씨는 "하산 도중 아무도 보지 못했으며, 추락 순간 누군가가 떼밀었는지는 알 수 없다"라는 말을 남기기도 하였다.

경기도경이 아무런 성과를 내지 못하고 수사를 종결한 뒤 장준하선생

민족·국가와 나

암살진상규명위원회(대표 백기완)는 그해 11월 21일 성명을 발표하여, "포천경찰서가 장 선생이 등산 도중 실족사한 것으로 재수사를 종결한 것은 선생의 암살 진상을 왜곡 조작한 것"이라 비난하고, "장 선생 암살의 전 과정은 독재 정부의 심장부인 청와대 경호실, 정보부, 보안사, 치안본부 등의 특수공작에 대한 조사를 통해 밝혀질 수 있으며, 일개 경찰서 수준의 수사로는 불가능하다"라며 수사 결과를 거부하였다.

이어 MBC 라디오는 1989년 3·1절 70주년을 맞아 아버지의 자서전 『돌베개』를 드라마로 극화하여 3월 1일, 2일 이틀간 오후 6시 10분부터 50분 동안 방송하였다.

김영삼 문민정부가 들어선 뒤 1993년 3월에 민주당 주도로 '장준하선생사인규명진상조사위원회'가 결성되어 재조사가 이뤄졌다. 사망 당일 검안의사였던 조철구는 조사위원회에 제출한 사체 검안 소견에서 "직접 사망 원인은 우측두 기저부 함몰 골절상으로 인한 두개강내 손상으로 추정"된다고 밝혔다. 이를 감정한 문국진은 "중앙 부분이 오목한 형태의 인공적인 물체를 가지고 직각으로 충격을 가한 것"이라는 법의학적 소견을 밝혔다. 조사위원회는 명확한 결론을 내리지는 못하였으나, 아버지의 사인에 대해 다음과 같은 의문점을 제기하였지만 이마저도 진실을 찾지 못하였다.

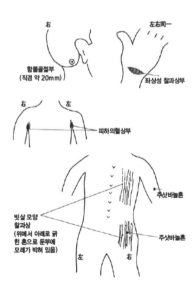

검안의 조철구 박사가 조사위원회에 제출한
아버지 검안 소견

- 추락 지점이 경사 75도의 가파른 암벽이어서 장비 없이는 내려갈 수 없는 곳이다.
- 시신이 발견된 암벽은 경사도를 볼 때 굴러떨어지는 물체가 멈출 수 없는 곳이다.
- 시신에는 외상이나 골절이 전혀 없고, 휴대한 보온병과 안경이 깨지지 않았다.
- 당시 시신을 검안한 조철구 씨에 따르면 오른쪽 귀 뒤에 가로세로 2㎝가량의 흉기로 찍힌 자국이 있고, 또 팔과 엉덩이에 주삿바늘 자국이 있었다고 한다.
- 어깨 안쪽에 피멍이 들어 있어, 어깨를 붙들려 억지로 끌려간 듯한 흔적이라 생각된다.
- 사고 당시 유일한 목격자인 김용환의 정체가 불분명하다.
- 이 사건과 관련된 사람들이 한결같이 사건의 진상에 대해 "지금은 말할 수 없다"라며 침묵을 지키고 있다.

1993년 3월 SBS의 프로그램 '그것이 알고 싶다'에서 아버지 타살 관련 방송을 내보냈다. 그런데 조선일보는 《월간조선》 5월호에 '장준하 타살 단정 위험천만'이란 제목으로 그와 관련한 내용을 정면으로 반박하였다. 이처럼 과거의 기득권 세력이 정치계, 학계, 언론계, 법조계, 사정기관에서 활약하고 있어 그들의 벽이 너무나 두꺼워 손대는 데 한계가 있었다.

나는 1995년 8월 아버지 20주기 추모 행사에 참석하기 위해 잠시 귀국했다. 그해 8월 16일 세종문화회관 세종홀에서 추모의 밤 및 추모 문집 『광복 50년과 장준하』 출판기념회가 열렸다. 이날 행사에 3백여 명이 참

장준하 선생 20주기 추모 행사(백기완, 계훈제, 계창호, 필자)

석하였는데, 김몽은 신부, 현승종 전 총
리, 홍남순 변호사의 추모사와 함께 아버
지의 일대기가 상영되었다.

　김대중 정권이 들어선 뒤 1998년 8월에
는 한겨레신문사에서 정부 수립 50돌을
맞아 '10대 의혹사건 진실은 어디에'라는
기획주제로 '장준하 의문사'를 일곱 번째
로 다뤘다. 당시 나는 싱가포르에 있을 땐
데 신문사로부터 연락이 와서 잠깐 인터
뷰를 한 적이 있다. 그때 아버지의 죽음이

『광복 50년과 장준하』 책자 사진

단순 실족사가 아닌 정권 차원의 암살인 만큼 정권교체를 이룬 새 정부가
이 문제에 관심을 두고 진상 규명에 나서 줄 것을 간절히 바랐다. 정부나

국회 차원의 진상조사단이 구성돼서 요구가 있을 때는 부검에 응할 용의도 있다고도 했다. 하지만 내가 기대했던 일들은 일어나지 않았다.

김대중 정권 말기 2002년 9월 제1기 대통령소속 의문사진상규명위원회가 아버지가 타살 가능성이 크다며 다시금 조사에 착수하였다. 조사위원회는 실물 모형을 이용한 시뮬레이션을 통해 두개골 함몰골절 이외에 다른 외상이 크게 동반됨을 확인하였다. 서울대 법의학교실 또한 변사자 손상 정도로 보아 자유 낙하에 의한 추락한 손상으로 보기 어렵다고 감정하였다. 이를 근거로 조사위원회는 아버지가 사체 발견 장소에서 추락사하지 않은 것으로 추정된다는 결론을 내렸다. 그러나 사고 당시 초동수사기록 및 변사기록이 부족하거나 이미 폐기되었고, 국가정보원도 추가 자료는 없다는 태도를 고수하는 바람에 명확한 사망 원인과 공권력의 직간접 개입 여부는 밝혀내지 못했다.

이를 지켜보면서 의문사 진실조사를 대통령이 목숨 내놓고 하지 않는 한 희생자 두 번 죽이는 결과만 낳는다는 것을 깨달았다. 의문사위원회 조사관도 수사권이 없어, 국가기관들에 자료를 주도록 강제할 힘이 없었다. 젊은 검사가 '박정희·전두환식으로 고문이라도 하면 다 나올 텐데, 함구하면 강제할 방법이 없다고 할 정도였다.

귀국 후 진상 규명에 직접 나서다.

2004년 12월, 20여 년 만에 고국으로 돌아왔는데 아버지와 같이 투쟁했던 인물들은 대부분 고인이 됐고, 유신체제에 항거하던 인물들은 이미 역사의 주 무대에서 퇴장했다. 귀국해서 노무현 정권하에 출범한 제2기 위원회(2003년 6월 출범)의 본격적인 활동에 앞서 의문사진상규명 조사권을 요구하는 서명 자료와 서한을 국회에 제출했지만, 아무런 답변이 없었다. 나중에 확인해보니 김기춘 법사위원장 서랍 속에 갇혀 있었다. 그는 박정희 정권 시절에 중앙정보부의 대공수사국장을 지낸 인물이다.

그나마 의문사진상규명위원회가 조사하여 새롭게 밝혀진 것에 만족해야 했다. 당시 사고 현장에 출동한 포천서 경찰관들은 그날 자정쯤 검사가 도착하기까지 목격자 진술을 듣지도 않고 현장 사진을 찍지도 않은 채 수수방관하고 있었다고 한다. 또한 중앙정보부 요원이 검사의 현장 검증 뒤에 '변사 사건' 기록을 복사해 갔다고 한다. 노무현 정권은 기득권 세력과 연결고리가 없어 의문사 진실이 밝혀질 것이라 기대했는데, 흐지부지되고 말았다. 그만큼 친일과 군사독재 세력들이 여전히 막강한 권력을 행사하고 있었기 때문이었다.

제7대 대통령 선거를 앞두고 2007년 8월 한나라당 대선후보 경선에 앞서 평소 알고 지내던 한나라당 인사로부터 연락이 왔다. 박근혜 전 대표가 화해하고 싶다는 메시지였다. 나는 한마디로 거절했다. 정치적으로 민감한 시점에 박근혜 후보를 직접 만나면 그에게 면죄부를 주는 모양새가 될 것 같았다. 인간 장호권이 아니라 장준하의 아들로서 만나는 것이었기 때문에 더욱 그럴 수 없었다.

그런데도 이후 여러 차례 더 연락이 왔다. 나는 깊은 고민에 빠졌다. 그가 진정으로 사과하고 과거사를 조사하겠다는 약속이 오갔다. 결국 나는 박근혜의 방문을 허락했다. 다만 어머니만을 만나는 조건이었다. 박근혜가 만약 대통령이 된다면 그 약속을 번복할 수 없으리라는 판단이었고, 시대적 화합을 위해서라도 용서를 받아들일 필요가 있었다. 어머니 또한 '과거를 사과하고 싶다.' 해서 박근혜를 만났다. 당시 박근혜는 '아버지 시대에 희생당했던 분 미안하게 생각한다'라고 했고, 어머니는 '요식행위 아닌 진정성 있게 정치를 해달라'라고 답했다. 하지만 그걸로 끝이었다.

어찌 보면 내가 박근혜와 원수진 것 아니다. 그런 집안에서 태어나 그런 삶을 살아온 거다. 박근혜도 박정희의 딸로 태어난 숙명을 지녔다. 당시에 나는 박근혜는 정치 권력에 마음을 쓰지 말아야 한다고 생각했다. 아버지 때 했으면 됐지, 모자랄 것 없이 다 갖췄기에 국가와 민족을 위해 봉사하는 마음으로 살아주었으면 하는 치기 어린 생각도 한 적이 있다. 그러지 않으면 평행선 달릴 수밖에 없다고 본다. 정치를 하겠다면, 아버지가 아닌 박정희의 모든 행적, 또 기득 세력과 분명한 선을 긋고 독자적으로 해야 한다는 생각에서였다. 먼저 진실을 밝힌 뒤 화합해야지, 범죄를 숨기고서 화합하자는 것은 자신을 숨기는 일이기 때문이었다. 박근혜 자신은 친일이 아니라고 해도 박정희 시대에 기득권을 누려온 친일 잔재 세력이 박근혜 옆에 들러붙어 나라를 일본에 다시 넘겨주지 않을까 걱정하기도 했는데 실제 그렇게 되고 말았고 결국 탄핵을 당하였다.

2010년 4월 이명박 정부 당시 제1기 진실과화해를위한과거사정리위원회(진실화해위)는 중요 참고인 출석 거부와 국정원의 자료 제출 거부로 '조사 중지' 결정이 내려져 진실을 밝히지 못했다. 2005년 5월 '진실·화해를 위한 과거사정리 기본법'이 통과하여 같은 해 12월 본격적으로 위원회가 출범한 뒤 2010년까지 만 5년 동안 활동하다가 막을 내렸다. 1년간 신청을 받고, 이후 3년간 조사하는 방식으로 진행되었다. 11,175건의 신청을 받아 3년동안 조사하였다. 담당해야 할 기간이 워낙 긴데다가 6·25전쟁과 군사독재를 거치면서 발생한 인권유린의 규모가 워낙 방대했음에도 8,450건에 대해 진실규명 결정을 내렸지만, 아버지 의문사를 포함하여 528건은 진실규명 불능, 1,729건은 각하 처리했다.

《사상계》를 복간하다.

나의 마지막 바람은 그동안 중단된《사상계》를 복간하는 것이다. 편파적이지 않고 아버지가 돌아가시기 직전에 가지고 계셨던 신념을 이어받아 '따뜻한 진보와 아우를 줄 아는 보수'를 지향하는 잡지를 만들고 싶다. 이러한 마음은 오래 전부터 가졌던 것이다. 이에 귀국 전인 2001년 8월 '디지털 사상계' 발기인대회를 거쳐 그해 9월 중순부터 www.sasangge.com이란 도메인으로 서비스를 시작하고자 했다. 이를 통해 이슈 포인트, 고정칼럼, 인터뷰, 네티즌 칼럼, 여론조사, 사이버 토론방 등으로 홈페이지를 구성할 방침을 세웠지만, 제대로 추진되지 못했다.

싱가포르에서 완전히 귀국한 뒤부터《사상계》를 복간해야겠다고 생각에서 '사상계 대표'로 명함에 직함을 올렸다.《사상계》를 복간하여 이 땅의 젊은이들에게 새 시대에 걸맞은 민족정신을 고취하고자 하였다. 이러한 구상은 2005년 8월 아버지 30주기에 처음 발표하였다. 이 해는 공교롭게도 내 나이가 아버지가 돌아가신 나이와 같은 57살이었다. 그런 만큼 아버지가 나의 몸을 빌려 생전에 못다 했던 일을 하는 것이라 생각하였다.《사상계》가 발간됐던 1950~60년대와 지금은 시대가 많이 바뀌었지만, 가치관의 혼란 속에서 방황하는 젊은이들이 많다는 것은 공통점인 것 같다고 생각하였다. 진보와 보수의 잣대에서 벗어나 민족과

프라임경제를 창간한 당시 서울 여의도 사무실에서 필자

국가의 이익을《사상계》의 최우선 가치로 삼고 영리를 목적으로 하는 기존 잡지와 달리 철저히 정론(正論)만을 추구하며 광고도 공익광고만을 실을 방침이었다.

우선 장준하사상계㈜를 꾸려 내가 발행인이 되었고, 2005년 10월 1일 자매지 성격의 인터넷 경제신문 <프라임경제>를 창간하여 2005년 10월 25일 오후 6시 서울 여의도 63빌딩 별관 2층 국제회의장에서《사상계》인터넷 복간 기념행사를 하였다(www.esasangge.com). 김준엽 전 고려대 총장이 명예 고문을, 이부영 장준하기념사업회장, 함세웅 신부 등이 고문직을 맡기로 하였다. 고문단, 편집자문위원회, 운영위원회 등을 최대한 활성화해 유능한 외부 인사의 적극적인 참여를 이끌어내 국내 유일의 민족 종합교양지를 만들어내고자 하였다.

하지만《사상계》종이 출판은 마음같이 진척되지 않았다. 종로구 내수동에 사무실을 마련하고 2007년 1월 25일에서야 서울 중구 한국관광

공사 대강당에서 '사상계 복간추진위원회 발기인대회'를 열었다. 창간 뜻을 살리면서도 시대에 맞는《사상계》를 만들려고 하다 보니 여론 수렴, 자료 조사 등에 시간이 오래 걸렸다. 평범한 직장인부터 자영업자, 교수, 정치인 등 자발적으로 모인 발기인들이 주축이 돼 추진위원회를 구성했다. 위원장은 박정훈 전 국회의원이 맡아주기로 하였고 서영훈 신사회공동선운동연합 상임대표, 김근태 열린우리당 의장, 같은 당 장영달 의원, 권영길 민주노동당 의원, 김상현 전 의원, 김진현 전 과학기술처 장관, 함세웅 민주화운동기념사업회장, 이장희 한국 외국어대 부총장, 장기표 새정치연대대표, 이부영 전 장준하기념사업회장, 조홍규 전 한국관광공사 사장 등 정계·학계·인사 300여 명이 참여하였다.

편집주간은 언론인 출신이자 청와대 통치사료 비서관을 지낸 윤무한 강원대 교수가 맡기로 하고 편집위원 6명을 두었다. 복간을 준비하는데 주변에서 오늘날의 어려운 잡지 현실을 예로 들면서 '돈벌이가 되겠느냐.'는 많은 걱정을 하신 분들이 적지 않았다. 하지만 아버지가 손수레를 끌면서 사상계를 운영했던 옛날과 비교하면 지금은 훨씬 나은 편이 아닌가 하는 생각이 더 앞섰다. 이때 2007년 7월 말쯤 발간하고 기념식은 아버지의 기일(8월 17일)에 맞춰 실시할 예정이었다.

이런 가운데 2007년 8월 내가 사기 혐의로 불구속으로 기소되었다. 황당했다. 기소 내용을 보니 내가 2005년 지인에게 "《사상계》복간을 위해 자금이 필요하니 돈을 빌려주면 반드시 갚겠다"라면서 3천만 원을 빌린 뒤 갚지 않은 혐의와 2007년 1월 "아는 국회의원을 통해 당신 친구 딸을 중학교 교사로 취직시켜 주겠다"라면서 또 그로부터 5천만 원을 받았다는 혐의였다. 결국 나는 2008년 1월 징역 6월에 집행유예 2년을 선고받았다. 억울한 면도 있었지만, 어쩔 수 없는 일이었다. 가장 먼저 아버지가 떠올랐고 훗날 뵐 면목이 없었다.

내가 그리된 것은 '인터넷 사상계'를 만들 당시 운영에 어려움을 겪고 있을 때였다. 어느 날 예전 싱가포르에 있을 때부터 알고 지내던 최 아무개 씨가 도움을 주겠다고 찾아왔다. 그의 재정적 도움으로 사상계는 간신히 명맥을 유지할 수 있었다. 하지만 결국 그는 떠났고 그가 투자했던 돈은 고스란히 채무가 됐다. 돈을 갚지 못하니 보니 그 친구의 표정이 금세 바뀌었다. 그러던 중 최 씨가 '자신의 친구 딸을 교사로 임용시켜주면 빚을 탕감해주겠다'라고 제안을 해왔다. 하는 수 없이 나는 모 사립학교 재단 인사를 소개해줬다. 그 뒤 최 씨와 학교 재단 인사 간에 수천만 원이 오갔던 모양이다. 하지만 그 여학생은 교사 자격증이 없는 관계로 자진 포기하였고, 이후 돌연 최 씨는 나를 사기죄로 고소했다. 검찰에서 불러 가보니 알선수재에 해당한다고 하였다. 사상계로 생긴 빚을 조금이라도 갚아 보려고 했던 건데 결국 사달이 난 것이다. 나는 억울한 마음에, 그리고 아버지의 명예를 회복하기 위해서 항소하였지만, 결과는 달라지지 않아 나는 그만 전과자가 되고 말았다.

그래도 나는 《사상계》 간행을 포기하지 않았다. 서초동 센추리오피스텔 1002호에 사무실을 마련하고 2009년 6월호 복간준비호를 먼저 냈다. 나는 첫 페이지에 '발간에 즈음하여...'라는 글을 맨 앞에 실었다.

발간에 즈음하여

사상계는 장준하 선생이 1953년
4월 부산에서 창간호를 발행한 후
1970년 폐간되기까지 지성인들로부
터 우리나라의 대표적인 언론으로
많은 사랑을 받아 왔습니다.

일제 강점기를 지나 한국전쟁과
분단·독재정권의 암흑시대에 우리
사회 지식인들은 사상계에 국내외
정치·경제·사상·문학·철학·문화 등
다양한 분야의 글을 접하면서 시대를 밝혀왔습니다. 때문에 장준
하 선생과 사상계의 존재는 그 시대를 살아가는 많은 지성인에게
민주주의를 향한 한줄기 빛이었습니다.

제2차 세계대전이 한창이던 1944년 강제 징집된 장준하 선생은
일본군에서 탈출하여 중경에 있던 임시정부를 찾아가 광복군에 입
대하여 독립운동에 참여하고, 1945년 8·15 해방 이후부터는 김구 선
생의 비서로 입국하여 민족통일과 민족자주정부 수립을 위해 헌신
의 노력을 다했습니다. 또한 장준하 선생은 4·19혁명과 6·3한일회
담, 유신 등으로 이어지는 현대사의 혼란기에 독재정권에 맞서 사
상계와 함께 민주주의와 민족통일을 위해 기꺼이 나섰습니다.

장준하 선생은 독재정권의 탄압으로 사상계가 어려운 상황에

처할 때마다 '먼 훗날 후손에게 부끄러운 조상이 되지 않기 위해서'라며 사상계를 지켜내고자 했습니다. 때문에 사상계 출판은 장준하 선생과 당시 지식인들에게는 독재정권과 전쟁과도 같은 싸움이었습니다. 사상계의 이러한 정신은 사상계가 폐간된 지 40년이 흐른 현재 우리에게 많은 것을 되돌아보고 깨닫게 하고 있으며, 이 시대 지식인들이 지켜야 할 위대한 가치로 남아 있습니다.

우리나라는 문민정부 20년의 역사와 두 번의 정권교체가 있었으나 국민은 거짓된 진보와 보수이념, 지역주의, 계층 간의 양극화 등으로 갈등하고 분열되어 있습니다. 또 부패한 정치 권력은 자본과 결탁하여 우리 사회 전체를 천박한 자본주의 이념으로 오염시키고 있으며, 사회정의와 민주주의라는 가치는 병들고 사라져가고 있습니다.

지난 시절 사회의 목탁으로서 독재 권력에 저항했던 언론들도 자긍심과 사명감을 지키지 못하고 상업주의와 자본의 힘 앞에 무력해져 가고 있으며, 일부 거대 언론으로부터 왜곡된 여론으로 혼란을 겪고 있어 미래에 대한 기대와 희망을 찾지 못하고 있습니다.

그러나 과거 우리 지식인들과 청년.학생들은 부패한 군사독재 정권에 저항하고, 민중들의 고통스런 삶을 가슴으로 안으며 민주주의를 위한 희생을 아끼지 않았습니다. 그리하여 우리나라는 80년대 민주화를 이뤄냈고, 민족통일의 기운을 세울 수 있었습니다.

새로 복간되는 사상계는 우리 사회의 갈등과 분열을 해소하고 민족의 미래와 희망을 위해 보수와 진보의 발전적 대화, 민주적 경제를 통해 계층 간 대립을 해소하는 진정한 통합의 길을 제시할 것입니다. 또한 부패와 무능, 천박한 상업주의로 우리 사회를 병들게 하는 정치 권력과 자본에 경종을 울릴 것입니다.

또한 사상계는 자본과 권력 앞에 무력하지 않은 언론으로서 독자와 필진이 하나가 되어 우리 사회의 정치·경제·통일·사상·교육·역사·문학·언론 등 각 분야에 민족사상과 정신을 고양하고, 민족의 비전을 제시하는 교양 잡지가 될 것입니다.

완전한 민권이 확립되고, 소외 받는 국민이 행복한 날까지, 사상계는 정론의 역할에 충실할 것입니다. 사상계가 출간되기까지 애써주신 독자들과 필진의 노고에 감사드립니다.

장호권

2010년에 내가 조금만 노력하면 해결되겠다 싶어 무작정 시작했다. 처음에《사상계》를 얇게 계간지로 만들어야겠다고 생각해서 1년에 4번 발행했다. 그래서 2010년 3월호, 6월호, 9월호, 12월호까지 4번까지 발행할 때까지는 그래도 괜찮은 사람들이 글을 실어줬다. 그런데 내가 돈이 없어 제때 원고료를 주지 못하다 보니 원고가 끊겼다. 그래서 아무리 뜻이 좋

《사상계》 2010년 3월호 표지

민족·국가와 나

아도 현실적인 문제가 해결되지 않으면 안 된다는 것을 깨달았다. 그래서 결국 《사상계》 문을 닫을 수밖에 없었다.

그런데 되돌아 생각해보니 결정적인 이유는 내가 20년 동안 우리나라를 떠나 있었던 탓에 상황이 어떻게, 얼마나 변했는지를 몰랐기 때문이었다. 떠나기 전에는 그래도 '독지가'가 있었다. 뜻이 맞으면 아무런 조건 없이 함께해주는 사람이 있었는데, 내가 들어와 보니 독지가들이 사라졌다. 아무리 뜻이 좋고 의미가 있는 일이라 할지라도 자기와 이해관계가 맞느냐, 안 맞느냐를 먼저 따졌다. 이해가 자기와 안 맞으면 아무리 좋은 일이라고 해도 손을 대지 않으려 한다. 그걸 깨닫는 데 그리 오랜 시간이 걸리지 않았다. 그 뒤 나 스스로 사상계를 운영할 자금을 마련해야 했지만, 그럴 능력이 없어 차일피일 미뤄지기만 했다. 디는 미룰 수가 없어 어떤 사람의 얘기를 듣고는 돈을 빌려 시작했다가 잘못되어 사기를 당하기도 해서 사실상 사상계 운영을 중단한 상태다. 그래서 당분간 잡지 운영은 뒤로하고 자금을 모을 궁리를 하였지만 뾰족한 수가 없어 허송세월만 하고 있다.

제18대 총선에 나가다.

나는 검찰에 불기소된 상황에서 2007년 11월 29일에 출범한 고구려문화연구회에 이사장으로 선임 되었다. 고구려문화연구회는 민족 기상과 민족정신의 고향인 고구려의 문화를 오늘의 살아 있는 문화로 되살리고, 국내외에 널리 알리기 위해 조직된 단체였다.

그 뒤 나는 고구려문화연구회 이사장 직함을 가지고 2008년 4월 9일에 치러질 제18대 총선에 출마했다. 아버지가 옥중에서 쓰신 서신에서 나에게 '정치에 관여하지 말라'고 하셨는데 이를 어겼다. 하지만 나는 너무 나약했기에 무슨 일을 도모하려면 그만한 권력을 가져야 한다는 것을 절실히 깨달았기 때문에 내가 선택한 길이었다.

나는 선거를 20여 일 앞두고 선거사무실을 차리고는 아버지가 출마하셨던 동대문구 갑에 무소속으로 출마 선언을 하였다. 이날 이수성 전 총리를 비롯해 김상현, 조홍규 전 의원과 지역민 등 150여 명이 참석했다. 나는 개소식에서 "박정희 정권에 맞섰고 범민주세력 통합에 앞장섰던 아버지의 유지를 이어 올바른 정치가 이 땅에 뿌리 내리도록 전력을 다하겠다"라는 각오를 다졌다.

동대문구 갑에 출사표를 던진 사람들은 민주당 국회정무위원장 김희선, 한나라당 장관근 전 의원, 민노당 방종옥, 친박계열의 김정석 동대문구 의원 등이었다. 이때 김희선 씨가 나를 찾아와 선거 출마를 포기하고

자신을 도와달라는 요청을 해
왔다. 자신만이 장관근 후보를
이길 수 있다는 것이다.

하지만 나는 한마디로 거절
하였다. 물론 나는 내가 당선
될 가능성이 그리 크지 않다는
것을 알았지만, 그렇다고 중도
에 포기하고 싶지는 않았다.
선거 결과는 예상했던 대로 참
혹했다. 3만9천여 표를 얻은
장관근 후보가 당선되었고 김
희선 씨는 2만 4천 표로 낙선
하였다. 그 뒤로 나는 총선에
도전하지 않았다.

제18대 국회의원 선거 당시 필자의 선전벽보(2008.4.9)

03

민족·국가와 나;
일주명창(一炷明窓)

장준하공원을 조성하면서
37년 만에 아버지를 유골로 만나다.

2012년 8월 1일 경기도 파주시 광탄면 나사렛 천주교 공동묘지에 안장된 아버지의 유골을 파주시 탄현면 통일동산의 '장준하공원'(탄현면 성동리 688)으로 이장하게 되었다. 통일로 길목에 위치하여 통일운동에도 관심을 기울였던 아버지를 모시는 데 더할 나위 없이 좋은 곳이었다. 이장하게 된 것은 2011년 5월 폭우로 아버지의 묘지가 훼손됐기 때문이다. 어떻게 할지 고민하던 중에 대전현충원에 모시면 어떻겠냐는 얘기가 나왔다. 그곳에는 오랜 동지였던 김준엽 선생이 모셔져 있었던 것도 그 이유 중의 하나였다.

그런 중에 2011년 8월 17일 36주기 추도식에 참석한 이인재 파주시장이 '파주 땅에 모시면 어떻겠느냐? 장 선생의 민족정신과 민주화·통일에 대한 의지를 파주가 간직해 후손들에게 알리는 장소가 되었으면 좋겠다'라고 제안해 왔다. 파주에 장준하 공원을 마련하고 그곳으로 옮겼으면 한다는 것이다. 이에 장준하추모공원추진위원회가 구성되었다. 나와 서울신문 전 편집국장·헤이리마을 이사장 이경형 씨가 공동위원장을 맡아 이장을 추진하였다.

이장 당일 관을 열었을 때 하얀 연기가 뿜어져 나왔다. 깜짝 놀랐고 느낌이 남달랐다. 그동안 억울하게 의문사하셔서 억눌려 있던 기운이 나

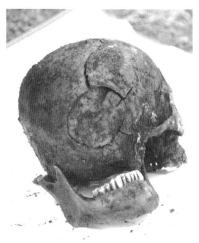

37년 만에 드러난 아버지 관 37년 만에 모습을 드러낸 아버지 두개골

에게 전해지는 느낌이었다. 제대로 진상 규명도 못 한 나에 대한 책망이라든가 원망도 섞여 있는 듯했다. 관 위에는 '故安東張公俊河루수之柩 (고안동장공준하루수지구)'라 쓰여 있었다. 아버지의 가톨릭 세례명이 루수비코인데 이를 다 쓰지 못하고 '루수'만 적은 듯했다.

장준하추모공원으로 이장하기에 앞서 아버지의 유해를 검시하였다. 1975년 8월 사망 당시 간단히 검안한 뒤 서둘러 매장했기 때문에 이를 기회로 본격적인 검시가 이뤄졌다. 예전 과거의문사진상규명위원회에서 유골 감정 등을 검토했으나, '두 번 죽인다'라는 반대 여론에 검시를 못 했는데 묘를 이장하면서 자연스럽게 검시가 이뤄졌다.

관에서 꺼낸 아버지의 유골에서 머리 뒤쪽에서 지름 5~6㎝ 크기의 원형으로 함몰된 구멍과 금이 간 흔적이 분명하게 드러났다. 물론 이는 사고 당시 검안의사가 확인하였고 이후 재조사 과정에서도 결정적 사인으로 지적된 두개골 함몰 골절과 일치하였지만, 당시 유골로 확인된 셈이다. 다만, 어떻게 해서 두개골이 함몰 골절되었는가 하는 점이었다.

당시 검시는 서울대 의대 법의학교실의 법의학자 이윤성 교수가 맡았다. 그는 '상처가 특이하다. 만약 추락했다면 바위 가운데 지름 5㎝의 동그랗게 튀어나온 바위 위로 오른쪽 귀 뒷머리가 정확하게 떨어지기 전엔 그런 상처가 나기 어렵다'라고 했다. 망치 크기와 같은 크기로 두개골이 함몰돼, 사인은 어떤 물체로 인한 가격으로 보인다고 전했다. 이를 통해 오른쪽 귀 뒷부분에 6~6.5㎝가량 원형으로 뻥 뚫린 흔적과 45도 각도로 머리뼈에 7~8㎝ 길이의 금이 간 게 확인되었다.

아버지의 사인을 확정할 수 없어 37년 세월 동안 의심하고서도 참으며 기다렸는데, 그제야 사인을 밝힐 증거가 드러났다. 아버지가 37년 동안 누워 계시다가 이제 역사를 바로 세울 때라는 것을 보여주려는 듯 숙명인 것만 같았다. 나는 그 어느 때보다 아버지의 타살을 확신하게 되었다.

이에 진실을 밝히고 책임자를 가려야겠다는 결심을 굳혔다. 아버지의 사인에 대해 진실을 밝히고 행위자를 찾아내야 한다는 의무감을 느끼게 되었다. 비록 처벌하지 못하더라도 역사의 숨겨진 진실을 기록해 다시는 되풀이하지 않도록 해야 하지 않겠느냐는 생각에서였다.

당시에 나는 국가기관이 재조사에 나서지 않으면 몇 달 안에 정식으로 과학적인 분석을 국가기관에 의뢰할 생각을 가졌다. 박근혜 새누리당 경선 후보 캠프는 공식 논평을 하지 않았고 조윤선 경선캠프 대변인은 "아직 정리된 입장이 없다"라는 입장만 밝혔다. 검시를 마친 뒤에 곧바로 장준하추모공원 묘지에 안장되었다.

2012년 8월 17일 아버지의 37주기를 맞아 통일동산에서 추모공원 제막식 행사가 열렸다. 추도식에는 정운찬 전 총리가 참석해 눈길을 끌었는데, 이해찬 민주통합당 대표와 한승헌 전 감사원 원장, 이부영 장준하기념사업회 명예회장, 백기완 통일문제연구소 소장, 정세균 민주통합당

파주시 탄현면 통일동산에서 37주기 추모식과 '장준하 공원' 제막식 행사(2012. 8. 17)

대선후보, 정동영·문성근·정대철 민주통합당 상임고문과 추미애 민주통합당 최고위원, 이인재 파주시장 등이 참석했다.

　어머니는 아버지가 돌아가신 지 40년이 다 되어 가는데도 행사 내내 눈물을 흘리셨다. 나 또한 심정은 복잡하였다. 행사 날도 1975년 8월 아버지가 비참하게 죽임을 당하셨을 때와 마찬가지로 무더웠다. 당시 민족 반역자 박정희란 자가 총칼로 군사쿠데타를 일으켜 정치 권력을 찬탈하더니 급기야 유신이라는 해괴한 법을 만들어서 못된 행각이 극에 달했기 때문에 아버님의 시신을 부검한다거나 사인을 밝힐 엄두를 내지 못했는데 37년 만에 아버지를 만나 뵙게 됐고 더욱이 시신을 검시하는 과정에 참혹하게 머리에 상흔이 남은 걸 보며 분노가 치밀었다.

　그러면서 비참한 과거의 역사가 정리되지 않는 상황에서 또다시 친일, 충일(忠日), 군사독재, 박정희로부터 전두환까지 이어지는 잔당들이 다시 한번 이 나라를 농락하려고 꿈틀대고 있는 것을 보면서 할 일이 무

민족·국가와 나

엇인가 생각하게 됐다. 아버지가 이루려고 하셨던 세상은 모두가 고루 잘사는 나라 그리고 힘들어하지 않는 나라, 진정한 민주주의가 안착하고 통일의 빛을 볼 수 있는 나라를 만드는 것이었다. 당시 새누리당 박근혜 후보가 결정된 상황이었기 때문에 과거로 돌아가느냐 새로운 나라를 만드느냐 하는 중요한 시점에 놓여 있었다.

장준하추모공원은 추모벽과 묘역, 추모대로 조성됐다. 추모벽은 40m 길이와 50㎝~2.8m 높이로 팔(八)자 형태의 화강암으로 만들어졌는데, 행동하는 지성인이었던 아버지의 희생정신과 분단된 산맥을 하나로 잇는 돌베개 정신을 담았다. 민족의 눈물과 희망을 품고 달려야 할 백두대간을 형상화한 것이다.

추모벽 왼쪽에는 '장준하 선생이 걸어온 길'이란 제목으로 출생과 성장, 구국 장정의 길 등의 연보(年譜)가 새겨졌고, 우측 벽엔 대표 저서인 『돌베개』와 《사상계》를 소개했다. 끝자락에는 김수환 추기경이 아버지의 영결 미사에서 말씀하셨던 어록이 새겨졌다.

"그의 죽음은 별이 떨어진 것이 아니라 죽어서 새로운 빛이 되어 우리의 갈 길을 밝혀주기 위하여 잠시 숨은 것뿐입니다."

정중앙 벽에는 가로 50㎝, 세로 70㎝ 크기의 청동으로 제작된 흉상부조가 새겨졌다. 그 뒤쪽 통로에는 검은 화강암의 돌베개 조형물과 어록이 새겨진 추모벽이 세워졌고, 20m쯤 등산로를 따라 올라가면 유해가 안장된 묘역과 추모대가 조성되었다. 다음은 장준하추모공원 조성 취지문이다.

장준하추모공원 조성 취지문

여기, 자유로 가는 길, 통일로 가는 길목,
우리는 겨레와 나라의 자유와 통일을 찾는 길 위에서
일생을 바친 장준하 선생과 함께 있습니다.

대한민국 임시정부 광복군이자 사상계 발행인
국회의원, 민주통일운동가로 국가와 민족을 위해
헌신하셨던 선생님, 황토의 유택은 님을 흠모하는
우리들 마음을 시리게 했습니다.

이제 통일을 염원하는 파주 시민을 비롯한 이 땅의 민초들이
뜻을 모아 장준하 선생 영생의 터를 통일동산으로 모셔왔습니다.

목숨을 바쳐 지켜낸 자유혼, 민족혼, 민주혼은
만민이 우러러 함께 지켜나갈 정신입니다.
암울한 시대, 온몸을 던져 지성과 사상을 계발한 개척혼과
이를 실천한 용기와 성실, 강인함과 헌신을 배우고 꿈꾸면서
우리 모두 어울려 자유와 통일의 대해로 나아갑니다.

한강과 임진강이 만나 서해 바다로 흘러드는 이곳,
민주-통일의 숭고한 뜻이 천지를 뒤흔드는 함성으로
우리들의 가슴에 메아리 치고 있습니다.

2012년 8월 15일 광복절을 맞으며 장준하 선생 추모공원 추진위원회
공동위원장 장호권-이경형

장준하 공원 전경

새롭게 조성한 아버지 묘소

민족·국가와 나

전면적 재조사와 진상 규명에 나서다.

㈜장준하기념사업회(회장 유광언)는 2012년 8월 16일 오후 서울 광화문 사무실에서 대책 회의를 연 뒤, 아버지의 유골 사진과 유골을 검시한 법의학 교수의 소견서를 공개하였다. 그러면서 '국가가 책임지고 즉시 장 선생 사망 사건에 대한 전면적 재조사와 진상 규명에 착수할 것'을 촉구했다.

37주기 추도식이 끝난 후 8월 20일 장준하기념사업회의 서상섭 운영위원장, 유광언 회장과 함께 '장준하 선생 의문사 재조사 요구서'를 청와대에 전달하고자 하였다. 이날 청와대 앞 효자동 주민센터에서 기자들과 만나 재조사 요구의 이유를 밝혔다. 서상섭 위원장은 "37년 동안 덮여 있던 타살의 직접적인 증거를 우리가 눈으로 확인했다"라며 "새로운 증거 앞에 다시 사인을 규명해야 한다"라며 의문사 진실규명이 국가기관에 의해 은폐된 점이 있다며 범국민진상조사위원회가 진실을 밝혀낼 것이라고 덧붙였다. 이때 기자들이 나에게 "요구서가 대통령에게 전달될 거라고 보느냐"는 질문에 "대통령에게 반드시 전달돼야 한다. 민주주의 국가인데, 국민의 권리를 함부로 내팽개치면 안 된다"라고 항변했다.

기자회견 뒤 요구서를 접수하기 위해 청와대 영풍문 쪽으로 이동하려는데 경찰이 가로막았다. 경찰은 경찰차로 영풍문 이동을 요구했다. 몇

'장준하 선생 의문사 재조사 요구서'를 청와대에 전달하기 앞서 기자회견 장면
(왼쪽부터 필자, 서상섭, 유광언)

기자회견 뒤 요구서를 접수하고자 청와대로 향하던 중 경찰에 가로막힌 필자(앞줄 왼쪽)와
서상섭 장준하기념사업회 상임운영위원장(앞줄 왼쪽 두 번째)

민족·국가와 나

걸음 안 되는데 차를 타고 가냐, 데모하러 가는 것도 아니고 우릴 막는 게 어딨냐며 항의했지만, 경찰은 예전 관행을 들어 재차 경찰차 탑승을 요구했다. 결국 경찰차로 이동해 청와대에 요구서를 접수했다.

때에 맞춰 김현·백재현 민주통합당 의원이 2012년 9월 13일 오후 국가기록원으로부터 제출받은 1975년 8월 18·19·21일자의 '청와대 의전일지'를 공개하였다. 아버지가 의문사한 직후의 기록이었다. 이에 따르면, 박정희 전 대통령은 아버지가 의문사한 다음 날인 8월 18일 16시 43분부터 17시 30분까지 47분간 진종채 보안사령관으로부터 그와 관련한 보고를 받았다. 이어 다음날인 8월 19일 오전 10시 37분부터 11시 55분까지 40분 동안 황산덕 법무부 장관과 이원경 문공부 장관과 회의하였고, 그날 오후 2시에는 두 시간 동안 소 접견실에서 대책 회의를 열었다. 또한 8월 21일 오후에는 신직수 중앙정보부장과 서종철 국방부 장관의 보고를 받았다. 하지만 국정원, 기무사령부 등 정보기관으로부터 끝내 협조를 얻지 못해 자세한 내용을 확인하지는 못했다.

한편, 2012년 8월경 내가 직접 김영삼 전 대통령을 찾아가서 장준하기념사업회와 함께 발족을 준비하고 있는 '장준하 선생 의문사 범국민 진상규명위원회'(가칭)에 발기인으로 참여해 달라고 정중히 부탁하였는데, 이에 흔쾌히 동의하였다. 김영삼 전 대통령은 '내가 대통령 때 장선생 일에 관해 관심 있게 못 봐서 미안하다'라고 하셨다. 그러면서 "이제라도 과거의 잘못을 고치고 진상을 밝혀야겠다, 그러니 열심히 하겠다. 할 수 있는 건 모두 다 하겠다"라고 하셨다. 다만 김영삼 전 대통령이 "열심히 하세요, 그런데 용기를 갖고 하세요"라는 마지막 얘기가 마음에 걸렸다. 일상적인 언어일 수도 있겠지만 힘든 일이 봉착될 수 있다는 느낌을 받았다.

그 뒤 나는 고 김대중 전 대통령의 부인인 이희호 여사를 찾아가 그간 상황을 말씀을 드렸고 역시 합류하기로 하였다. 여사님께서는 상도동 어른이 먼저 하고 자기가 뒤늦게 하게끔 했느냐며 약간 서운한 말씀까지 하시면서도 "과거사에 대한 잘못된 것은 분명히 밝혀야 할 거니까 어떤 형태로든 본인은 참여하시겠다"라고 말씀을 하셨다.

이 여사님이 서운해하실 만도 했다. 사실 아버지가 살아 계실 때 상도 동보다는 동교동과 조금 더 왕래가 있었다. 두 분은 각별한 사이였다. 김 대중 선생이 우리 집에 찾아오곤 했는데, 김대중 선생은 아버지를 '형님'이라 불렀다. 그런데도 김영삼 선생을 먼저 찾아간 것은 김대중 선생이 고인이 되었으니까 그런 것이었다. 김 대통령은 자서전에 "장 선생에게 산에 혼자 다니시지 말라 했지만, 장 선생이 제깟 놈들이 어떻게 하겠냐고 답했다"라며, "그때 말리지 못한 것을 아쉬워했다"라며 후일담을 적었다.

이로써 반독재투쟁에 앞장섰던 우리나라의 민주화 동지들인 과거 동교동계(DJ계)와 상도동계(YS계)와 아버지와 함께 독재·반독재 운동, 또 유신철폐 운동에 참여했던 모든 분이 이번에 전부 참여하는 의미 있는 단체를 만들게 되었다.

하지만 이명박 정부는 전면적 재조사와 진상 규명에 소극적으로 일관했다. 2012년 9월 정부는 재조사와 진상 규명 요구에 대해 국가권익위원회를 거쳐 행정부에 배당했다. 하지만 그곳은 진상 규명 수준의 재조사를 할 권한도, 인력도 없었다. 정부는 2010년 활동이 끝난 '진실·화해를 위한 과거사정리위원회' 관련 권고사항에 대한 정부의 이행상황 점검·관리를 행안부가 맡고 있기 때문이라는 이유를 댔다. 하지만 관련 규정에는 "행안부 장관은 과거사 관련 권고사항을 검토하면서 필요할 때는 관계 전문가나 기관·단체 등에 조사를 의뢰할 수 있다"고만 돼 있다. 이에 행안부 차원으로는 진상 규명에 한계가 있으므로 민관 합동 조사가 필요하다고 거듭 주장했지만, 아랑곳하지 않았다. 당시 내가 청와대에 재조사 요구서를 낼 때 정부의 사건 배당과 재조사 검토에만 150일이 걸린다고 들었다. 이명박 정부가 대통령 선거 등을 의식해 시간 끌기를 한다는 생각밖에 들지 않았다. 개묘 이후엔 유골의 훼손 속도가 빨라져 6개월 안에 감정을 마쳐야 했기에 시간을 그리 소비할 수 없었다. 이에 정부 재조사를 기다리지 않고 범국민진상규명위는 국내외 법의학 전문가들과 함께 재조사를 벌이기로 하였다.

내가 싱가포르에 있을 때인데, 김대중 대통령 당시 1기 조사위, 노무현 대통령 당시 2기 조사위가 있었지만, 아버지의 의문사에 대해 진상을 규명하지 못했다. 다만, 2기 조사위는 아버지 의문사 사건을 배당받아 고상만 등 조사관 3명이 2003년 7월부터 2004년 7월까지 1년 동안 조사 활동을 벌였다. 조사관들은 약사봉 현장을 20여 차례 방문했고, 당시 동행자와 검찰, 경찰관, 중앙정보부 관련자 등 140여 명의 참고인을 만났다. '목격자' 김용환 씨를 15번 만났고, 실지조사를 통해 1988년 포천경찰서의 조사기록을 입수하는가 하면 컴퓨터 시뮬레이션 결과 아버지가 추락했다고 알려진 장소에서 추락했다고 보기 어렵다는 결론을 냈다. 또한 목격자를 자처한 김용환 씨는 당일 추락사고를 목격하지 않은 것으로 판단하고 그를 '목격자'가 아닌 '동행자'로 정리했다. 다만 누가, 어떤 경로로, 왜 죽였는지는 밝혀내지 못해 조사위는 '진상 규명 불능'으로 판단했다. 그때에도 국가정보원과 기무사령부 등 정보기관에 대한 조사가 이뤄지지 않았기 때문이다. 더욱이 이명박 정부는 아버지 관련 '의문사 조사기록'을 국가기록원으로 보내면서 황당하게도 '70년 비공개'로 묶어놓아 볼 수도 없게 만들어버렸다.

2004년 10월에는 민주당 측에서 장준하 선생 의문사를 국회 행안위 국정감사에서 다루기로 하여 나와 고상만 조사관, 목격자를 자처하는 김용환 등을 증인으로 신청하였지만, 새누리당이 증인 채택을 강력하게 반대하는 바람에 무산된 적도 있었다.

그때 나는 대통령이 목숨 걸고 하지 않으면 피해받은 모든 분을 두 번 죽이는 일이라 여겼다. 아직도 박정희·전두환 당시의 기득권 세력이 실질적인 영향력을 행사하고 있었기 때문이다. 그들은 정권이 바뀌어도 바뀌지 않는다고 봤다. 통수권자도 어느 한계까지 올라가면 손을 대지 못하는 부분이 있다. SBS 방송사 프로그램인 <그것이 알고 싶다>에서 아버지의 의문사와 관련한 사건을 방영하려 할 때, 당시 3공화국 핵심 인사가 방송국에 전화해 방송하지 말라고 했다고 한다. 그뿐만 아니었다. 2010년 2기 조사위 활동이 끝나고 3기 활동을 시작하기 위해 국회에 관련 법안이 상정되었는데, 3공 당시 공안 검사 출신 국회의원이 관련 서류를 발의 기간이 넘길 때까지 숨기기까지 했다. 그게 현실이었다. 그들은 여전히 많은 정보를 갖고 있었다. 소위 야당, 적대관계 정치세력들의 개인적 약점까지 말이다. 그러니 다들 정치생명 때문에 과거사에 대해 어느 선까지 갔다가는 중단하곤 했다.

범국민진상규명위에는 재야, 종교계, 학계, 언론계, 법조계와 민주화추진협의회, 전국민주청년학생총연맹(민청학련), '6·3세대' 등 군사독재정권에 맞서 싸웠던 민주화 인사들이 광범위하게 참여하겠다는 뜻을 내비쳤다. 주요 인사로는 백기완 통일문제연구소장, 함세웅 신부, 박형규·김상근 목사, 백낙청 서울대 명예교수, 한승헌·강신옥 변호사, 임현진 서울대 교수, 동아자유언론수호투쟁위원회(동아투위) 김태진·문영희 전 회장 등이었다. 또 민주화추진협의회의 김상현·김덕룡 이사장과 권노갑 고문 등도 참여 의사를 밝혔다. 다만, 정치적 논란을 피하고자 현역 정치인은 제외하였다. 그때 내 생각에는 반 박근혜 연합전선이 될 수도 있을 것 같다는 생각도 하였다.

나는 한때 만약 박근혜 후보와 과거 세력이 이 나라의 권력을 잡으면 나라를 떠나겠다는 생각도 했었다. 하지만 마음을 고쳐먹었다. 독립운동을 하는 심정으로라도 싸우겠다고 생각하게 되었다. 아버지의 관을 열고 본인의 유골을 내게 보여주실 때 바뀐 감정이었다. 아버지의 혼이 아들인 나의 몸을 빌린 것 아닌가라는 생각도 들었다. 2012년 8월 초 개묘하고 1달 이상 하루에 2시간 이상 자본 적이 없었다. 그 이후로 아버지라면 어떻게 하셨을까 하는 생각을 하고 행동하는 습관이 생겨났다.

그래서 2012년 9월 11일 국민 통합을 지향하는 범야권 성향의 사회 각계 인사로 구성된 '시대교체국민연대'에도 참여하였다. 그날 시대교체국민연대는 창립선언문에서 "분열과 대결의 정치 행태를 규탄한다"라며 "화합과 통합으로 새로운 시대를 여는 새로운 정치질서의 형성에 국민의 힘을 모을 것을 강력히 호소한다"라고 밝혔다. 서상섭 전 의원이 상임대표를 맡고 홍기훈 전 의원과 김도태 충북대 교수, 장준영 민생경제연대 상임대표가 공동대표를 맡았는데, 나는 자문위원으로 동참하였다.

한편, 국회부의장을 지낸 새누리당 정의화 의원이 아버지의 의문사와 관련해 "선생의 두개골이 신경외과 전문의인 내게 외치고 있는 듯하다. 타살이라고!"라는 글을 트위터에 남겨 파문이 일기도 하였다. 이어 그는 "돌베개 베고 천릿길 돌아 임시정부 찾았던 일본군 탈출병 장준하 선생의 주검을 보면서 고인의 죽음을 슬퍼한다"라며 "국회에 들어오기 전부터 국민 한 사람도 억울한 죽음은 안 된다고 생각했다"라고 밝히기

故 장준하선생 의문사 진상규명을 위한 토론회

일시 : 2012년 9월 11일(화) 오후6시   장소 : 한국기독교교회관 2층 조에홀
주회 : NCCK 정의평화위원회   후원 : 한국기독교장로회 교회와 사회위원회 / 한신대 총동문회

서울 종로구 한국기독교회관에서 열린
고 장준하선생 의문사 진상규명을 위한 토론회에서 인사말하는 필자(2012. 9. 11)

도 했다. 당시 박근혜 후보는 아버지의 타살 의혹에 대해 "고 장준하 타
살 의혹과 관련해 진상조사위원회가 현장의 목격자로 해서 조사가 그동
안 이뤄지지 않았나"라며 "기록들이 있는 것을 봤다"라며 즉답을 회피
하는 상황이었기 때문이다. 보수 논객이었던 김진《중앙일보》논설위원
은 "장준하 선생의 두개골 문제는 의문사진상규명위원회에서 두 차례
에 걸쳐서 철저하게 조사해 거의 다 진상이 밝혀진 문제고, 같이 등산했
던 장 선생의 측근 김용환 씨는 여러 차례 언론인터뷰와 의문사위 증언
을 통해 거의 진상이 드러난 사안"이라며 "두개골 함몰된 구멍 사진을
두고 논쟁을 벌이는 것이 진정한 과거사 논쟁의 의미를 훼손시킨다"라
고 주장하기도 했다.

진상규명을 위한
국민들의 관심과 동참을 호소하다.

2012년 9월 19일 장준하 암살의혹규명 국민 대책위원회 준비위원회는 모든 국민의 힘으로 장준하 선생의 암살 의혹을 규명하자며 100만인 서명운동을 시작했다. 서울 광화문 이순신 동상 앞에서 "대한민국 독립과 민주주의 발전에 일생을 바친 장준하 선생의 암살 의혹을 밝히는 것은 국민의 엄숙한 의무"라며 "이 같은 시대적 사명에 국민 여러분이 꼭 함께해달라"며 서명을 촉구했다. 이날 서명 행사에 민주통합당 정동영 상임고문, 임수경 의원 등 각계인사 100여 명이 참여했다.

100만인 서명운동을 전개하기로 한 것은 독재의 엄혹한 암흑기에는 의혹을 밝힐 수 없었고 의문사진상조사위원회 조차 진상조사 규명이 불가능하다는 결론을 내렸지만, 2011년 12월 이장을 하는 과정에서 모습을 드러낸 아버지의 유골이 암살 의혹의 증거가 됐기 때문이었다. 또한 자칭 목격자 김용환이 동행자일 뿐이었다는 결론이 난 이상 사인의 다른 가능성과 그 가능성을 실행한 검은 실체에 대한 의혹을 규명해야 했다. 더욱이 정부 기관의 부족한 자료 가운데에도 공권력에 의한 위해의 가능성을 증언하는 내용이 많이 존재한다는 사실이 확인됐고 제도적 절차에 따른 암살 의혹 재규명이 국가정보기관의 방해에 가로막혀 있다는

한국독립유공자협회 임우철 회장과 악수하는 장면(2012.9.19.)

광화문광장에서 개최한 '장준하선생 암살 의혹 규명 100만인 서명운동' 선포식 장면

민족·국가와 나

사실도 깨달았기 때문이다. 이는 어떤 정파와 정략에 이용되는 것을 경계하고 거부하며 오로지 국민의 힘에 의지해 필요한 인적·물적 자원을 충당하여 아버지의 암살 의혹 규명을 유일한 목적으로 하고자 한 것이다.

많은 사람이 타살이라고 의혹을 제기해 국가에 재조사를 요청했지만 제대로 나서지 않아 범국민운동을 시작했다. 유신 시대에 했던 유신반대 100만인 서명운동의 연장선에서 이번 범국민운동을 서명 형태로 진행하는 것이다. 국민이 스스로 잊히고 감춰졌던 것을 밝혀내 알도록 하고 의혹이 밝혀진다면 미래에 국민이 어떤 선택을 하고 어떤 결과를 받게 될지 보다 명확해질 것이라는 판단에 따른 것이었다.

이날 시작한 100만인 서명운동은 광화문광장, 각 지역 등에서 진행될 가두 서명운동 외에도 국민대책위원회 홈페이지(who-how.or.kr)에서 동시에 진행되며 전화 통화로도 서명할 수 있도록 했다.

그뿐만 아니라 2012년 9월 26일 서울 중구 프란치스코 교육회관에서 '역사정의실천연대', '유신 잔재 청산과 역사 정의를 위한 민주 행동' 주최로 열린 대담회에 참석했다. 대담회는 '우리는 왜 유신의 부활을 반대하는가, 박정희 정권에 빼앗긴 아버지, 남겨진 아들이 말한다'라는 주제로 마련한 자리였다. 이때 나는 최광준 씨와 함께 참석하였다. 최광준 씨는 최종길 교수의 아들이다. 최종길은 1972년 서울대 법대 교수 재직 당시 간첩으로 의심받아 중앙정보부에 자진 출석했다가 3일 후 변사체로 발견됐다.

그 자리는 그해 9월 24일 박근혜 후보가 기자회견에서 "(5·16, 유신, 인혁당사건으로) 상처와 피해를 당한 분들과 그 가족들에게 다시 한번 진심으로 사과드린다"라고 밝혔지만, 인혁당사건 판결 관련 발언에 대

프란치스코 교육회관에서 열린 대담회 장면(왼쪽부터 김미화, 필자, 최광준. 2012.9.26.)

한 사과나 반성 없이 고개만 숙인 태도에 더 큰 분노를 느꼈기 때문이다. 2007년 새누리당 경선 때 박근혜 후보가 사과하겠다며 어머니를 찾아왔는데 무엇을 사과하는지, 깊은 내용이 하나도 없이 사과하러 왔다고 하고는 그냥 돌아갔다. 그때와 달라진 것은 없었다. 유골에서 타살 증거를 발견한 이후 또다시 진상조사를 요청했으나, 이명박 정부는 임기 내에 진상을 밝히지 않겠다는 강한 의지를 내비친 것도 작용하였다. 나는 그 자리에서 박근혜 새누리당 후보의 과거사 사과가 진정성을 가지려면 유신체제 피해사례에 대한 진상 규명이 먼저 이뤄져야 한다고 거듭 주장하며 정부 측에 반인륜적 범죄의 진실규명을 요구하였다.

'장준하선생암살의혹
규명국민대책위원회' 발족,
진상 규명하다.

'장준하 선생 암살 의혹 규명 국민대책위원
회'가 2012년 9월 27일 서울 서대문구 한국기독교장로회 총회교육원에
서 현판식을 갖고 출범했다. 현판식에는 유광언 국대위 위원장과 이부
영 민주통합당 장준하 선생 의문사 진상조사위원장, 김도현 전 문화체
육부 차관 등이 참석했다. 이날 첫 회의하고 '암살 의혹 규명 100만인 서

'장준하 선생 암살 의혹 규명 국민대책위원회' 현판식 장면(2012.9.27)

명운동'을 이어나가는 한편 유골 정밀 재검사, 전국 순회 국민보고대회 등의 활동을 펼쳐나가기로 했다.

이와 함께 2012년 10월 6일 포천 흥룡사와 약사계곡에서 '고 장준하 선생 천도재 및 의문사진상규명촉구 불교위원회(위원장 혜문스님)'는 아버지의 극락왕생을 발원하고 의문사에 대한 진상 규명을 촉구하는 법회를 열었다. 또한 법회에서는 '장준하 선생 암살 의혹 규명 100만인 서명운동'에 동참할 것을 호소하기도 하였다.

나는 '고 장준하 선생 의문사 진상 규명을 위한 범국민대책위원회' 출범을 앞두고 그해 10월 15일 서울 청암사에서 실천불교전국승가회 상임고문 청화스님을 예방하여 자문위원을 맡아 달라고 요청하였다. 청화스님은 이를 수락하며 "잘못된 역사는 바로잡아야 한다"라고 강조했다. 또한 청화스님은 "과거는 우리들의 뿌리"라며 "뿌리를 튼튼히 해야 미래도 건실하고 바람직한 방향으로 나아간다"라고 말씀하는가 하면,

장준하 선생 의문사 진상규명을 위한 범국민대책위원회 창립식 장면
(왼쪽부터 정세일·안충석·유초하·유광언·박상희·이해학·홍기훈)

"종종 정치판에서 과거 문제가 거론되면 '미래'라는 개념을 끌어당긴다"라며 "뿌리가 있어야 나무가 존재한다"라고 강조했다.

드디어 2012년 10월 19일 오후 7시 서울 종로구 수운회관에서 장준하 선생 의문사 진상규명을 위한 범국민대책위원회 창립식을 개최하였다. 김영삼 전 대통령과 이희호 여사가 상임고문을 맡기로 하고 박형규 목사와 문동환 박사, 백기완 통일문제연구소장이 고문을 맡았다. 상임공동대표에는 이해학 목사(한국기독교교회협의회 정의평화위원장)와 명진 스님(전 봉은사 주지), 안충석 신부(천주교정의구현사제단 고문), 유광언 장준기념사업회장, 김태진 동아자유언론수호투쟁위원회 고문 등 9명이 선임됐다. 국민대책위는 아버지 유해 정밀 감식을 위한 개묘와 진상 규명 100만인 서명운동, 전국 순회공연, 추모 시민문화제, 특별법 제정 운동 등 진실규명을 위한 범국민 활동을 벌이기로 하였다. 국민대

개묘에 앞서 아버지께 술을 올리는 필자(2012.12.5.)

책위는 국민들의 관심을 촉구하기 위해 11월 12일부터 매주 월~금요일 오후 1시에 무송 스님이 견지동 조계사에서 시청 앞 서울광장까지 '의문사 규명을 위한 3보 1배'를 시작하였다. 나도 첫날 행사에 동참하였다.

2012년 11월 14일 오후 2시 국민대책위는 광화문 앞에서 출정식을 열고 장준하 선생 의문사의 진실을 알리기 위한 전국 순회 홍보활동에 나섰다. 아버지 죽음의 진실을 외면하는 정부와 일부 언론의 행태로 너무도 상식적인 진실이 국민에게 제대로 알려지지 않고 있어 직접 전국을 돌며 홍보활동과 100만인 서명운동에 나서고자 하였다. 이에 1t 트럭을 유세 차량처럼 개조하여 SBS에서 방영하였던 '그것이 알고 싶다' 프로그램과 임진택 씨의 판소리 공연 등의 동영상을 보여주며 서명운동과 시국 강연을 펼쳤다. 서울·부산·청주·대구·전주·광주 등지를 순회하면서 박정희가 아버지를 타살했다는 사실을 알렸다.

아버지의 유골을 수습하는 장면

　이후 2012년 12월에 국민대책위원회와 민주통합당 장준하선생의
문사진상규명위원회가 공동으로 '장준하선생사인진상조사공동위원
회'(공동위원장 이부영·유광언)를 구성하여 자체 재조사에 착수하였다.
무심하게도 국가기관은 참여하지 않았다. 국과수 등 국가기관이 공동위
의 참여 요청을 거부했다.

　2012년 12월 5일 함박눈이 펑펑 내리는 가운데 아버지의 묘를 다시 개
묘하였다. 그해 8월 1일 이장한 뒤 4개 월만이다. 나는 개묘에 앞서 맨발
로 잔을 올렸다. 유골 감식을 이유로 아버지의 관을 두 번이나 깬 것은
자식으로서 씻지 못할 죄였다. 절을 마친 후 "아버님 꼭 이기겠습니다.
죄송합니다"라며 눈시울을 붉혔다. 하지만 아버지의 명예 회복과 이 나
라의 완전한 민주주의, 또 피해 본 모든 희생자를 위해 꼭 밝혀야겠다는
마음에서 아버지의 관을 두 번씩이나 열었다.

　이날 시민단체 회원, 취재진 등 200여 명이 지켜보는 가운데 오전 11

시 5분부터 추도식, 유골 수습, 유골 운구, 기자회견 등 순서로 2시간 동안 진행됐다. 유골 수습에 앞서 대책위는 함몰된 선생의 두개골을 취재진에 5분가량 공개했다. 유골은 나무상자 3개에 담겨 수습됐고 '청년 등불' 대원들의 품에 안긴 채 공원을 떠났다.

유해 감식은 4개월 동안 이정빈 서울대 의대 교수의 주도로 국내외 법의학자, 범죄학자 등 각계 전문가들이 참여해 이뤄졌다. 그 뒤 2013년 3월 26일 오전 서울 용산구 효창동 백범기념관에서 장준하선생사인진상조사 공동위원회 주최로 아버지 유해 정밀 감식 결과 국민보고대회를 가졌다. 개묘한 지 100여 일만이었다.

고인의 유해를 직접 부검한 것에 바탕을 뒀다는 점에서 그간 사진 판독을 통해 내놓았던 추측성 감식 결과와 차원이 달랐다. 정밀 감식에는 정형외과, 영상의학과, 방사능과 등 다방면의 전문가가 동원됐다. 또한 컴퓨터단층촬영(CT촬영) 등을 통한 3D 유골 복원, 두개골 절개 등 종합적인 방식으로 이뤄졌다.

이정빈 교수팀이 얻은 결론은 크게 세 가지였다.

첫째, 두개골 뼈의 골절 부분이다. 이정빈 교수는 이것은 맞았을 때 나올 수 있는 손상이라고 결론을 내렸다. 그는 "때려서 나오는 손상과 떨어져서 나오는 손상은 완전히 다르다. 두들겨 팼다고 하면 두개골의 찌그러짐으로 압박이 일어나서 때린 쪽이 손상을 입는다. 반면 떨어지면 가속에 따라 (떨어진 쪽의) 반대편 뇌가 다친다. 특히 함몰 골절이면 훨씬 더 큰 힘이 발생해 (반대편) 안와(눈 윗부분)가 깨지게 된다. 그런데 장 선생 유골을 보면 깨끗하다"라고 말했다. 이어 그는 "넘어져서 (골절이) 일어났다고 보기 힘들다"라고 덧붙였다. 그는 "조철구 박사의 자료도 없이 사진만 봤을 때는 (뼈가) 깨져 나간 것 같아서 망치(로 맞았을 가

민족·국가와 나

능성)를 얘기했는데, 이번에 검식하면서 뼈를 붙여봤더니 아귀가 맞아 틈이 없었다. 그렇다면 망치가 아니다. 망치면 평평한 면이다. 바닥에 떨어진 것과 똑같이 나와야 한다. 그러나 상흔과 골절 부위를 보면 동그란 밀로 (머리를) 쳤다는 것"이라고 설명했다. 이와 관련해 이 교수는 "아령이나 돌과 같은 것일 가능성이 크다"라고 덧붙였다.

둘째, 이 교수팀은 두개골 골절과 엉덩이뼈 골절이 동시에 추락해서 생긴 것이라고 볼 수 없다는 결론을 내렸다. 이 교수는 "제가 본 소견으로는 두개골 골절, 엉덩이뼈 골절이 동시에 추락해서 생겼다고 볼 수 없다. 각자 달리 일어났어야 하는데 머리뼈는 가격에 의해, 엉덩이뼈는 추락에 의해서인 것으로 보인다"라고 주장했다.

이 교수는 "엉덩이뼈가 부러져서는 절대 금방 죽지 않는다. 그런데 머리를 맞으면 즉사할 수 있다. 즉사하면 혈액순환이고 뭐고 없어진다. 그때 (시신을) 떨어뜨렸다면 출혈이 없다. 조철구 박사 기록을 보면 출혈이 없다고 돼 있다"라고 설명했다. 이 교수는 "(엉덩이를) 때려서 관골이 떨어질 정도면 자국이 나게 되는데 (시신 사진을 보면) 자국이 없다. 이건 떨어져서 생긴 것"이라고 덧붙였다.

이 교수는 고인이 떨어졌다는 높이와 비슷한 높이에서 떨어진 시신 사진도 공개했다. 이 교수는 "6층 모텔 옥상에서 떨어진 사례인데 엉덩이뼈 오른쪽이 깨졌다. 뼈가 거의 튀어나올 정도로 튀어나왔고 출혈 증거가 허리부터 옆구리 전체에 있다. 그런데 장준하 선생의 사진에는 출혈이 없다. 출혈이 없는 게 추락사에서 가장 문제가 된다"라고 설명했다. 즉 고인의 경우 머리를 다쳐 즉사한 후 심장 박동이 멈췄고, 이후에 시신이 떨어져서 결국 출혈이 생기지 않았을 가능성이 크다는 말이다.

셋째, 이 교수는 추락사가 아니라는 정황으로 머리와 오른쪽 엉덩이

법의학자 이정빈 서울대 명예교수가 감식 결과를 발표하는 장면(2013.3.26)

아버지 유해의 정밀 감식 결과 발표회장에서 눈물을 훔치는 필자

에만 골절이 있는 고인의 경우 오른쪽 어깨에 전혀 손상이 없다는 점을
들었다. 이 교수는 "추락으로 (두 군데의 골절이) 생겼다면 14.7m에서
땅에 닿으면서 어깨가 안 부서질 수가 없다. 엉덩이 관절이 부러질 정도

　　　　　　　　　　　　　　　　　　　　　　　　민족·국가와 나

인데 어깨뼈가 안 나갔다. 추락사는 아닐 것"이라고 설명했다. 어깨뼈나 갈비뼈 등 약한 부위를 다치지 않고 머리뼈와 엉덩이뼈만 골절될 수는 없다는 시뮬레이션 결과도 공개했다.

이날 발표 결과를 종합하면 누군가 아버지의 머리를 가격한 후 즉사한 시체를 높은 곳에서 떨어뜨렸고, 시신이 떨어질 때 엉덩이뼈 부분에 손상이 갔을 가능성이 크다는 것이었다. 처음 감식할 당시 시신의 팔 아래 가슴 주변에서 누군가 강하게 껴안은 흔적이 발견됐다는 점, 몸의 다른 곳에 상처가 없었다는 점, 옷이 찢기지 않았다는 점 등까지 고려하면, 지형이 험한 약사봉에서 아버지가 추락사했을 가능성이 적다는 것이다. 제삼의 장소에서 타살된 후, 시신이 약사봉 아래로 옮겨졌을 가능성이 크다는 뜻이다.

나는 감식 결과를 듣고 충격을 금할 수 없었다. 이전에 내가 알던 것과는 전연 다른 얘기를 한 것이기 때문이다. 다른 한편으로 나는 모든 과학적 감식이 끝나고 타살이라는 사실이 명명백백히 밝혀진 이상 박근혜 대통령이 해결해야 한다고 생각했다. 비록 사건이 박정희와 연결되어 있지만, 그의 딸인 박근혜가 해결해야 한다는 입장에서였다.

'겨레장'으로
영원한 안식처에 안장하다.

　　　　　　　　장준하선생겨레장위원회가 꾸려지고 2013
년 3월 28~30일 사흘 동안 서울시청 앞 서울광장에서 '민족지도자 장준
하 선생 겨레장'을 치렀다. 두 차례나 부관까지 해 죄스러운 마음을 가눌
수 없었다. 국민장은 아니더라도 겨레장을 통해 편히 영면할 수 있도록
최대한 예우를 갖추려 하였다.

　아버님의 장례식을 서울광장에서 치르게 된 것이 꿈만 같았다. 겨레
장을 치르면서 눈물이 났다. 나는 아버지가 돌아가시고 난 뒤에 거의 울
어본 일이 없었다. 아마 38년간 참아온 울음이 터진 것 아닌가 싶다.

　2013년 3월 28일 낮 12시 서울 시청광장 동편. 광복군이 부르던 노래
인 '의연한 산하'가 흘러나왔고 50여 개의 만장이 나부꼈다. 분향소에
놓인 국화 위에는 '민족지도자 장준하'라는 글귀와 함께 아버지의 영정
사진을 올려놨다. 두 줄로 20여m의 줄을 선 시민들은 국화를 분향소에
바치며 고개를 숙였다. 3월 29일 오후 7시에는 서울 중구 덕수궁 대한문
앞에서 아버지를 추모하는 문화제도 열렸다.

　3월 30일 오전 9시 서울광장에서 발인제가 진행됐다. 발인제에는 어
머니와 나, 동생을 비롯하여 노회찬 진보정의당 공동대표, 한명숙 전 국
무총리, 곽노현 전 서울시교육감 등 정치인·종교인·시민 등 1,500여 명이

아버지 겨레장에 참석한 필자, 어머니, 손녀 장해니(2013.3.28)

서울광장에서 거행된 겨레장 발인제 당시 장면(2013.3.30.)

참석했다. 이날 분향소를 찾은 문재인 전 민주통합당 대선 후보는 "40년 가까운 세월이 지나도록 지금까지 장 선생의 사인에 대한 진상을 밝히지 못한 것은 후손으로서 부끄러운 일"이라며 "여·야의 특별법 합의로 정부로부터 독립된 기구를 구성해 진상 규명에 나서야 한다"라고 말했다. 그는 "박근혜 대통령의 의지만 있으면 가능한 일"이라고 덧붙였다.

추모식이 진행되는 동안 같은 장소에서 민주노총 조합원 2, 3만 명이 모여 집회를 열었는데, 아버지의 발인제가 거행되는 것을 알고는 1분 동안 묵념을 올리기도 하였다. 아버지를 잊지 않고 예의를 표하는 것을 보고 남다른 감상에 젖기도 하였다.

추모예식이 끝난 뒤 손자 장현욱이 영정을 들고 추모객들은 대형 태극기와 100여 개의 만장 깃발을 든 채 서대문구 서대문형무소역사관까지 추모 행진을 했다. 오전 11시 20분께 서대문형무소역사관 앞에 도착해 추모제를 열었고 아버지가 수감되었던 12 옥사 독방을 둘러보았다. 이어 오후 2시께 파주시 장준하공원에서 안장식을 열고 아버지의 유해를 안장했다.

그날부터 나는 아버지의 묘소 옆에 천막 하나를 세우고서 시묘살이를 시작했다. 나는 아침·저녁으로 밥과 나물, 국과 술을 묘소에 바쳤다. 다시는 아버지와 같은 비극이 일어나지 않게 하려고 유골의 정밀 감식을 한 것이지만, 묘를 두 번이나 여는 큰 죄를 지었다. 불효에 대한 벌을 받아 마땅한 것이지만, 시묘살이라도 해야 아버지에 대한 죄송한 마음을 조금이라도 덜 수 있을 것 같았다.

이때 나는 민주주의와 통일에 대한 아버지의 뜻을 헤아려 보게 되었다. 나는 사람이 사람답게 사는 세상, 7천만 겨레가 손을 맞잡는 통일 세상을 꿈꾸는 이들이 바로 '장준하'라고 여기고 우리 사회에 많은 '장준하'들이 생겨나길 바랐다. 나는 시묘를 마친 이후 아버지가 꿈꿨던 민주주의와 통일에 대한 전국 강연을 계획하였다.

'겨레장' 행사 장면. 서울광장을 출발하여 서대문형무소역사관으로 행진하는 모습

아버지를 다시 묘소에 모신 뒤 시묘살이를 하는 필자

긴급조치 위반, 무죄 선고를 받고
국가 배상을 청구하다.

2009년 이명박 정부 당시 유신헌법 개정을 반대하며 '백만인서명운동'을 벌이다 대통령 긴급조치 1호 위반으로 15년형을 선고받은 아버지 선고에 재심을 요청했다. 그로부터 2013년 1월 10일 박근혜가 제18대 대통령에 당선된 뒤 4년 만에 법원이 재심을 개시하기로 했다. 유신정권이 만들어낸 비상보통군법회의에서 아버지가 징역 15년을 선고받은 지 39년 만이었다.

재판부는 결정문에서 "유죄의 근거가 된 긴급조치 1호는 이미 대법원에서 위헌·무효로 확인된 바 있으므로, 대법원의 판결로 인해 형사소송법이 정하는 재심 사유인 '무죄로 인정할 명백한 증거가 발견된 때'에 해당한다"라고 결정 이유를 밝혔다. 서울중앙지검 공안2부(부장 이정회)도 "법원의 재심 개시 결정에 대해 즉시 항고하지 않을 방침"이라고 밝혔다.

그로부터 2주 후 재심 첫 공판이 열렸고 무죄가 선고되었다. 언젠가 민주화가 됐을 때 무죄 판결을 받을 것으로 생각했는데 39년이나 걸렸다.

법원 무죄 선고 판결문 (일부)

  이 사건 재심 판결이 유명을 달리하신 고인에게 조금이라도 평
안한 안식과 위로가 될 수 있기를 기원하며 주문과 같이 판결을 선
고한다. 피고인 장준하 무죄.

  고인은 격변과 혼돈으로 얼룩진 한국 현대사에서 조국 광복과
반독재 민주화 투쟁, 사상 계몽운동 등을 통해 나라의 근본과 민주
적 가치를 바로 세우고자 일생을 헌신하셨던 우리 민족의 큰 어른
이자 스승으로서 역사적 평가를 받는 분이고, 재판부도 그와 같은
역사 인식에 이견이 없다.

  오늘 이 자리는 권위주의 통치 시대에서 위법, 부당한 공권력의
행사로 크나큰 시련과 옥고를 겪게 됐던 고인께 국가가 범한 지난
날의 과오에 대해 공적으로 사죄를 구하고, 아울러 잘못된 재판 절
차로 인해 고인께 덧씌워졌던 인격적 불명예가 뒤늦게나마 명예
롭게 복원시키는 매우 엄숙한 자리이기도 하다. 이에 본 재심 사건
을 담당하게 된 재판부로서는 국민의 한 사람이자 사법부의 일원
으로서 무거운 역사적 책임 의식을 가지지 않을 수 없다.

  국민주권, 주권재민이라는 지극히 상식적이고도 보편적인 근대
헌법의 기본적인 헌법 가치가 무참히 핍박받던 인권의 암흑기에
고인은 민주주의의 기본적 가치를 회복하고 어둠을 밝히는 시대
의 등불이 되고자 스스로 개인적인 희생과 고난을 마다하지 않으
셨고, 그러한 고인의 숭고한 역사관과 희생정신은 장구한 세월이

흘러도 여전히 이 시대를 같이 호흡하는 사회 공동체 구성원 모두에게 큰 울림과 가르침으로 남아 연연히 이어져 오고 있는바, 고인께 진심 어린 존경과 감사의 마음을 표한다.

나아가 한평생 조국을 위해 헌신하셨던 고인께 유죄를 선고했던 잘못된 과거사로부터 얻게 된 뼈아픈 교훈을 바탕으로, 기본권 보장의 최후 보루로서 국민의 권익을 보호하고 보편적 정의를 실현하는 국민의 사법부가 될 것을 다시 한번 다짐하고 이 사건 재심 판결이 이미 유명을 달리하신 고인께 조금이나마 평안한 안식과 위로의 계기가 될 수 있기를 염원한다.

마지막으로 고인께서 유명을 달리하신 지 어언 39년의 유구한 세월이 흘렀음에도 좀 더 이른 시점에 잘못된 사법부의 지난 과오를 바로잡지 못한 점에 대해 고인과 그 유가족께 심심한 사과의 말씀을 드리고, 아울러 이 사건 재심 판결이 고인의 유가족께도 명예를 회복하고 자긍심을 갖게 되는 심적 위로가 되기를 기원한다.

'긴급조치 무효화 법률 입법토론회' 장면(정면 왼쪽에서 두 번째 필자)(2013. 2. 18.)

민족·국가와 나

무죄 판결을 받은 후 서글픈 생각이 들었다. 사법부는 기본권 보장의 마지막 보루인데 그런 기관이 그동안 권력에 끌려다녔다는 방증이 아니겠느냐, 그동안 양심적인 재판관들이 얼마나 창피했을까 하는 생각에서였다. 아마 사법부의 명예를 회복하자는 의미에서 무죄 선고를 해준 걸로 알고 있다.

　며칠 지난 뒤 2월 18일 민주통합당 전해철(안산 상록갑·사진) 의원이 주관하는 '유신헌법 하 긴급조치 무효화 입법토론회'에 참석하였다. 나 외에도 김진영 변호사, 신동호 경향신문 논설위원, 조영선 변호사 등도 토론자로 나섰다. 신동호 논설위원은 "자기도 모르는 부모나 친척 일 때문에 해직당하고, 취업을 못 하고, 이런 게 끈질기게 반복돼서 평생을 헤매는 분들도 봤다. 유무형의 피해는 지금도 계속되고 있다"라며 "긴급조치로 손해를 입은 것은 국가의 잘못이기 때문에 배상해야 한다"라고 목소리를 높였다. 당시에는 관련자의 명예 회복과 배상 문제가 개인의 재심청구에 맡겨진 상태였다.

　조영선 변호사는 "긴급조치는 학생, 지식인의 저항을 제압하기 위한 것이기도 했지만, 일반 국민들의 일상적인 발언을 유언비어 유포라는 명목으로 처벌한 대국민 공포정치였다"라며 "피해자에 대한 보상이 아니라 배상이 되어야 한다"라고 강조했다. '보상'은 적법한 공권력 행사에 의한 피해를 보전한다는 의미이기 때문에 '보상'이라는 단어를 쓰면 긴급조치가 적법한 공권력 행사가 된다는 것이다.

　이 자리에서 나 또한 "지금 방식의 보상에서 끝내려고 하는 것은 역사의 오욕을 덮고 가자는 것"이며, "민주주의를 위해 싸우다 희생된 분들과 그 가족들, 피눈물을 흘린 분께 보상하는 것은 치욕이고, 그분들에 대한 배신"이라고 목소리를 높였다. 이어 나는 "배상 문제와는 별도로 친일과 재산을 환수하듯 박정희 정권 편에서 기득권을 누린 자들의 재산을 환수해야 한다"라는 주장도 하였다.

이날 토론회에서 ▲ '유신헌법 하 긴급조치 위반 유죄판결의 일괄무효를 위한 법률안'의 조속한 심의, 통과 ▲ 박근혜 당선자와 새누리당의 긴급조치 관련 공개 사과 ▲ 유신과 긴급조치를 포함한 군사정권 시대의 투쟁당사자의 명예 회복과 피해구제를 위한 조치 강구 등을 촉구하는 공동선언문을 채택했다.

그 뒤 2013년 3월 21일 헌법재판소가 1970년대 유신 시절 박정희 대통령이 선포한 대통령 긴급조치 1호, 2호, 9호에 대해 위헌 결정을 내렸다. 박근혜 정부에서 유신과 관련된 사안에 대해 사법부가 긴급조치 위헌 결정을 내려 3권분립의 한 축을 담당할 것 같다는 기대가 들었다. 더욱이 헌법재판소장 임기가 끝나는 그 날 긴급조치 위헌 결정을 해서 감회가 새로웠다. 한편으로는 수많은 유신 희생자들이 아버지 때문에 피해를 본 것 아니냐는 마음도 들었다. 아버지가 유신철폐 운동을 벌여 박정희 전 대통령이 그것을 막기 위해 긴급조치를 제정했기 때문이었다. 희생된 분들에게 피해를 준 것 같아 마음이 항상 무거웠는데 위헌 결정으로 조금이나마 그 부담을 덜 수 있었다.

유골 감식 결과 99.9% 타살로 밝혀진 이상 아버지의 죽음에 대해 국가의 불법행위로 인한 잘못을 인정하고 책임을 지는 배상을 청구하였다. 국가에서 우리 가족에게 금전적으로 보상한다고 하는 것은 결국 우리 국민의 세금을 쓰는 것이기 때문에 보상이 아닌 배상이 필요하다는 생각에서였다.

이때 국가를 상대로 민사소송을 제기할 수 있도록 지원하기 위해 시민들이 나서줬다. 2013년 7월 24일 포털사이트 다음 토론방 '아고라'의 '

이슈 청원' 페이지에 '장준하 선생님 유족들이 큰 어려움에 처해있습니다'라는 제목으로 청원이 올라왔다. 이는 나와 친분이 있던 이용우 씨가 그해 7월 8일 아고라에 '장 선생 유족이 1천만 원이 넘는 비용 때문에 민사소송을 포기하려 하니 모금을 해 보자'라고 제안하면서 비롯됐다. 내용은 "고인의 유가족이 인지대 등 소송비용이 없어 무죄 판결 뒤에도 손해배상 청구 소송을 제기하지 못하고 있어 국민 모금을 진행하자"는 것이었다. 서명 목표 1만 명인 청원이 시작되자 이틀 만에 3천 명에 육박하는 누리꾼들이 서명과 격려 댓글을 남겼다. 그해 7월 말까지 '대국민 성금 청원'에 6,992명이 서명했으며, 4천여 명이 모금에 참여해 5천만 원가량 모금됐다.

이에 힘입어 2013년 8월 1일 어머니와 나를 비롯한 동생들까지 포함하여 6명의 이름으로 손해배상 소송을 진행하였다. 긴급조치 1호를 발령한 대통령의 불법행위와 중앙정보부의 위법한 수사로 아버지와 가족들이 극심한 정신적 고통을 받았다며, 국가가 모두 13억 원의 위자료를 지급해야 한다고 주장했다. 시간이 많이 흘렀지만, 이 자리를 빌려 많은 성원을 보내준 분들께 감사의 마음을 전한다. 이때 나는 애국시민의 정신적 구심점이 될 수 있도록 '장준하재단'을 세울 계획을 세웠고, 소송비용을 뺀 나머지 돈과 승소했을 때 받게 될 배상금 전액을 재단에 내놓을 참이었다. 장준하재단을 통해 아버지의 애국정신을 기릴 민족학교 설립과 애국청년을 위한 장학사업 등을 펼치고자 하였다.

이런 가운데 2014년 1월 27일 '장준하특별법제정시민행동'은 아버지를 보상 대상에서 제외했던 '민주화운동관련자 명예 회복 및 보상심의위원회'(민주화보상심의위)의 결정이 잘못됐다며 직권으로 재심의할 것을 요청했다. 민주화보상심의위는 2007년 4월 "장준하 선생의 민주화운동은 인정하나, 사망은 민주화운동과 관련되어 있다고 볼 수 없다"라며 아버지를 명예 회복 대상자에게서 제외했다. 그렇지만 2012년 12월 아버지의 묘소 이장 과정에서 발견된 머리뼈 함몰에 대한 법의학 정밀 감식 결과 아버지의 죽음이 외부 가격에 의한 타살로 결론이 났기 때문에 재심 신청서를 냈다.

2000년 민주화보상심의위 요청에 따라 명예 회복을 신청했다가, '의문사진상규명위원회의 결론을 기다리자'라는 제안을 받아들였다. 그 뒤 의문사위원회가 아버지의 사인에 대해 정보기관 등의 자료 제출 거부 등으로 '진실규명 불능'이란 결정을 내렸음에도 2007년 민주화보상심의위는 '사망이 민주화운동과 관련 없다'라는 결정을 내렸었다. 당시 민주화보상심의위는 의문사 사건은 새로운 증거 제시 및 다른 사건과 형평성을 고려해 필요할 때 위원회의 직권 재심 제도를 적극적으로 활용하고자 하였다. 재심의를 요청할 당시 나는 이는 아버지뿐 아니라 이 땅의 민주주의 회복을 위해 희생된 모든 분의 소망이라 여겼고, 재심의를 통해 역사 정의를 바로 세우고 진실을 밝혀주길 바라는 마음이 간절했다.

이런 가운데 2014년 3월 국가를 상대로 낸 손해배상 청구 소송이 잠정 중단되었다. 당시 대법원에서 '동일방직' 노조원 해고 사태 피해자들이 국가를 상대로 낸 손해배상 소송을 '민주화운동 보상법에 따라 보상금을 받은 사람은 재판상의 화해가 성립된 것'이라며 청구인의 위자료 청구를 각하했기 때문이었다. '민주화운동관련자 명예 회복 및 보상 등에 관한 법률' 제18조 2항에 "이 법에 의한 보상금 등의 지급 결정은 신청인이 동의한 때에는 민주화운동과 관련해 입은 피해에 대해 민사소송법의 규정에 의한 재판상 화해가 성립된 것으로 본다"라고 돼 있다. 어머니 또한 이 법에 따라 생활지원금을 받았기 때문에 국가를 상대로 손해배상 청구를 할 수 없다는 얘기였다.

그런데 민주화운동 보상 관련 생활지원금은 많아 봐야 5,000만 원을 넘지 않았다. 민주화운동 관련자도 일정 신고 소득 이하에 해당하는 사람만 받을 수 있었는데, 어머니는 2,000만 원 정도밖에 받지 못했다. 생활이 어려워 돈을 받았다고 하여 국가 배상 청구도 못 하고, 생활이 여유가 돼 돈을 안 받은 사람들은 손해배상을 할 수 있다는 논리여서 형평성에 맞지 않았다. 더욱이 '민주화운동보상법' 조항은 국가 손해배상과 관련 없이 민주화운동 관련자로 인정된 경우 생활 지원을 돕기 위한 돈이었기 때문에 돈을 받았다고 '화해'로 간주하는 것은 헌법에 어긋나는 것이었다. 이에 헌법재판소의 위헌 여부 결정이 있을 때까지 기다려야만 했다.

그런데도 그동안 법원은 긴급조치 피해자들의 손해배상 소송에서 국가의 배상 책임을 인정하지 않았다. 2015년 대법원은 "유신헌법에 근거한 대통령의 긴급조치권 행사는 고도의 정치성을 띤 국가 행위"라며 "대통령의 권력 행사가 국민 개개인에 대해 민사상 불법행위를 구성한다고 볼 수 없다"라고 판단했다. 대통령의 긴급조치 발령이 피해자 개개인에 대한 민사상 손해배상 책임을 지는 불법행위라고 볼 수 없다는 판결이었다. 한동안 일부 하급심을 제외한 상당수의 판결은 이 같은 대법원의 판례를 따랐다.

그 뒤 문재인 정부가 들어선 뒤 대법원의 판결이 뒤집혔다. 2020년 5월 재판부는 판결문에서 "대통령의 긴급조치 1호 발령 행위는 대통령의 헌법수호 의무를 위반한 것"이라며, 긴급조치 1호 발령은 그 발령만으로 "헌법상 보장되는 국민의 기본권이 직접적이고 중대하게 침해된다는 사정을 잘 알면서도 행해진 것"이라고 밝혔다. 이어 대통령의 긴급조치 1호 발령 행위는 실제 피해를 본 아버지에 대한 "고의 또는 중대의 과실에 의한 위법 행위"에 해당한다고 판단했다. 또 긴급조치 1호 발령에 근거를 둔 수사와 재판, 징역형의 집행 역시 모두 위법 행위에 해당한다고 덧붙였다. 이에 따라 재판부는 대통령 등 공무원들의 위법 행위로 아버지와 가족들이 "정신적 고통을 당했을 것이 경험칙상 분명하다"라며 국가의 손해배상 책임을 인정했다.

그 결과 2020년 5월 국가를 상대로 제기한 손해배상 청구 소송에서 국가가 유족에게 총 7억 8천3백여 만 원을 지급하라고 판결을 받아냈다. 아버지에 대해서는 5억 원, 어머니에 대해서는 1억 원, 자녀 5명에 대해서는 각 5천만 원을 정신적 손해액으로 인정했다. 다만 아버지 몫으로 돌아간 형사보상금 6천6백여만 원은 관련 법에 따라 위자료에서 공제했다. 하지만 어머니가 이미 돌아가신 뒤였기 때문에 기쁨이 반감되었다.

재판부는 위자료 액수 산정 기준에 대해 ▲ 아버지가 한국 현대사에서 조국 광복과 반독재민주화투쟁 등에 일생을 헌신한 민족의 지도자로 역사적 평가를 받고 있고, 반민주적인 유신헌법을 개정하기 위한 운동을 벌였던 점 ▲ 이에 대통령은 유신헌법에 대한 국민적 저항을 탄압하기 위해 헌법개정을 주장하는 모든 행위를 금하는 긴급조치 1호를 발령한 점 ▲ 그런데도 아버지가 유신헌법 개정 운동을 활발히 벌이다가 긴급조치 1호의 최초 위반자로서 영장 없이 체포·구금돼 징역 15년의 중형을 선고받았고, 형집행정지로 석방되기까지 323일 동안 구금돼 있었던 점 ▲ 아버지의 가족은 별다른 직업이 없었는데, 이 사건으로 인해 국가의 감시와 억압을 받아 정상적 사회생활이 곤란했고, 가족이 뿔뿔이 흩어져 경제적으로도 궁핍한 생활을 겪었던 것으로 보이는 점 등을 고려했다고 한다. 그러나 이러한 판결도 국가에서 항소하여 현재까지 표류하고 있다.

평화운동, 통일운동의 길로 나서다.

시묘살이를 한 뒤에 나는 나만의 길로 나아
가고자 하였다. 물론 아버지의 뒤를 이어 평화운동과 통일운동에 적극
적으로 나서려 하였다. 가장 먼저 2013년 4월 21일 서울 프레스센터 앞
에서 한반도평화촉구범국민연대(가칭)가 '한반도에 평화를! 동아시아
에 평화를!!'라는 구호로 내걸고 시국선언을 개최하는 데 참석했다. 국
민연대는 시국 선언문에서 "개성공단의 조업 중단과 함께 1990년대 초
부터 시작됐던 남북 교류 협력 사업이 제로 상태가 되는 등 남북한의 불

한반도평화촉구범국민연대 주최 '한반도평화를 촉구하는 541인 시국선언 기자회견 장면(2013.4.21)

신이 극에 달했다"라고 우려하며, "한반도는 60여 년 만에 다시 전쟁으로 공멸할지 평화로 공존할지의 갈림길에 서 있다"라며 "국민이 지혜를 모아 전쟁 예방에 직접 나서고 미국, 중국의 협조하에 남북한이 주도하는 '한반도 평화협정'을 체결하도록 해야 한다"라고 촉구했다.

2013년 5월 2일에는 청계광장 한쪽을 촛불로 채운 시만 400명과 함께했다. 이명박 정부 당시 원세훈 전 국정원장이 국내 정치, 대선에 불법 개입됐다는 정황이 파악돼 검찰로부터 불구속으로 기소됐고, 박근혜 정부의 남재준 국정원장이 '국정원의 명예를 지키겠다'라며 2007년 남북정상회담 대화록을 일방적으로 공개해 다시 정치개입 논란을 빚었기 때문이다. 그날 박원석 의원과 우희종 교수도 동석했는데, 2008년 촛불집회 때 울려 퍼졌던 노래 '대한민국 헌법 1조'를 부르며 그날의 촛불을 기념했다. 나는 단상에 올라 시민들에게 "촛불 여러분이 진정한 대한민국, 국민"이라고 말했다.

나는 2013년 7월 <미디어오늘>과의 인터뷰에서 과거 중앙정보부의 횡포를 회상하며 당시 국정원의 일련의 행위들이 "국기문란 행위를 넘어 국가 존립을 위협하고 있다"라고 강하게 비판했다. 남재준 원장, 원세훈 전 원장 등이 단독으로 그런 행위를 했다고 보긴 어렵다며 박근혜 대통령이 세간의 오해를 씻기 위해서도 입장을 밝혀야 한다고 촉구했다. 또한 국정원 사태를 다루는 조선·중앙·동아의 기사나 논조를 보면 정말 부끄럽게 생각하여 옛날 동아투위 정신이 필요하다고 역설하였다.

2013년 12월 4일 출범한 희망시민연대의 공동대표를 맡게 되었다. 희망시민연대는 국가정보원 등 국가기관의 총체적 부정선거 사실이 드러나 대통령 하야와 사퇴를 촉구하는 시점에서 돌파구를 찾기 위해 이를 출범하게 됐다.

민족·국가와 나

박근혜 정부가 들어서고 나서 나라 안팎이 정말 풍전등화인 상황이었다. 대외적으론 미국과 중국, 일본 등 동북아 국가 간의 세력 갈등을 겪고 있는 위태로운 상황 놓였지만, 박근혜 정부는 그러한 위태로운 상황을 인지하지 못하고 있었다. 특히 일본에 대해서는 심각하게 받아들이지 않는 것 같았다. 그들의 뿌리가 친일에 있기 때문일지도 모르겠다는 생각이 들었다. 그런 상황에서 뭔가 돌파구를 찾아야 한다는 절체절명의 위기의식을 느껴 국민의 소리를 국민의 입장에서 내는데 시민을 정치 참여의 주체로 결집해 내고자 희망시민연대를 만들었다.

이런 취지로 '국민에게 희망을 주는 공존·공영·공생하는 공동체 사회 건설'을 비전으로, 한반도 시대를 열어나가기 위한 남북의 평화와 통일, 국민이 정치의 주체로 참여할 수 있는 정치제도 개혁, 경제민주화를 통한 복지국가 건설을 목표로 제시했다. 이를 위해 향후 만민공동회와 새로운 대안 제시를 위한 세미나, 민주시민 정치의식 강화를 위한 풀뿌리 정치학교의 활동을 해나갈 계획이었다.

2014년 3월 1일에는 독립운동가 후손 자격으로 3·1절 타종행사에 참여하였다. 이는 일제강점기에 독립운동을 펼친 애국지사들의 애국정신을 기리기 위해 지난 1953년부터 진행되고 있는 행사였다. 또한 그날 3·1운동100주년기념민족(남·북·해외) 공동준비위원회가 120여 시민사회단체(7대 종단, 민족단체, 문화예술단체 등)를 비롯한 독립운동단체와 애국지사, 애국시민과 함께 광화문광장, 서울광장, 탑골공원 등에서 의미 있는 기념행사를 진행하였는데 내가 격려사를 했다. 대한민국 정부 수립의 역사적 정통성을 상징하는 3·1운동 100주년을 맞이하여 남과 북, 해외 8천만 겨레가 단결하여, 이념·종교·계층을 뛰어넘어 전 민족이 3·1운동의 정신을 계승하고, 발전시키는 사업을 전개하며 역사적 정통성을 재확립하는 자리였다.

또한 2014년 3월 5일 서울 종로구 일본대사관 앞에서 열린 제1116차 일본군 '위안부' 문제 해결을 위한 수요집회에 참석하였다. 그해 4월 11일에는 국립서울현충원에서 거행된 대한민국 임시정부의 국무위원을 역임했던 독립운동가 운암 김성숙 선생(태허스님)의 서거 제45주기 추모제에 참석하여 추도사를 낭독하였다. 나는 "일제강점기에는 일제에 맞서 싸우셨고, 해방 후에는 5.16 군사쿠데타로 집권한 박정희에게 맞서 싸운 그 정신을 이어받아, 이제는 우리가 선생의 못 다 이룬 소원을 이뤄드리고자 하니, 부디 편히 영면하시길 바란다"라고 하여 선생의 정신을 계승해 나갈 것을 천명하였다.

2014년 5월 2일 저녁에는 KBS 앞에서 민주언론시민연합이 주최하는 세월호 참사 추모 촛불집회에 참여하였다. 이외에도 전국언론노동조합, 동아자유언론투쟁위원회, 언론소비자주권국민캠페인 등 언론 단체들과 이용길 노동당 대표, 시민 등 50여 명이 참석하였다. 그곳에서 촛불집회를 연 것은 세월호 참사 관련한 KBS의 보도가 정부 입장을 옹호하는데 편향돼 있다고 인식하기 때문이다. '전원구조' 오보와 '선내 시신' 오보, 이에 대해 사과하지 않으면서 박근혜 대통령의 책임을 회피하는데, KBS가 앞장서고 있다는 판단에 따른 것이었다. 집회에 이어 외곽 인도를 따라 행진을 벌였는데 전경들이 차벽을 쳐 진입을 막았다.

이때 나는 마이크를 잡았다. "먼저 우리 아들·딸들, 참 불쌍하게 죽임을 당한 우리 아들·딸들의 영혼을 위해서 하늘에게 먼저 빌어보겠다. 세월호 사건이 일어난 4월 16일 이후로 17일간 울다 눈물이 말랐다. (중략) 눈물이 마르면 몸이 마르고 결국 타오르고 폭발할 수밖에 없다. (중략) 사회지도층이란 사람과 언론이 어떤 짓거리 하고 있는지 똑똑히 봐왔다. 이들은 대한민국 국민이 아니라 마치 박근혜 대통령 밑에서 일하는 용병처럼 국민을 유린했다. (중략) 언론? 없다. 정부? 없다. 핍박받고 항상 뒤처져 있는 우리 국민을 위해 제대로 된 나라를 만들어서 다시는 이런 불행한 사태 일어나지 않기를 빌어보겠다."

그 뒤로도 여러 번 세월호 집회에 참석하거나 신문에 관련 글을 투고하였다. 2014년 8월 21일에는 세월호 참사 국민대책회의가 광화문광장에서 '유가족의 뜻에 따른 특별법 제정 촉구 국민 호소 기자회견'을 열었는데, 그 자리에서 나는 "국민이 다 아는데 정작 이 문제를 해결할 수 있는 당사자인 국회의원들과 대통령이 입을 다물고 있다"라며 "다시는 이런 참사가 일어나지 않게 하려면 특별법을 만드는 데 힘을 모아야 한다"라며 힘을 보탰다.

<미디어 오늘> 2014년 9월 7일자에 '언론에 고한다… 세월호 참사 계기로 '진짜' 가리자'라는 글을 실었다. 글을 통해 "언론사들과 종사자들

광화문광장에서 열린 세월호참사국민대책회의 기자회견에서 발언하는 필자(2014.8.21)

이 대한민국을 민족반역, 친일 군사독재의 뿌리인 이승만, 박정희의 아류들에게 종신 독재국가를 만들어 대려고 안간힘을 쓰는 것 같다"라며 조선·동아 등 메이저 언론사들이 편향, 짜라시, 조폭성, 물질만능, 반민족, 반민주, 정신 질환적 행태, 그리고 권력에 아부하는 작태를 비판했다.

더욱이 그해 9월경 세월호 사건 당일 '박근혜 대통령의 7시간 행적'을 두고 이런저런 말이 나돌았다. 이때 박근혜 대통령이 '국민을 대표하는 대통령에 대한 모독적인 발언이 그 도를 넘고 있다'라며 강하게 자신을 향한 발언을 비판하고 나서면서 '대통령 모독'이 장안의 화제가 된 적이 있었다. 검찰은 '사이버 명예훼손 무관용' 원칙을 발표하고 전담수사팀을 설치해 처벌을 강화한다고도 밝혔다.

나는 그것을 지켜보면서 시간이 47년 전으로 돌아가는 것 같았다. '부전여전' 꼴이었다. 다른 점은 박정희는 자신이 지은 죄를 알기에 처벌받지 않으려고 폭거로 권력을 뺏었고 그 권력을 이용해서 '대통령 모독'이라는 비상식적인 죄목을 붙여 사람들을 감옥에 가두고 국민을 관리했다. 그런데 박근혜 대통령은 대통령이라는 직이 무엇을 해야 하는지 그 개념조차 잘 모르는 사람 같았다. 국민을 자신들이 원하고 필요한 것을 제공하기만 하면 되는 종적인 존재로 취급하는 것 같았다.

한편, 나는 2014년 5월 19일 박근혜 대통령이 보여준 눈물(?)의 국민 담화에서 적폐를 청산하고 국가를 개조하겠다는 말을 반신반의하였다. 박 대통령이 해경을 해체하는 등 정부 조직을 개편하겠다고 했고, 그동안 공직사회에 만연한 전관예우 등 비정상의 관행을 없애기 위해 일명 '김영란법'의 국회 통과를 약속하였다. 세월호 참사로 온 나라가 슬픔에 잠겼을 때 국민은 정부의 위기 대응 능력을 비판하면서도 박 대통령이 국정 방향을 바꿔주기를 바랐다. 대통령이 대기업 자본의 이윤을 위한

민족·국가와 나

정책, 친일·독재 미화 논쟁, 방송 장악 등 비정상의 권한을 다 내려놓고 국민의 안전과 복지를 위한 관료개혁과 정부 개혁을 시작하라는 경고이고 기대였다. 그런데 박 대통령이 청와대와 내각을 개편하겠다고 동원한 인물들이 줄줄이 적폐들이다. 친일 역사관으로 비판의 도마 위에 오른 문창극이 갑중의 갑이었다.

2014년 6월 16일 서울 세종로 서울정부청사 앞에서 열린 '문창극 총리 지명 철회 촉구' 기자회견에 참석하여 문 총리 후보자의 역사의식을 규탄하였다. 6월 18일에는 항일독립운동가단체연합회가 '친일 문창극, 김명수, 박효종, 박근혜 대통령의 역사관이 정상적인가?'라는 성명을 발표하기도 했다.

사건은 2014년 6월 11일 KBS 뉴스 9에 문창극 국무총리 후보자가 2011년 서초구의 온누리교회 양재캠퍼스 수요여성예배에서 "일본의 식민지배와 남북 분단은 하나님의 뜻"이라고 발언했다는 사실을 단독 보도하면서 비롯되었다. 보도에 따르면, 문창극은 "조선 민족이 일본의 식민지 지배를 받게 된 것은 조선 왕조 시대부터 게을렀기 때문"이라며 "이를 고치기 위해 일본의 식민지 지배를 하나님이 받게 한 것"이라고 주장했다. 아울러 그는 "조선 민족의 상징은 게으른 것이다. 게으르고 자립심이 부족하고 남한테 신세를 지는 것이 조선 민족의 DNA로 남아 있었다"라고도 했다. 이어 그는 "우리 민족성을 보면 우리가 온전히 독립했으면 한반도 전체가 공산화됐을 것"이라는 것이었다.

마침내 문창극은 그해 6월 24일 후보직을 사퇴했다. 나는 이를 지켜보면서 우리나라의 이른바 엘리트라는 집단이 '친일'과 '사대'에 연결돼 있으며, 이들이 나라를 집권하고 농락해왔다는 사실이 잊고 지낸 것이 아닌가 하는 반성을 하게 되었다. 역사의식조차 희미해져 가고 있는 때에 문창극 후보를 보면서 국민이 친일 반민족 행위 하나하나 다시 관심을 갖게 되는 계기가 되었다. 또한 문창극과 대동소이한 사람이 언론계, 법조계, 학계, 정계에 굉장히 많이 퍼져있다는 점을 경계해야 한다고 생각했다.

2014년 7월 2일 단군민족평화통일협의회, 독립유공자유족회, 한민족운동단체연합 등 120개 단체 소속 대표 30여 명이 종로구 일본대사관 앞에서 '제2의 태평양 전쟁 획책하는 아베정부' 일본 집단자위권

국회정론관에서 기자회견을 열고 문창극 등 친일인사의 임명 철회를 요구하는 필자(2014.6.18)

각의 의결 철폐 긴급 기자회견을 했다. 이때 나는 성명을 통해 "평화헌법의 입법 취지를 무시하고, 해당 헌법상의 집단자위권 행사를 재해석해 전쟁 수행을 정당화하려는 일본 아베 정부를 통렬히 규탄하였다. 또한 우리 정부가 적극적 대응으로 일본 정부의 집단적 자위권과 독도침탈 음모를 저지할 것을 민족의 이름으로 강력히 요구하였다.

2015년 8월에는 종로5가 인근 한국기독교회관 2층 강당에서 'TV대한', '미디어 마당' 설립 선포식을 했다. 시민의 대응 미디어가 필요하다고 인식하였기 때문이다. 'TV대한'은 시민 주도 언론매체의 성격에서, '미디어 마당'은 흩어져 산발적으로 움직이는 군소 미디어와 1인 뉴스

민족·국가와 나

종로구 일본대사관 앞에서 '제2의 태평양전쟁 획책하는 아베 정부'
일본 집단 자위권 각의 의결 철폐 긴급 기자회견에서 일본 정부를 규탄하는 필자(2014.7.2)

블로거 등을 하나의 사이트로 모아 다양한 뉴스와 방송을 내보낸다는 구상을 하여 시작하였지만, 제대로 추진하지는 못했다.

　2016년 3월 8일 오전 11시에 광화문광장에서 '테러방지법' 폐지를 주장하는 집회에 참석하였다. 그해 1월 18일 출범한 장준하부활시민연대가 주최한 자리였다. 장준하부활시민연대는 친일 매국노이자 독재자인 박정희의 딸 박근혜의 반민족적 폭정이 나날이 도를 더해가자 이를 저지하려고 아버지를 부활시켜 유신독재로 회귀하는 박근혜에게 맞서겠다며 나선 시민단체다. 나는 그 자리에서 '테러방지법'은 국민이 아닌 그들(정부)을 위한 것이기 때문에 국민이 힘을 모아 '악법'을 폐기해야 한다고 주장했다. '테러방지법'은 테러 방지를 위해 국가정보원에 정보 수집 및 추적권을 부여하고 테러 인물을 감시·관리할 수 있는 법적 근거를 담고 있다. 법안은 2016년 2월 23일 본회의에 직권 상정됐으나 이를

항일독립운동가단체엽합회가 주최한 박근혜 정부의 국정 역사교과서 반대 기자회견(2017.2.10)

막고자 야당 의원들이 9일간의 필리버스터를 진행하면서 자연 미뤄졌으나 결국 그해 3월 2일 본회의를 통과했다.

2017년 2월에는 박근혜 정부가 그동안 논란이 컸던 국정 역사 교과서 정책을 계속해 나가려는 움직임에 반대하였다. 그때는 '박근혜 퇴진' 촛불집회가 계속되던 때였는데도 말이다. 이에 장준하선생기념사업회를 포함한 15개 독립운동 단체가 참여한 항일독립운동가단체연합회가 주도하였다. 그간 꾸준히 국회 안팎에서 국정교과서 절대 반대를 외쳤는데, 교육부가 총 760건을 수정·보완했다면서도 학계가 지적한 중요한 내용상 오류는 바꾸지 않았고, 오탈자나 사진을 수정하는 데 그쳤다.

나는 이 자리에서 "박정희 전 대통령에 관한 기술은 검정교과서의 2배에 달하고, 유신독재는 완화해서 서술했으며, 경제 치적은 강조했다"라면서 "그러나 제주 4·3, 5·18 광주민주화운동, 대구 2·28 민주화운동은 축소해서 서술했다. 이는 대한민국을 대표하는 국정 역사 교과서로서 올바른 표현이 결코 될 수 없다"라고 비판했다.

결국 박근혜는 2017년 3월 10일 오전 11시 21분, 헌법재판소 탄핵 심판 선고에서 만장일치로 '박근혜의 탄핵 소추안'을 인용하며 자리에서 끌어내려졌다. 대한민국 헌정사상 최초의 현직 대통령 파면이라는 기록을 남겼다. 그 뒤 3월 31일 새벽 3시 4분경, 박근혜 씨는 구속영장이 발부되어 서울구치소에 구속되었다.

'박근혜-최순실 게이트'에 분노를 느낀 시민 2만여 명이 2016년 10월 29일 처음으로 광화문광장에 모여 촛불집회를 열었다. 광화문 촛불집회는 2차 20만 명, 3차 100만 명, 4차 96만 명, 5차 190만 명, 6차 232만 명으로 급증했고 이들의 구호는 점차 '국정농단 규탄'에서 '박근혜 퇴진'으로 바뀌었다. 2017년 3월 10일 20차 집회까지 누적 기준으로 1,600만 명을 돌파했다. 장기간 이어진 대규모 집회임에도 단 한 건의 폭력 사태도 일어나지 않은, 유례가 없는 비폭력 평화집회였다.

그즈음 4월 8일에 경북 칠곡군 지천면 현대공원묘원에서 박정희 정권의 사법살인으로 희생된 인혁당 열사를 기리는 '4·9통일열사 42주기 추모제'에 참석했다. 사단법인 4·9인혁열사계승사업회, 재단법인 4·9통일평화재단이 주최했는데 각지에서 200여 명이 참석했다. 다들 박근혜가 파면, 구속된 가운데 열리는 행서였던 만큼 감회가 새로운 듯했다. 그날 인혁당 재건위 사건으로 무기징역을 선고받았던 강창덕(90) 4·9인혁열사계승사업회 이사장은 박정희가 김재규에게 죽었다는 사실을 듣고 감옥에서 지은 시를 읊었다. "그놈은 잡았는데 내가 못 잡아 한이로다. 남이 잡은 그놈이니 시쳇들 뒤져보라. 언젠가 그날 오면 부관참시는 내가 하리." 그는 "부관참시는 못 했지만, 박정희의 뿌리 박근혜를 우리 1,000

만 촛불의 힘에 의해서 감옥에 가뒀심더. 내 마음에 반 분은 풀리고, 열사님들도 한이 조금은 풀렸으리라 본다"라며 울먹였다.

2018년 1월 북한의 김정은 국무위원장이 신년사에서 평창올림픽 참가와 함께 남북 대화의 용의를 내비치면서 남북관계가 화해 무드로 변하였다. 이어 남북 판문점 직통전화가 23개월 만에 재가동하고 2월 개막한 평창올림픽에 김정은의 여동생 김여정이 참석하였다. 이런 가운데 통일광복민족회의(의장 김선적)가 2018년 2월 28일 오후 서울 프레스센터 내셔널프레스클럽에서 한반도의 당면한 상황을 위기이자 기회로 보며 한민족들이 단결하여 대처해 나아가야 할 때임을 알리는 모임을 했다. 통일광복민족회의는 1990년 3월 각계대표들이 발기하여 8월 15일 통일선언을 발표한 후 1991년 3월 결성된 민족운동 단체로서 불교·개신교·가톨릭·천도교 등 7개 종단과 독립유공자협회 등 단체들의 지도자들이 참여하고 있다.

통일광복민족회의는 2003년에 6자 회담국 정상들에게 한반도를 상충 지대로 놓아두면 장차 큰 불행이 벌어질 수 있으므로 주변 4개 국가는 한반도를 '전쟁하는 상충 지대'가 아니라 '평화를 지향하는 완충지대'로 전환하는 산파역이 되어달라고 하며, 6자회담 안에 <한반도 평화지대 구성위원회>를 둘 것을 제의한 바 있었다. 나는 2018년 2월 이훈, 정종복, 배영기 선생 등과 함께 통일광복민족회의 공동의장으로 선출됐다.

민족·국가와 나

'장준하 선생 등 과거사건 진실규명과 정의를 위한 특별법' 제정을 추진하다.

　　2013년 8월 14일 민주당 내 '장준하선생의문사진상규명위원회(장준하위원회)'와 장준하특별법제정시민행동이 발 벗고 나서 아버지 의문사 등의 사건을 정부 차원에서 진상을 규명하도록 하는 내용의 '장준하 선생 등 과거사건 진실규명과 정의를 위한 특별법(이하 장준하특별법)' 제정을 본격화하였다. 이는 2012년 9월 국민대책위원회를 발족하면서 유인물, 동영상, 거리 홍보 및 SNS 등을 통해 적극적인 홍보를 하고 암살 의혹 규명을 위한 특별법 제정을 요구하는 100만인 서명운동을 전개하면서 추진되었다. 민주당통합당 역시 특별법을 통해 아버지의 의문사를 재조사하고자 하였다. 당시 이명박 정부의 행안부가 "조사 권한이 없다"라는 이유 등으로 단순 민원으로 처리할 조짐을 보였기 때문이다. 이에 특별법 제정을 위해 다각적인 노력을 기울였다. '장준하특별법제정시민행동'이란 단체도 조직하여 움직였다. 하지만 특별법 제정은 야권의 노력만으로는 힘들었다.

　그러다가 장준하선생의문사진상규명위원회와 장준하특별법제정시민행동이 손잡고 본격적으로 특별법 제정에 나서게 되었다. 우리 역사의 발전과 민주주의의 성장을 억누르고 있던 독재와 권위주의 시대의 껍데기를 벗기기 위해서는 아버지를 살해했던 범인과 그 배후를 밝혀내야 한다는 절박함에서였다. 물론 이는 아버지뿐만 아니라 수많은 미해결 의문사 사건들, 독재정권의 국가폭력에 억울한 누명을 쓰고 고문과 옥살이를 당한 분들의 진실도 밝혀내고자 한 것이었다. 장준하위원회는 여야 의원들의 서명을 받아 이달 중 법안을 제출할 계획이었다. 나 또한 여당과 박근혜 대통령에게 적극적으로 참여해 특별법 제정에 힘써달라고 밝히기도 하였다.

그 결과 유기홍·이재오 의원 등 여야 의원 104명이 2013년 12월 '장준하 의문사 등 진실규명과 정의 실현을 위한 과거사청산 특별법'(장준하특별법)을 공동 발의하였다. 법안은 정부가 독립기구인 진실정의위원회를 설치해 아버지의 의문사 사건 등 국가기관에 의한 것으로 의심되는 사망·실종 사건의 진상을 규명하도록 했다. 하지만 장준하특별법은 박근혜가 대통령에 당선이 된 후 소관 상임위인 국회 안전행정위원회에 계류 중에 상정도 못 하고 답보 상태에 빠졌다.

그 뒤 2015년 7월 31일 새정치민주연합 최고위원회는 '장준하선생 의문사 진상조사위원회' 설치를 의결하고, 위원장에 유기홍 의원을 임명했다. 당시 광복 70주년과 아버지 서거 40주기를 맞는 해였다. 얼마 뒤 8월 6일 오전 10시 진상조사위원회와 장준하특별법 공동발의 및 참여 의원 84명은 국회 정론관에서 기자

40주기 추모식에서 추모사를 하는 문재인 대표

　　　　　　　　　　　　　　민족·국가와 나

김해영 의원의 '장준하 사건 등 진실규명과 정의실현을 위한 과거사 청산 특별법' 대표 발의 장면,
맨 왼쪽 필자(2016.8.16)

회견을 통해 장준하 선생 의문사 진상규명과 장준하특별법 제정을 촉구
하며 박근혜 정부와 새누리당이 직접 나서야 한다고 강조했다.

그해 8월 17일 장준하기념사업회와 장준하특별법제정시민행동 공동
주최로 열린 아버지 40주기 추모식에 새정치민주연합 대표도 참석했
다. 이날 문 대표는 "우리나라 현대사의 가장 큰 비극 중 하나가 민족지
도자였던 장준하 선생의 죽음이었으나, 이는 우리가 대한민국 민주화를
위해 무엇을 해야 할지 알게 했다"라며, "여전히 진상 규명을 해내지 못
해 죄송하다, 그러나 당내에 진상조사위를 꾸린 만큼 특별법을 통해 반
드시 선생의 한을 풀고 진정한 광복을 완성하겠다"라고 하였지만, 또 미
뤄지기만 했다.

그 뒤 한 해를 넘겨 2016년 8월 16일 김해영 더불어민주당 의원이 박
정희 정권 때 의문사한 고 장준하 선생을 비롯해 과거 독재 권력 하에서
발생한 의문의 죽음을 규명하려는 내용의 '장준하 사건 등 진실규명과

45주기 추모식장에서 이낙연 더불어민주당 당대표 후보와 필자(2020.8.17.)

정의 실현을 위한 과거사청산 특별법안'을 대표 발의했다. 당시 진실·화해를 위한 과거사정리위원회의 조사 기간이 종료되면서 여러 의문사 사건과 국가폭력에 의한 인권 침해 사건에 대한 추가 진상조사가 어려워지자 특별법안을 발의했다. 법안은 독립기구인 진실정의위원회를 설립해 장준하 선생의 의문사 사건을 조사하도록 하는 내용을 담고 있었고, 또 그 외에 위법한 공권력 행사로 발생한 사망·상해·실종사건 등에 대한 조사도 진행하도록 하는 내용도 담겼다. 하지만 이 또한 표류하였다. 2년이 지나도록 국회 상임위 문턱조차 넘지 못했다. 그도 그럴 것이 2016년 4월에 치러진 총선에서 더불어민주당 123석, 새누리당 122석, 국민의당 38석을 차지하였기 때문에 독자적으로 법안을 통과시키기에는 물리적으로 힘들었다. 문재인 정부가 들어선 뒤 2018년 8월 아버지 추모 43주기를 맞아 김해영 의원이 '장준하 특별법'의 국회 통과를 촉구하는 정도에 그쳤다.

그 뒤 2020년 4월 15일 제21대 총선거에서 더불어민주당이 163석으로 과반의석을 차지하면서 '장준하 특별법' 처리에 청신호가 켜졌다. 그해 8월 17일 장준하추모공원에서 제45주기 추모식이 열렸고 이 자리에 더불어민주당 당 대표 선거에 출마한 이낙연 후보가 참석했다. 그는 추모사에서 "21대 국회에서 '장준하 특별법'이 제정돼 의문사로 남은 선생님의 죽음의 진상을 밝히도록 최선을 다하겠다"라며 "'긴급조치 1호' 판결에 대한 항소 절차를 즉각 중단하고 법원의 판단을 수용할 것을 법무공단에 요구한다"라고도 했다. 또한 그는 "선생을 짓누른 시대의 질곡과 그에 치열하게 맞선 삶은 후대가 기억하고 기념해야 할 충분한 가치를 갖고도 남는다"라며 "'장준하선생 기념관'을 건립하자"라고 제안하기도 했다.

그 뒤 우여곡절 끝에 2020년 12월 10일 '제2기 진실·화해를위한과거사정리위원회'가 출범했다. 하지만 야당 측의 소극적인 대응에 국회의 위원 추천이 지연되었다. 그런 가운데 2021년 3월 10일, 이덕인 열사, 박창수 한진중공업 노조위원장 등 의문사 피해자 17명의 유가족과 함께 '의문사진상규명30+'의 이름으로 2기 진실·화해를 위한 과거사 정리위원회(아래 과거사위)에 진상 규명 신청서를 제출했다. '의문사진상규명30+'의 '30'은 1988년 종로구 기독교회관에서 '135일 농성'하며 의문사의 진상을 규명해야 한다고 촉구한 지 30년이 넘었다는 의미다. '+'는 이후에도 진상 규명을 계속 촉구해야 하는 현실을 반영한 기호다.

박정희 정부부터 김영삼 정부까지 의문사로 사망한 피해자는 총 85명인데 2002년 의문사진상규명위원회부터 2010년 1기 과거사위까지 수년간 조사됐지만, 대다수의 의문사가 '진실규명 불능'으로 처리됐다. 나는 그 자리에서 "이번이 마지막 기회라고 믿는다. 이번에는 반드시 억울한 죽음의 진실을 규명하고 국가가 폭력을 사죄할 수 있기를 고대한다"라고 말했다. 절박한 심정에서 호소했다. 나는 다시 한 번 국정원, 국군기무사령부가 협조하지 않는다는 이유로 진상을 규명할 수 없다고 이야기해서는 안 된다는 점을 강조했다. 단일 국가기구 차원의 시도로는 이번이 네 번째였다. 앞서

'의문사진상규명30+' 기자회견장에서
기자회견문을 읽고 있는 필자(2021.3.10.)

2002년과 2004년 1·2기 대통령 직속 의문사진상규명위원회는 '진상 규명 불능', 2010년 1기 진실화해위는 '조사 중지' 결론을 내려 진실을 규명하지 못했다. 국정원, 군사안보지원사령부(예전의 보안사, 기무사) 등 장준하 의문사의 배후로 의심받고 있는 주요 기관의 참고인 출석 및 자료 제출 거부라는 장벽을 넘지 못했기 때문이다. 나는 아버지께서 국가 공권력에 살해됐다는 사실만 밝혀지면 더는 바랄 게 없다. 가해 당사자 처벌은 어렵겠지만, 역사적 심판이 중요하기 때문이다.

2기 진실·화해를 위한 과거사정리위원회는 출범 100일을 넘겨 2021년 3월 26일 첫 번째 회의를 개최하였다. 당시 의문사 유족들을 비롯하여 2,774건, 5,180명에 이르는 진실규명신청이 접수되었고 6월 27일에 조사가 개시되었다. 위원회의 활동기간이 최초 조사 개시 결정일로부터 3년, 1년 이내 연장 가능할 뿐 많은 시간이 없다. 더는 이 땅에 억울한 죽음이 없도록 하고자 한다면 지난 의문사에 대한 철저한 진실과 그에 마땅한 합당한 책임을 물어야 할 것이다.

친일파 청산에 앞장서다.

2015년 8월은 광복 70주년이자 아버지 40주기를 맞는 해였다. 그즈음 박근혜 대통령 동생 박근령 씨의 친일 방언이 문제가 되었다. 박근령 씨는 8월 4일 일본의 포털사이트 '니코니코'와 인터뷰에서 일본군 위안부 문제를 두고 "일본만 타박하는 뉴스가 나가서 죄송하다"라고 하는가 하면, '천황폐하'라는 칭호를 서슴 사용하며 "일본의 야스쿠니 신사 참배에 대해 뭐라고 얘기하는 것은 내정간섭"이라는 얼토당토않은 말을 뱉어냈다. 또한 그는 과거사 사죄 요구를 "바람

한겨레신문사 기자와 인터뷰하면서 친일파 청산을 강조하는 필자(2015.8.14)

을 피운 남편의 나쁜 소문을 내는 것과 마찬가지로 역사를 후퇴시키는 일"이라는 망언도 서슴지 않았다. 그뿐만 아니었다. 박근령 씨는 귀국한 직후 공항에서도 기자들 앞에서 비슷한 발언을 했다.

혈서로 일제에 충성을 맹세한 만주 군관학교 출신의 아버지 박정희에게 세뇌되어 뼛속까지 친일임이 드러났음에도 그의 이러한 친일 발언을 두고서 일부 보수언론과 지상파 공영방송은 침묵으로 일관하는 것을 보고 분노를 금할 수 없었다. 민족의 미래를 위해, 일제에 충성한 친일 민족반역행위자들을 분명히 정리해야 하고, 그들을 최소한 지배 세력에서 몰아내 정통성 있는 세력이 나라를 이끌어야 한다는 생각을 더욱 강하게 가졌다. 독립운동가 자손들은 70년 동안 숨죽여 지냈는데도 친일 민족반역행위자 후손들은 기득권을 누려왔고 이들이 또다시 이완용이 될 수 있다는 판단에서였다. 나는 박 대통령에게 더는 침묵하지 말고 가족의 친일 행각에 대해 대국민 사과를 해야 한다고 주장했다.

당시 새정치민주연합의 홍영표 의원은 '나의 조상은 친일파였다'라고 고백하고 용서를 빌었고, 이미 고인이 되었지만, 우장춘 박사(1898~1959)는 을미사변 때 민비시해사건에 가담한 부친 우범선의 죄과를 씻기 위해 좋은 자리도 마다하고 평생 농업 연구에 몰두해 우리 국민이 굶주림에서 벗어나도록 하는 업적을 남겼다. 그런 만큼 가족의 망언에 대해 사과조차 안 하면 대통령의 자격이 없다고 생각했기 때문이다. 나는 2007년 이명박 전 대통령과의 한나라당 대선 후보 경선 때부터 박근혜 씨의 대선 출마를 반대했다. 박근혜 자체가 밉다기보다는 아버지의 친일 반민족행위와 군사독재를 부끄럽게 생각하고 국가와 국민에게 봉사하며 조용히 살기를 바랐기 때문이다. 결국 우려했던 대로 박근혜가 대통령이 되고는 친일·독재 세력이 부활해 대한민국 역사를 후퇴시키고 말았다.

그뿐만이 아니었다. 당시 새누리당 대표 김무성 씨 부친의 친일 행적도 문제가 됐다. 김무성 씨는 부친 김용주의 평전 『강을 건너는 산』을 펴내면서 '광복 70주년 기획, 새로운 역사 인물 찾기 ① 해촌 김용주'라는 부제를 달았고, 내용 가운데 '김용주의 일제강점기' 항목에서는 '극일(克日)로 이겨낸 망국의 한(恨)'이란 제목을 붙였다. 출판일을 '2015년 8월 15일'로 맞추는 등 광복 70주년을 맞아 자신의 아버지를 '애국항일투사'로 포장하려는 뻔뻔함을 보였고 책을 의원회관에 쌓아 놓고 배포하는 추태를 벌였다.

손바닥으로 하늘을 가리는 식이었다. 오히려 민족 정통성이 없는 친일 세력늘이 나라를 관리하면서 범죄사실을 숨기기 위해 진실과 역사를 왜곡시켜왔음을 내보이는 대표적인 한 사례였다. 당시 나는 한국독립유공자협회 사무총장직을 그만두고 전국을 돌며 '대한민국이 나아가야 할 길'이란 주제로 강연을 하고 다녔다. 왜곡된 역사를 배운 젊은 세대가 '독립운동을 왜 했냐', 심지어 '일본이 지배하지 않았으면 근대화가 어려웠을 것'이란 얘기를 서슴지 않고 하는 것을 보고 역사 바로 알기의 중요성을 깨달았기 때문이다.

그때 나는 서울 마포에 '장호권근현대사문제연구소'를 열고 본격적으로 자주독립과 통일문제를 파고들고자 했고, 그해 10월에는 아버지가 남긴 육필 원고를 바탕으로 『돌베개』 후편을 발간하고자 하였다. 아버지가 해방 이후 이승만 정권의 난맥상, 한국전쟁, ≪사상계≫ 발간, 4·19혁명, 5.16 군사쿠데타에 이어 유신철폐 100만인 서명운동까지 아버지의 눈을 통해 바라본 한국 현대사의 모습을 담아내고자 하였지만, 미처 마치지 못했다.

C-47 비행기,
여의도공원에 전시되다.

2015년 광복 70주년을 맞아 의미가 깊었던 것
은 '8월 18'일의 작은 행사였다. 그날 1945년 11월 23일 아버지를 비롯한
김구 선생 등 15명의 임시정부 요인들이 1진으로 환국할 때 타고 들어왔
던 같은 기종의 C-47 비행기가 여의도공원에 전시된 것이었다.

비행기를 여의도공원에 전시하게 된 것은 2012년경 정동영 전 국회의
원, 서해성 작가 등과 점심을 먹으면서 아버지가 환국할 당시 얘기를 나

여의도공원에 전시한 C-47 수송기(왼쪽에서 다섯번째가 필자)(2016.8.18)

민족·국가와 나

광복군 정진대가 여의도에 착륙했던 C-47 수송기가 중국 산동성 유현비행장에 불시착하여
중국군과 함께 기념 촬영(1945.8.19)

누던 중 당시 비행기가 얘깃거리가 되면서다. 당시 비행기는 아니더라도 같은 기종을 찾아 어디에 전시했으면 좋겠다는 의견 일치를 봤다. 이후 나와 서해성 작가는 비행기를 찾기 위해 중국 측에 알아보기도 하고 미국의 비행기 무덤이라 일컫는 애리조나 주 투손이란 곳으로도 지인을 통해 알아보았다. 그곳에는 민간여객기뿐만 아니라 군용기, 수송기, 훈련기 등 4,400여 대가 세워져 있었지만, C-47 수송기를 찾을 수 없었다.

이러길 2년이 지났을 무렵, 우연히도 청주에 있는 공군사관학교에 C-47 수송기가 있다는 것을 알게 되었다. 가까운 곳에 두고도 알지 못해 2년여의 세월만 보낸 셈이 되었다. 그 뒤 당시 박원순 시장과 협의하여 임시정부 요인들이 환국한 여의도공원에 이를 전시하기로 하고 1년 임대 형식으로 전시를 하게 되었다. 그 뒤 시민들의 호응이 좋아 영구임대로 전환하였다.

행사일을 '8월 18일'로 잡은 것은 1945년 그날 대한민국 광복군 정진대

소속의 아버지와 함께 이범석, 장군 김준엽, 노능서 대원 등이 같은 기종의 C-47기를 타고 국내 진공을 위해 최초로 착륙했던 곳도 역시 경성비행장(여의도공항)이었기 때문이다. 그런 만큼 행사 날에 일본군이 C-47에서 내렸던 아버지에게 무릎을 꿇고 항복주를 따라준 것처럼, 일본군 복장을 한 학생이 나에게 재현하는 퍼포먼스를 벌였다. 아버지를 대신하여 내가 항복 주를 받았지만 남다른 감회를 느꼈다. 아버지가 1975년 8월 18일 20주년을 맞아 동지들과 조그마한 만남을 가지고자 했지만, 전날 돌아가시는 바람에 그렇게 하지 못했기 때문에 더욱 그랬다.

아버지는 『돌베개』에 그날의 기억을 다음과 같이 적어 놓았다.

(8월) 18일 새벽, 우리는 또다시 서안을 이륙했다. 3시 30분경. 이번에는 정말 조국 땅을 밟아 볼 것인가? 산동반도를 지나 황해 위를 날 때까지 나는 반신반의의 마음으로 있었다. 그건 너무나도 실망에 지쳐있었기 때문이었다. 실망이 싫었다. 정말이었다. 18월 오전 11시. 물 위에 그냥 떠 있는 것 같던 비행기가 갑자기 우리의 연해로 접근하기 시작했다. 차츰 긴장이 스며들어 꼭 활처럼 몸이 굽어지고 마음이 팽팽해졌다. 정강이와 목이 아플 정도였다. "아앗!!" 갑자기 한 동지가 이렇게 소리쳤다. 불시에 달겨들 것 같은 적의 전투기가 예산대로 나타난 듯. "어...., 왜?" 나도 따라 놀랐다.

그러나 그건 전투기가 아니라 수평선 밑에서 솟아오르듯이 나타난 인천 앞바다의 섬들이었다. 연해로 접근하는 비행기의 진로 전면에 상대적으로 섬이 튀어 오르는 듯 보인 착각이었다. 감격의 환성이었다. 하늘은 고맙게 맑았다. 구름도 적었다. 냄새라도... 냄새라도 맡고 싶은 듯이 코를 벌름거려봤지만. (중략)

18일의 밤은 여의도에도 내려 덮였다. 해가 떨어지자 흰옷 입은 동포들의 모습은 더 많이 눈에 띄었다. 아무라도 한 사람 소리쳐 불러, 이야길 나눠보고 싶은 충동이 끓어올랐지만, 헌병 놈들이 경호란 이름으로 있으니 될 일이 아니었다. *(중략)*

우리의 숙소는 일본군 장교 집합소였다. 그곳엔 저녁 식사를 겸한 간단한 주연까지 마련돼 있었다. 맥주 안주로 튀김, 계란 부침 등 의미 없는 주연상이 차려져 있었다.

그 대좌와 여의도 경비사령부 참모장이라고 소개된 우에다(上田) 중좌가 맥주를 권해왔다. *(중략)* 이곳, 이 순간에 나는 내 생애에 기록될만한 일을 저질렀다. 그건 처음으로 술잔을 입에 댄 것이었다. 그까짓 것을 가지고 그러겠느냐고 하겠지만, 내 자란 집안 환경이 청교도적 기독교 가정이었고 엄격히 술, 담배를 입에 대서는 안 되는 것으로 알아 왔기 때문이었다. *(중략)*

"신철동지, 난 뜻이 있어서 이 잔을 권하오, 일본군 대좌가 따라주는 이 한 잔의 맥주 자 이 잔만은 들어보구료. 중원 6천 리를 횡단하며 이를 갈던 그 원한을 생각해서, 얼마쯤은 풀어질 것이오. 정말 그 고생을 생각해서 딱 한 잔만." 신일 동지가 어깨를 두드리며 이렇게 말했다.

나는 시부자와 대좌가 따라 놓은 잔을 움켜잡았다. 눈을 감았다. 그 맥주 한 잔을 쓰디 쓴 승리의 잔으로 생각하고.

2018년 8월 18일에는 서울시가 C-47기 스크린 삼아 조명한 미디어 파사드 영상쇼가 '어느 소년 광복군의 비행'을 주제로 공연을 기획하였다.

"소년을 태운 비행기가 시간을 넘어 도착한 곳은 일제강점기. 소년은 청산리 전투 현장에서 일본군과 싸우고 윤봉길 의사가 돼 단상 위로 폭

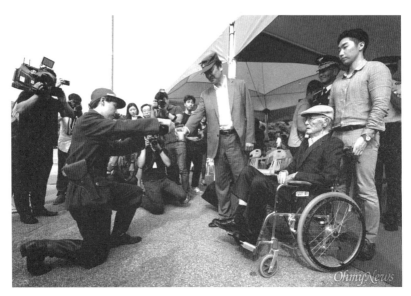

여의도공원에 C-47 수송기 전시 행사 중에 일본군 복장한 청년이 필자에게 항복주를 따르는 장면
(2015.8.18.)

탄을 던진다. 안중근 의사로 변해 이토 히로부미를 저격하기도 한다. 일본군에 붙잡힐 위기에 처한 소년을 한 비행기가 날아와 태우고는 유유히 빠져나간다. 시간 여행을 마치고 돌아온 소년은 C-47기 문 앞에서 이름을 부른다. '김구 선생님! 김규식 선생님! 이시영 선생님!'"

소년이 이름을 부를 때마다 독립운동가로 분한 청소년들이 C-47기에서 내리자 시민들은 손뼉을 치며 환호했다. 마지막으로 일본군이 독립운동가들에게 항복 주(酒)를 따르는 퍼포먼스가 이어지자 박수 소리는 더 커졌다.

민족·국가와 나

제19대 대통령 출마 선언하다.

2017년 4월 11일 대선 출마를 공식 선언하고 아버지가 묻혀 있는 파주 장준하 공원에서 출정식을 열었다. 나는 "더는 이 나라의 정치꾼들에게 우리의 운명과 이 나라의 미래를 맡길 순 없다"라며 대선 출마를 선언했다. 촛불을 들고 박근혜 퇴진과 구속을 외친 것은 국민이 주인인 나라, 양심과 정의가 바로 신 새로운 대한민국을 만들이 보자는 한 맺힌 절규였지만 기성 정치권은 이에 귀 기울이지 않고 있었다.

나는 "국가개혁의 동력은 국민이다. 정부는 국가를 지키는 것을 위탁받은 것에 불과하다. (…) 양심이 바로 선 국가를 건설하는 데 앞장서겠다"라고 강조하였다. "이 나라의 온갖 적폐와 구태를 청산하는데 일조하는 한편 정치판을 바꾸고, 대한민국의 희망찬 미래를 열 참신한 정치

제19대 대통령 출마 선언 장면(2017.4.11.)

세력을 발굴해 육성하겠다"라고 덧붙였다.

하지만 현실적으로 대통령 선거에 뛰어들 상황이 아니었다. 이에 4월 16일 후보 등록 직전에 불출마 의사를 밝혔다. 그 뒤 나는 5월 6일 여의도 민주당사에서 기자회견을 열고 "문 후보가 대통령이 되어 새로운 나라를 건설하는 일에 적극적으로 지원하고자 한다"라고 선언했다. 대한민국은 바른 미래 창조를 위한 역사적 변혁을 이루는 중요한 과도기적 시기였기 때문에 리더십과 소양, 그리고 강한 의지를 갖춘 지도자가 필요하다고 판단했고, 많은 점검과 고민 끝에 문 후보가 적임임을 확신했다.

나는 문 후보가 국민의 외침인 사회변혁을 위해 힘들고 어려운 국가개혁의 의지를 보여줬다고 평가했다. 또한 나는 확고한 국민주권, 악순환돼 온 구태 정치문화와 권력기관의 대개혁, 국가안보와 평화통일, 국가 자주성 확립 등의 중요한 사업을 안착시켜 국가와 국민의 화합된 미래를 보장하기 위해 적폐를 정리하려 하는 결의에 공감했다. 나는 문재인 후보가 국정운영 중심에서의 경험과 정당 대표로서의 경륜이 무엇을 고치고, 무엇을 보강할 것인지에 대한 지혜가 충분히 축적돼 있다고 믿었다.

문재인 대통령 후보가 선거 전에 도움을 요청하신 적이 있다. 그때 나는 적폐 청산을 약속하면 돕겠다고 약속했다. 그런데 가끔 적폐 청산이 뭔지, 어떻게 해야 하는지를 대통령 옆에 있는 사람들이 잘 모르는 것 같다는 생각이 들 때가 있다. 이명박·박근혜 두 전직 대통령 구속은 범죄자 처벌에 불과하고, 해방 뒤 친일파가 자신들의 범죄를 들키지 않기 위해 만들어 놓은 사회 시스템을 바꾸는 게 바로 적폐 청산이라 생각했다. 그러기 위해서는 식민지 노예근성을 주입하고자 했던 교육부터 바꿔야 한다는 입장이었다.

2017년 5월 9일 문재인 후보가 41.08%로 홍준표(24.03%), 안철수

(21.41%)를 누르고 제19대 대통령에 당선되었다. 그해 8월 17일 아버지 42주기 추모식에 문재인 대통령이 현직 대통령으로 처음으로 추도사를 보내왔다. 추도사는 피우진 국가보훈처장이 대독했다. 문 대통령은 추도사에서 "42년 전 오늘, 우리 민족은 위대한 지도자를 잃었고, 민주주의는 독재의 어둠 속에 숨죽여 울어야 했다"라며 "장준하 선생은 정의와 평화, 민주주의를 갈망하는 모두에게 꺾을 수 없는 자긍심이자 지표가 됐다"라고 밝혔다. 이어 "국민은 장준하와 함께 승리했다"라며 친일과 독재 세력이 그토록 감추고 없애려 했던 평화와 정의, 민주주의를 향한 선생의 의지와 충정은 87년 6월 항쟁의 함성으로, 2016년 촛불혁명의 불꽃으로 기어이 다시 살아났다고 말했다.

아버지 죽음의 진상 규명에 대해서도 언급했다. "우리에겐 선생에 대해 죄송함과 부끄러움이 남아 있다"라며 "진상을 규명하지 않고서는 선생이 꿈꿨던 평화로운 나라, 진정한 국민 통합의 시대로 나아가기 어렵다고 생각하기 때문이다"라고 덧붙였다. 또 "오직 국민을 위한 나라, 남과 북이 평화롭게 화합하는 한반도를 이루는 것이야말로 선생의 후손으로서 감당해야 할 소명임을 깊이 되새긴다"라고 강조했다. 마지막으로 "선생께서도 대한민국이 나아갈 길을 밝혀주시고, 어려움을 헤쳐나갈 지혜와 용기를 주시리라 믿는다"라며 "한없는 존경과 추모의 마음을 바치며, 평안한 안식을 기원한다"라고 추도사를 마쳤다.

나는 문 대통령의 추도사 중 해방 이후 친일과 군사독재에 의해 왜곡하고 점유해온 애국의 가치를 재정립하시겠다는 말과 남과 북이 평화로이 화합돼서 통일 한반도를 이룩해야겠다는 추도사를 넣어주신 데 고마움을 표했다. 이는 아버지가 생전에 항상 마음에 품고 있던 뜻과 같은 것이었기 더욱에 그랬다.

어머니가 세상을 떠나다.

 2018년 7월 2일 어머니가 93세의 일기로 생을 마감했다. 시민사회장으로 치러야 한다는 시민사회 단체들의 의견이 있었지만, 가족장으로 장례를 치렀다. 그것이 아버지의 뜻일 것 같아서 그랬다. 하지만 막냇동생 장호준 목사는 장례식에 참석하지 못했다.

 막냇동생은 박근혜 정권 시기 2016년 4월 13일에 실시된 국회의원 총선거를 맞아 2015년 12월부터 2016년 4월까지 미국에서 해외 한인 매체에 10여 차례에 걸쳐 '불의한 정권을 투표로 심판합시다' 등의 광고를

종로구 서울대병원 장례식장에 마련된 빈소의 어머니 영정사진

민족·국가와 나

고(故) 김희숙 여사
장례 안내

· 발인　7월 4일 오전 8시
· 하관식　7월 4일 오전 11시
· 장지　장준하공원
· 빈소　서울대학교병원 장례식장 1호실

어머니 장례 안내문

내보내는가 하면, 같은 내용의 피켓을 들고 미국 보스턴의 재외투표소 앞에서 해외 거주 유권자들을 상대로 캠페인을 벌이기도 하였다. 결국 동생은 박근혜 정권으로부터 공직선거법 위반으로 기소하고 소지 여권을 무효로 하였으며 2021년 4월 13일까지 여권을 제한받았다. 이에 결국 어머니 임종도 보지 못했고 장례식도 참석하지 못하였다.

호준 동생은 미주지역 진보성향 단체인 '사람 사는 세상을 위한 미주 희망연대' 의장을 맡고 있는데, 해외 한인 매체에 '역사교과서 국정화 반대' 광고를 게재하는가 하면, 2013년에는 국정원 대선 개입을 규탄하는 미주 시국선언을 주도하며 박근혜 정부를 비판하기도 했다. 동생 호준은 2016년 9월 '정치적 탄압'이라며 수사 협조를 거부하였고 결국 불구속으로 기소되었다. 전례 없던 여권 반납 조치와 검찰 수사를 아버지에 대한 트라우마를 가진 현 정권의 정치 탄압으로 보고 수사에 응하지 않았던 것인데 동생을 재판에 넘긴 것이다.

어머니는 노태우 정부 시절인 1990년대 초반 지어진 일원동 영구임대 아파트에서 20여 년 동안 사셨다. 방 2개와 거실이 딸린 아파트에서 혼자 사는 게 편하시다며 지내셨다. 어머니는 거실 벽에 십자가와 함께 아버지의 사진을 걸어놓으셨다. 내가 찾아뵙거나 전화를 드리면, "나 안 죽었다, 걱정하지 말라"고 하시곤 했다. 2012년 8월 1일 아버지의 유해를 검시한 뒤에 어머니를 찾아뵙고, "아버지의 머리뼈에서 둔기에 얻어맞은 듯한 함몰 흔적이 발견됐다"라고 말씀드렸더니, 어머니께서는 "틀림없지?"라며 여러 번 물은 적이 있다. 그러시면서 "이제 됐다"라며 가슴을 쓸어내렸다.

얼마 뒤에 어느 신문 기자가 찾았을 때 어머니는 "마음이 편안해졌어요"라며 심정을 밝히셨다. 그러시면서 "절대 실족사는 아니고 누군가 죽인 거라고 처음부터 생각했어요. 이제 진실을 밝히는 싸움이 시작된 겁니다. 양의 탈을 쓰고 활보하는 잔당을 없애야죠"라며 구순을 바라보던 어머니께서 담담하게 말씀하셨다. 그러시면서 지난날을 회상하며,

서울 강남구 일원동 자택 거실에서 장준하 선생의 사진을 뒤로하고 계시는 어머니

"아이들이 다칠까 봐, 시대가 무서우니까, 말도 못 하고 조용히 있었다"
라며 오른손을 가슴에 얹으며 말했다고 한다. 다음은 어머니가 2012년 8
월경 한겨레 신문 기자와 나눴던 얘기이다.

"(전략) 과묵하고 강직한 분이었어요. 허튼 얘기 한번 안 했습니다. 한번은 중앙정보부 요원들이 뭔가 설득하려고 집을 찾았다가 그냥 돌아가면서 '참 지독한 분입니다' 하고 간 적 있어요." 생전의 남편은 박정희 전 대통령을 늘 혹독하게 비판했다. "'일본 놈 앞에서 자기 이름 바꾸고, 광복군은 씨를 말려 죽이겠다 한 사람이 어떻게 나라를 생각하겠느냐. 다른 사람은 다 대통령 자격 있어도 박정희는 자격 없다'라고 했어요."

그랬던 남편은 의문 속에 세상을 떴다. 남편이 죽은 뒤에도 8년 동안 중앙정보부 요원들은 24시간 내내 서울 중랑구 상봉동 집 근처를 서성였다. 동네 꼬마들은 중정 요원의 정체를 이해하지 못했다. "아이들이 '(중정)아저씨들 저기 있어요' 하고 저한테 일러바치기도 했죠. 그러면 아이들 안심시키려고 '우릴 지켜주려고 하는 거야'라고 달랬죠." 그런 분위기 때문에 이웃조차 집 근처에 얼씬 못했다.

결국 도움은 익명이어야 했다. 쌀집에서 갑자기 쌀을 갖다주거나, 연탄집에서 연탄을 갖다주곤 했다. 누군가 먼저 돈을 지불한 것이다. "담 너머에서 누군가 국수를 던져놓고 가면 그걸 삶아 먹기도 했다"라고 김 씨는 말했다. 아들 둘은 대학을 중도에 그만뒀다. 딸 둘과 막내아들은 장학금을 받으며 대학을 마쳤다. 익명의 기부자가 등록금을 대신 내준 적도 있다.

그 시절을 모두 보낸 인제야 진실을 밝힐 작은 실마리가 발견됐다. "(타살 의혹을 다룬) <한겨레> 기사가 났을 때 정말 기뻤어요.

신문을 여러 부를 사서 이웃들에게 나눠줬어요." 김 씨의 근심이 완전히 가신 것은 아니다. "나 같은 아픔을 당한 사람들이 한둘이 아니잖아요. 그런 사람들을 무엇으로 위로할 수 있을까요."

남편을 원망한 적은 없다고 김 씨는 말했다. "남편 덕에 임대아파트에도 살잖아요. 자식들 모두 잘 컸어요. 점심은 집 앞 복지회관 가서 먹고요. 딱 필요한 만큼 갖고 사는 거죠." 김 씨는 국가보훈처에서 다달이 나오는 100만 원으로 생활비를 해결하며 지낸다.

이웃 주민들은 김 씨가 장준하 선생의 부인이라는 사실을 잘 모르고 있었다. '용돈을 모아 노인들에게 약을 사주고, 아이들 교복도 소일 삼아 수선해주는 인정 많은 할머니'라고 이웃들은 김 씨를 칭찬했다. 김 씨의 남편이 박정희 정권 시절 돌아가신 분이라고만 알고 있는 이웃 윤 아무개(61) 씨는 "국가를 위해 싸우다 돌아가신 분들의 가족은 국가가 잘 돌봐줬으면 좋겠다"라고 말했다.

(《한겨레》 2012년 8월 21일자, 「남편 죽고 24시간 감시당했다」에서 인용)

2012년 12월 19일, 어머니는 박근혜가 대통령에 당선되었다는 뉴스를 듣고는 가슴이 너무 아파 매우 힘들어하셨다. 하도 아파서 119구급차를 불러서는 종합병원에 입원한 뒤에 각종 검사를 받았다. 통증 이유는 심장 쪽의 작은 종양때문이었다. 다행히 악성 종양이 아니어서 약물 치료로 치료가 가능할 것 같다고 의사가 했다. 천만다행이라고 하는데 어머니는 5년만 더 살게 해달라고 하셨다고 한다.

어머니는 "만약 지금 내가 죽으면 저세상 가서 영감을 만날 거 아니요. 그때 영감이 나보고 '그래' 지금 대한민국 대통령은 누가 하고 있소?'라고 물으시면 내가 차마 말을 못 할 것 같아요. 그러니 앞으로 5년만 내가 더 살아서 다시 대통령 선거해서 대통령 뽑을 때까지 살아 있으려고 해요. 그래서 좀 더 좋은 사람이 대통령 되는 것 보고 죽어야 내 영감에게 당당히 말할 수 있지 않겠어요." 어머니 그러고도 5년을 더 사셨고 문재인 대통령이 당선되고도 1년 넘게 사시다가 돌아가셨다.

어머니를 탄현면 장준하 공원묘지에 합장했다. 아버지가 가신 지 44년 만에 나란히 누우신 것이다. 30여 년을 부부로 살아오시면서 아버지 뒷바라지에 없는 살림에 자식들을 키우느라 전 생애를 다 바쳤다 해도 과언이 아닐 정도로 숱한 고생을 하셨다. 아버지가 의문사한 후에는 정부의 감시를 받으며 삯바느질로 어렵게 생계를 유지해야 했다. 2001년 서울시와 국가보훈처의 배려로 국가유공자 영구임대아파트에 입주하고, 독립유공자 연금을 받아 생활했다.

'장준하 100년 위원회' 출범,
다양한 활동을 펼치다.

        2018년 8월 6일 서울 중구 프레스센터 19층 기자회견장에서 '장준하 100년 위원회' 발족식을 하고 공식적인 활동에 들어갔다. 상임고문은 이희호 여사와 백기완 선생이 맡기로 하고 나는 박원순 서울시장, 지선스님과 함께 공동위원장을 맡았다. 이외에도 학술위원장 이해영 한신대 교수, 언론위원장 임순혜 미디어 기독연대 집행위원장을 비롯하여 국방개혁 자문위원회 자문 연구위원 고상만 씨를 비롯한 각계인사들이 집행위원으로 참여하였다. 개그맨 노정렬, 가수 조관우, 작사가 조재형 등도 홍보대사로 함께 하기로 하였다.

      '장준하 100년 위원회'는 2018년을 맞아 '장준하 100년, 건국 100년'이라는 슬로건을 내걸었다. 이는 건국 100년과 함께 장준하 선생의 100돌을 기리면서, 선생의 민족사랑·나라 사랑의 정신을 새로운 100년의 미래를 이끌어 나

정준하 선생 탄생 8월 26일 서울광장
100돌 행사 시민위원 모집 광고

갈 시대적 가치로 생각하고, 지난 100년을 밑거름 삼아 앞으로 100년에 어떻게 그가 꿈꾸던 자주·독립·민주주의 정신을 이어갈 것인지 고민한 데 따른 것이다.

이에 앞서 그해 7월 31일 '장준하 100년 위원회'는 포천시와 상호협력에 관한 협약을 체결했다. 협약식은 '장준하 100년 위원회'가 제안한 다양한 공익사업을 상호협력을 통해 실행해나가자는 취지에서 이뤄졌다. 이에 포천시는 범정부 차원의 독립·호국 및 민주화 관련 기념사업 추진, 문화재 지정, 약사계곡 정비 및 홍보(가칭 장준하 들불길), 장준하 평화관(가칭) 건립사업 등을 장기적인 안목에서 추진해 가자고 했다. 나는 장준하 100년 위원회 위원장으로 제안을 선뜻 받아준 박윤국 표천 시장과 여러 직원에게 감사의 마음을 전했다.

2018년 8월 15일 '장준하 100년 위원회'는 광복 73주년, 대한민국 정부 수립 70주년을 맞아 '독립의 길, 평화의 길'이란 주제로 인천광역시 미추홀구의 지원을 받아 인천무형문화재전수 교육관에서 무료 공연을 하였다. 8월 18일에는 파주 장준하 공원이 아닌 포천시 이동면 토평리 약사계곡 검안바위 앞에서 43주기 추모식을 거행했다. 검안바위는 43년 전 아버지가 의문사를 당하신 뒤에 시신이 올려져 있던 곳이다. 이날 연규홍 한신대 총장. 은혜진 한신대 총학생회장, 전 의문사 조사관 고상만 씨 등을 비롯한 각계인사, 독립운동 관련 단체장 등 회원들이 참석하였고 박윤국 포천시장이 추모사를 했다. 이날 포천시장은 '장준하 평화관' 건립과 약사계곡 입구에서 고인이 숨진 검안바위까지 산길을 정비해 '장준하 등불길'을 만들겠다는 계획을 구체적으로 밝혔다.

이후 매년 7월 7일에 포천 약사계곡에서 추모 행사가 열리고 있다. 8월 17일 파주에서 아버지의 추모식이 열리는 것을 피하고자 한 것이다.

포천 약사계곡에서 추모식을 마치고 기념 촬영(2018.8.18.)

'7월 7일'은 1944년 아버지가 일본군을 탈출하여 7개월가량의 긴 기간을 6,000리 길을 걸어 충칭의 대한민국 임시정부를 찾아간 날이다. 2019년 7월 장준하부활시민연대 여인철 교수는 이날을 '장준하의 날'로 제안하기도 하였다.

2018년 8월 26일에는 서울시청 광장에서 오전 11시부터 오후 9시까지 '장준하 100년 어울림 한마당'을 열었고, 8월 27일에는 서대문형무소역사관에서 '장준하 100년, 대한민국 100년' 특별전을 열었다. 옥사 복도에 대형 사진이 내걸렸고 복도 양쪽에는 친필 원고와 사진, 기록, 막사이사이상 상패, 영상물들을 전시하였다. 오로지 태어나면서부터 운명처럼 나라와 민족, 항상 애국, 애민 여기에만 관심을 두고 그것만 고민하고 이후에는 남북의 통일문제, 민족의 통일문제 이것에만 신경을 쓰셨던 분임을 국민에게 알리고 싶었다. 12월 24일에는 광화문 변호사회 조영래홀에서 『무엇을 말하랴-장준하, 다하지 못한 말』출판기념회를 했다. 장준화기념사업회와 민주화운동기념사업회 공동주최하였다. 책은 아버지가 ≪사상계≫ 권두언 외 다른 잡지와 신문 등 언론에 직접 쓰셨던 글만을 엮어 만들었다.

『무엇을 말하랴』 출판기념회에서 강연하는 백기완 선생

『무엇을 말하랴』 책자

한신대학교 초빙교수로 활동하다.

2019년 1월 한신대 초빙교수가 되었다. 한신대는 아버지의 모교이기도 한데 나 또한 그런 인연으로 오래전부터 교류를 해왔다. 한신대는 기회가 있을 때마다 아버지를 기리는 행사를 열곤 했다. 2013년 5월 '새역사 60주년'을 맞는 한국기독교장로회(기장) 총회에서 고 문익환 목사와 아버지 추모 예배를 올리는가 하면, 2014년 5월에는 한신대 개교 60주년을 맞아 '60주년기념관'에서 '고 장준하 선

한신대 오산 경기캠퍼스 내 60주년기념관 내에 설치된 아버지 흉상부조.
왼쪽에서 네 번째가 필자, 다섯 번째가 채수일 총장

생 흉상' 제막식을 갖었다. 이는 총동문회가 주도하였다. 총동문회가 2012년 8월 상임이사회를 통해 '고 장준하 선생 의문사 규명'을 위한 대책 활동에 참여키로 의결하고, 이를 통해 39년 만에 무죄 판결을 끌어낸 뒤 학교 측과 협의해 기념조형물을 제작하기로 하면서 비롯되었다.

2018년 8월에는 나와 박원순 서울시장, 지선 스님 등이 공동위원장을 맡고 있던 '장준하100년위원회' 위원들과 함께 한신대를 찾아가 '장준하 선생 탄생 100년 사업계획'을 전하고 연규홍 한신대 총장을 고문에 위촉했다. 이날 한신대에서 개최하는 '오산시 전국학생 토론대회'에 방문한 곽상욱 오산시장도 함께 참여했다.

나는 그 자리에서 "근대의 암흑기에 등불처럼 살아오신 선생의 뜻이 새로운 시대의 새봄을 열기를 희망한다"라고 밝히자, 연규홍 총장은 "교육을 통한 시대정신의 계승 발전에 한신대가 적극 앞장서겠다"고 화답했다.

그뿐만 아니라 그해 8월 26일 서울시청 광장에서 개최된 '장준하 100년 어울림 한마당'에 한신대 총학생회 측에서 '장준하 100년 메시지'를 낭독하며, "독립·민주·통일이라는 장 선생의 발자국을 푯대로 삼아, 우리는 '평등·자주·평화'로 받아 안고자 한다. 다음 백년 우리가 실천이다"라고 다짐하며 행사의 의미를 더했다.

2020년 11월에는 서거 45주년 및 한신대 개교 80주년을 맞아 60주년 기념관을 '장준하통일관'으로 명명하고 돌베개공원 개원식을 거행하였다. 장준하통일관 1층 로비에 장준하기념홀과 장준하기억의방을 조성했다. 이를 위해 내가 소장하고 있던 아버지 유품을 한신대에 기증했다. 이에 인간적인 삶을 담은 '인간 장준하를 말하다' 코너에는 가족 사진 및 청년 시절 사진, 막사이사이상패, 국회의원 신분증, 철도승차증, 개인

한신대 오산 경기캠퍼스 내에 조성된 '장준하 돌베개공원' 기념석 제막식

진화번호부, 옥중에서 어머니에게 보낸 편지 등이 전시됐다. 더불어 아버지가 생전에 민주화운동을 펼치면서 입고 다니셨던 두루마기 등이 전시되었다.

정의로운 삶을 다룬 '항일운동, 민주화운동, 통일운동' 코너에는 일본군 장교가 중국 국민당 유격대장에게 보낸 편지(1944), 김구 선생이 아버지에게 보낸 편지(1945), 《사상계》(1961년 7월호), 막사이사이상 수상 사진, 7·4 남북공동성명 선언문 등이 전시됐다. '장준하기억의방'은 전시관을 찾은 사람들이 아버지를 추모하고 명상할 수 있는 장소이다.

또한 입구부터 장준하통일관까지 99m의 길을 '장준하길'로 명명해 아버지의 뜻을 되새기며 걸을 수 있도록 했다. 장준하통일관 1층 중앙정원은 '장준하 돌베개공원'으로 조성해 기념석을 세웠다. 기념석에는 1971년 아버지가 출간한 『돌베개』에 수록된 '우리는 무기를 가졌습니다. 조국을 찾아야 한다는 목표물을 똑바로 겨냥한 젊음이란 이름의 무기입니다'라는 문구가 새겨졌다.

장준하통일관에 전시된 아버지의 두루마기

이날 연규홍 한신대 총장은 "한신대 졸업생으로 일제강점기 독립운동가이자 정치가, 종교인, 언론인, 통일운동가였던 장 선생을 기리기 위해 자리를 마련했다"라고 전했다. 이어 박상규 한신학원 이사장은 "민족과 한신의 순교자 장 선생은 조국의 광야시대를 지나오며 스스로 민중의 우물이 되고자 하셨다"라며 "한신대에 세워지는 통일관과 돌베개공원이 생명과 평화의 우물이 되기를 바란다"고 말했다.

나는 가족 인사를 통해 "오늘 장준하 선생의 45주기를 맞아 한신대가 그분을 기억하는 이 자리를 만들어 주셨다"며, "이 기념관과 공원이 한신 출신만이 아니라 이곳을 지나는 많은 젊은이들이 우리가 어떠한 마음을 가지고 이 민족과 국가의 미래를 설계할 것인가 생각하는 장소가 되기를 기대한다"고 감사한 마음을 전했다. 문재인 대통령은 이날 축전을 통해 "장준하통일관에서 우리는 선생이 간절히 소망했던 자주독립과 통일의 길을 만날 것"이라며 "장준하의 길 99m의 끝에서 마지막 1m를 바라보자"라는 메시지를 전달하여 더욱 뜻깊은 행사가 되었다.

한편 2019년 1월 연규홍 한신대 총장의 제안으로 한신대 초빙교수가 되어 여러 학교 행사에 참석하였다. 2019년 3월 3·1운동 100주년을 기념하여 한신대가 개최한 '3·1운동과 북간도 기독교 심포지엄'과 '민족대표 33+1인 존영 수채화전', '저 곳 그 사람들: 문익환 목사 방북 30주년 기념 전시회' 등에 참석하여 인사말을 하였다.

또한 2019년 3월 한신대 평화교양대학이 '평화·융복합 교육의 아시아 대표대학'에 맞춰 새롭게 개설한 '2019 북한트렌드와 우리의 미래'라는 교과목의 몇 강좌를 맡았다. 이에 나는 그해 5월 '한신 정체성의 뿌리: 청년 장준하의 사상과 통일'을 주제로 특강을 진행했다. 학생들에게 장준하 선생이 걸어온 길, 6·15 남북공동선언의 의미, 북핵 문제와 평화통일에 대한 견해를 밝혀 학생들로부터 뜨거운 호응을 얻었다.

2021년 6월에는 한신대학교 2021학년도 1학기 글로벌 평화 리더십 함양을 위한 '글로벌 평화 탐방' 강의를 하였다. 나는 한신대 교직원들과 베트남·우즈베키스탄 유학생 75명을 대상으로 '부끄러운 사람이 되지 말자'라는 주제로 강의하였다. 내가 강조한 것은 '바른 사상'과 '건전한 정신'이었다. 공부를 하고 각 분야에 진출했을 때 자기만을 생각하는 우를 범할 수 있지만, 아버지가 학도병으로 쉬저우부대를 탈출해 임시정부가 있던 충칭까지 구국장정 6천 리를 걸어갔던 것도 그러한 정신에서 나온 것이라며, 유학 생활을 마치고 고국에 돌아가 이를 실천한다는 당부도 잊지 않았다. 앞으로도 학생들에게 독립운동사나 민족주의와 통일, 미래 청년들의 나아갈 길 등을 주제로 강의를 진행하고자 한다.

장준하 공원 '한신대학교 글로벌 평화 탐방' 강의(2021.6.23.)

'장준하기념사업회'를 이끌다.

내가 2019년 4월부터 장준하기념사업회를 이끌게 되었다. 나는 아버지를 기리는 장준하기념사업회 회장을 맡는 것을 꺼렸다. 평소 나는 유족이 사업회를 이끄는 것은 마땅하지 않다고 여겼기 때문에 창립 초기부터 멀찍이서 묵묵히 도왔던 것도 그러한 이유 때문이었다. 그런데 오랫동안 사업회를 운영하였던 유광언 선생의 강권에 못 이겨 어쩔 수 없이 그 자리를 맡게 되었다. 침체한 사업회를 다시금 일으키기 위해서는 어쩔 수 없는 선택이기도 하였다. 언젠가 마땅한 인사가 나타나면 물러날 생각이다.

장준하기념사업회는 1995년 8월 20주기 추모식 당시 그러한 논의가 있었지만, 흐지부지됐다. 그 뒤 1998년 가을 아버지와 함께했던 후학 수십 명이 모이면서 설립 논의가 본격화하였다. 특히 유광언 선생이 주도적으로 나서 1998년 11월 18일 종로 5가 한국기독교연합회관 1303호에 사무실을 마련하고 준비위원회 결성을 위한 예비모임을 가진 뒤 7차에 걸친 회의를 거쳐, 이듬해인 1999년 5월 15일 창립되었다. 당시 나는 싱가포르에 있었는데 창립식에 참석하였다. 초대 회장에 김진현 전 과학기술처 장관이 선출되었다. 그 이후로 이부영·임현진·유광언 선생들이 회장직을 맡아 기념사업회를 잘 이끌어 많은 성과를 거뒀고 남부끄럽지 않은 기념사업회로 기반을 닦았다.

이에 장준하기념사업회가 창립한 지 20여 년이 흘렀다. 장준하기념사업회의 사업 가운데 단연 으뜸으로 꼽는다면, 창립 직후인 1999년 7월부터 시작한 '아! 장준하 구국장정 6천 리' 행사다. 나는 그때 필요한 경비에 보태쓰라고 미화 2만 달러를 송금해 주었다. 독립운동 단체 중에서 국외 독립운동 답사를 가장 먼저 시작한 셈이다. 청년들을 대상으로 50~60명 이내로 구성하여 매년 1월과 7월에 10박 11일 일정으로 추진되었다. 국내외 대학(원) 재학 중인 내외국인 학생 누구나 참가할 수 있었다. 이들이 제출한 참가신청서와 참가 동기서를 내부에서 심사한 후 대상자를 선발하되 특정 학교, 특정 지역에 편중되지 않도록 했다. 이들로부터 70~80만 원의 참가비를 받기도 하였지만, 대부분은 기업 후원으로 사업을 진행했다. 더욱이 '구국장정 6천 리'에 참가한 청년들을 대상으로 '청년 등불' 모임을 열어 친목을 다지고 '장준하 선생'의 정신을 이어 나갔다.

나는 첫 회차가 진행되던 때에는 싱가포르에 머물고 있었는데, 곧장 중경으로 달려가 그들과 합류하였다. 그 뒤 매번 참석하지 못했지만 틈만 나면 그들과 동참하였다.

이와는 무관하지만 2003년 12월 말 KBS 프로그램 '인물현대사 장준하 편'을 제작하는 과정에서 두 딸 원경과 원희와 함께 아버지의 탈출 루트를 답사한 적이 있었다.

그런데 박근혜 정부가 들어선 뒤 15년 동안 26회에 걸쳐 이뤄졌던 대

첫회~5회차

출정식 ⇒ 베이징 ⇒ 서주: 스카다 부대 터, 블로하 진혼제 ⇒ 부양 ⇒ 임천: 한국광복군 특별훈련반 터 ⇒ 편한선 철도 ⇒ 남양: 중국 중앙군 남양전구 사령부 터 ⇒ 노하구: 복민병원·이종인부대역사 박물관 ⇒ 양번 ⇒ 의창 ⇒ 충칭: 임시정부 청사·광복군총사령부 터·토교촌 ⇒ 서안: OSS훈련장·종남산 흥교사 ⇒ 상해: 임시정부 청사·홍구공원 ⇒ 귀국·광탄리 장준하 선생 묘소·해단식

6~10회차

출정식 ⇒ 상해 ⇒서주 ⇒ 부양 ⇒ 임천 ⇒ 남양 ⇒ 노하구 ⇒ 양번 ⇒ 의창 ⇒ 중경 ⇒ 서안 ⇒ 한단: 남장촌·태항산 진혼제 ⇒ 북경 ⇒ 귀국·광탄리 장준하 선생 묘수·해단식

12~24회차

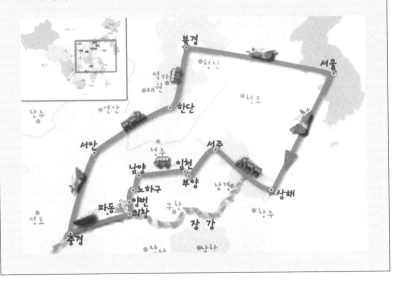

출정식 ⇒ 상해 ⇒ 서주 ⇒ 부양 ⇒ 임천 ⇒ 남양 ⇒ 노하구 ⇒ 보강 ⇒ 신농가 ⇒ 목어 ⇒ 홍산 ⇒ 파동 ⇒ 중경 ⇒ 서안 ⇒ 한단 ⇒ 북경 ⇒ 귀국·탄현면 성동리 장준하 선생 묘수·해단식

25~26회차
출정식 ⇒ 상해 ⇒ 서주 ⇒ 임천 ⇒ 남양 ⇒ 노하구 ⇒ 보강 ⇒ 신농가 ⇒ 목어 ⇒ 홍산 ⇒ 파동 ⇒ 중경 ⇒ 서안 ⇒ 한단 ⇒ 북경 ⇒ 귀국·탄현면 성동리 장준하 선생 묘수·해단식

장정 답사가 2015년 여름부터 중단되었다. 행사가 중단될 위기에 처한 것은 국가보훈처의 지원이 중단된 때문이었다. 매년 국가보훈처로부터 2,000만~3,000만 원 정도의 지원을 받았고, 법상 시민단체 등 비영리기관은 사업비의 50%까지만 국가에서 지원받을 수 있었기 때문에 나머지는 기념사업회에서 예산과 후원금을 모집해서 충당해 왔던 것인데 국가보훈처의 지원금이 끊겼다. 그리고 국가보훈처가 직접 국외 독립운동지 답사를 운영하였다. 사업이 중단된 이후 2014년 12월『장준하의 6천 리 우리의 6천 리』라는 제목으로 15주년 기념 백서를 펴냈다.

기념사업회는 '구국장정 6천 리' 사업 외에도 매년 8월 17일에 추모식을 개최하였고 심포지엄을 개최하는가 하면, 설에 맞춰 일본군위안부역사관 나눔의 집을 방문하는 행사를 실시했다. 특히 의문사진상규명위원회에 아버지의 의문사에 대한 진상 규명을 청원하는 진정서를 제출하는 등 진상 규명을 위한 여러 노력을 기울였다.

제20차
아! 장준하
구국장정 6천리

조국의 독립을 위해 그리고 민주주의와 통일을 위해 온 몸을 바쳐 헌신하다 의문사로 쓰러져간 우리 시대의 진정한 지도자 장준하.
그가 청년시절, 끌려간 일본군부대를 탈출하여 중경 대한민국 임시정부까지 달려갔던 중국대륙 고난의 6천리 길을 밟아보는 〈아! 장준하 구국장정6천리〉 행사에 참가할 대학생을 모집합니다.
21세기의 올바른 청년정신을 꿈꾸는 패기 있는 젊은이들의 많은 참여를 기대합니다.

일 정	2009년 2월 11일(수) ~ 2월 21일(토), (10박 11일간)
경 로	상해 – 서주 – 부양 – 임천 – 남양 – 노하구 – 보강 – 홍산 – 의창 – 중경 – 서안 – 한단 – 북경
대 상	전국 남녀 국내외 대학(원)생
참 가 비	90만원
신 청 기 간	2008년 11월 10일(월) ~ 12월 20일(토) 오후 2시
합 격 발 표	2008년 12월 22일(월) 합격자에 한해 개별 통지
전 형 방 법	기념사업회 홈페이지를 통해 참가신청서를 다운 받아 작성 후 이메일로 접수
문 의 처	(사)장준하기념사업회 사무국(02-722-0969), 홈페이지(http://peacewave.or.kr)의 장정 Q&A 게시판

주 최	사단법인 장준하기념사업회	후 원	보건복지가족부, 국가보훈처, 중국중화전국청년연합회

제20차 '아! 장준하 구국장정 6천리' 모집 안내문(2009.2)

민족·국가와 나

1967년 8월호부터 발행권을 이어받은 부완혁 씨의 딸 부정애 씨가
《사상계》의 명맥을 잇는다며, 1998년부터 1970년 통권 205호 중단되었
던《사상계》206호를 발간고 그 이후 2000년 207호, 2002년 208호를 발
간하였다. 계간지로 등록된 정기간행물의 경우, 2년마다 적어도 1권을
발행해야만 했기 때문이다. 이에 나는 2001년 10월에 인터넷에 '디지털
사상계(www.sasangge.com)'를 만들고 2002년 8월에는 기념사업회는 독
도국회사랑모임의 후원으로 '청년 등불'과 독도수호대 대원들과 함께
'2002 독도 사랑을 위한 울릉도-독도 탐방' 행사를 벌였다. 이러한 기념
사업회의 활동을 인정받아 2003년 문화일보와 국가보훈처가 공동주관
하는 2003년 보훈문화상을 수상하기도 하였다.

2003년 12월 내가 싱가포르에서 영구 귀국한 이후에는 적극적으로 기
념사업회 사업에 동참하였다. 가장 심혈을 기울인 부분은《사상계》복

노무현 대통령이 2004년 8월 21일 뮤지컬 '청년 장준하'를 관람하기 위해
세종문화회관을 찾았을 때 악수하는 장면

간과 아버지의 의문사 진상 규명이었다. 그와 관련한 것은 앞서 언급했기 때문에 자세한 것을 생략한다.

2004년 6월에 기념사업회가 세종문화회관과 서울시국악관현악단 등과 함께 아버지의 피 끓는 청년 시대를 다룬 뮤지컬 <청년 장준하> 제작하였고 그해 8월 세종문화회관 대극장에서 첫선을 보였다. 이때 노무현 대통령이 권양숙 여사와 함께 <청년 장준하>를 관람하여 시선을 끌기도 하였다. <청년 장준하> 뮤지컬은 부산, 전주 등지에서도 공연하였다. <청년 장준하>는 흥미와 볼거리 위주의 뮤지컬에서는 느낄 수 없는 여운과 감동을 안겨주어 인기를 끌었다. 2004년 9월부터 아버지가 1970년

'청년 장준하' 뮤지컬 포스터

대 '민족학교 운동' 등을 통해 시국 강연회를 나섰던 것처럼 기념사업회 주도하에 서울과 부산, 광주 등 전국의 대학을 돌며 시국 강연회를 개최하는 데 일익을 담당했다. 당시 나는 기념사업회가 '보수와 진보', '동북아시아에서의 한반도' 등의 현안에 대해 강연회를 개최하고자 하였다. 이와 연관을 지어 2005년 8월 아버지의 30주기를 맞아 백범기념관에서 '동북아 질서의 재편과 한민족의 선택'이라는 주제로 학술심포지엄을 열었다.

2005년 8월에는 나눔의 집·문예진흥원 예술극장 공동 주최로 고 강덕경, 김학순, 김순덕 등 위안부 할머니 15명이 그린 그림을 문예진흥원 예술극장 대극장 로비에 전시하는 행사를 개최하였다. 또한 그해 10월에는 'e-사상계'(www.esasangge.com) 창간하였다.

2008년 9월에는 북한 어린이들의 의약품 지원을 위해 모금한 258만 8,830원을 남북의료협력재단에 전달했다. 당시 기부금은 '2008 청년 등불 평화대행진'에 참가한 청년들이 강원 고성 통일전망대에서 경기 파주 임진각까지 강행군하면서 지인과 친구들에게 편지와 엽서를 보내 모아졌다.

2012년 8월에는 파주시와 함께 탄현면 성동리 통일동산에 장준하공원을 조성하였다. 앞서 언급하였지만, 장준하공원 조성 과정에서 유해를 검시하고 그에 관한 결과를 발표한 것도 기념사업회의 이름으로 이뤄졌고 이후 청와대에 진정서를 제출하거나 국가에 진상 규명을 요구하였고 국민대책위를 발족하였다. 특히 기념사업회는 2018년 8월 '장준하 100년 행사'를 기획하여 성공리에 치렀다.

특히 2021년 6월 나는 일본이 도쿄올림픽을 홍보하면서 독도를 자신들의 영토에 포함한 것에 분개하여 기념사업회 이름으로 일본대사관 앞에서 기자회견을 열고, 일본 왕에게 독도의 영유권을 묻는 공개서한을 보냈다. 나는 교활한 일본 정부의 행위에 대해 일본 국왕에게 질문을 해서 국왕의 뜻인가 알고 싶어서 공개서한을 보냈다.

나는 공개서한을 통해 "독도가 일본의 영토라고 주장하고 있는데, 일본 국왕의 재가를 받고 현 집권 세력이 진행하고 있는 것인지 정확히 알고자 공개서한과 더불어 질문한다"라고 적었다. 이어 "제국주의적 군국주의와 신흥변종 정치세력에 의해 이끌어가는 현 일본 정치 상황은 이제 시대에 맞게 달라져야 할 것"이라고 강조하기도 했다. 마지막으로 "일왕은 조속한 시일 내에 입장을 표명해 주실 것을 바란다"라며 "답변이 없을 경우, 그들의 장기집권 이득을 위해 폐하를 농락하며 일본 자국민을 농락하며 경솔하게 생각하는 것이라고 여기겠다"라고 말했다.

'장준하 평화관' 건립을 추진하다.

내가 기념사업회를 이끌면서 벌였던 여러 사업 중에서 가장 의미가 컸던 것은 '장준하 평화관 건립'을 추진하는 것이었다. 먼저 박윤국 포천시장을 찾아가 아버지를 기리는 사업의 일환에서 장준하 평화기념관 건립과 장준하 길 조성 사업을 함께 추진하기로 MOU를 체결하였다. 이 사업은 2019년 6월부터 본격적으로 움직였다. 그해 9월에는 '장준하 평화관 건립 추진위원회'가 결성되어 박윤국 시장과 내가 공동위원장으로 하고 손세화 시의원, 이한용 ㈜남북민간교류협의회 상임대표, 이상인 ㈜자치분권연구소장 등을 위원으로 위촉하였다. 그 뒤 타당성 용역 결과 의견수렴을 거쳐 '장준하 평화관'은 도서관·기록관·박물관 기능을 동시에 지닌 복합문화공간 라키비움으로 구성하고, 작가·예술가를 위한 레지던시 시설도 마련해 국내 최초 레지던시형 라키비움으로 조성하기로 의견을 모았다.

2020년 12월 10일에는 포천시 주최로 '장준하 선생님의 삶과 민주화운동'이라는 주제로 역사 컨퍼런스가 개최됐다. '코로나-19' 여파 속에서 '장준하 평화관 건립사업'의 사회적 공감대를 형성하기 위해 마련됐다. 이날 행사에는 박윤국 포천시장, 손세화 포천시의회 의장, 이원웅 경기도의회 의원, 이해학 겨레살림공동체 대표, 하석태 사상계 대표, 고상만 전 대통령 소속 의문사진상규명위 조사관, 이동면 주민 등 30여 명이

장준하 선생의 삶과 민주화운동 역사 콘퍼런스 장면(2020.12.10.)

포천시, 장준하 평화관 건립 추진 간담회 장면(2021.11.23.)

참석했다.

2021년 11월 23일 포천시가 주최한 '장준하 평화관 건립 추진 간담회'에 참석했다. 포천시는 이동면 일원 1만721㎡에 연면적 1,000㎡ 규모의 장준하 평화관 건립 절차를 진행하고 있다.

민족·국가와 나

광복회 서울지부장으로 활동하다.

2019년 7월 1일, 나는 광복회 서울지부장을 맡게 되었다. 당시 광복회원 8천여 명 중 서울지부 소속은 2천여 명에 달할 정도로 큰 조직이었다. 사실 나는 지난 광복회 활동에 매우 부정적이었다. 광복회는 아버지가 의문사를 당하기 10년 전 1965년에 설립됐다. 박정희가 1961년 5·16군사정변을 일으킨 뒤 자신의 정통성을 확고히 하고자 1962년에 독립유공자에 대한 훈·포장을 수여하고 독립유공자와 그 유족·후손에 대한 원호제도를 구상하기 시작하였다. 그 뒤 생존한 독립유공자나 독립유공자의 유족·후손이 모여 1965년 지금의 광복회가 만들어졌다. 당시 광복회는 사단법인에 불과하였고 실질적인 원호도 이루어지지 못하였다.

이때만 해도 아버지처럼 정통성 있는 광복군 출신들은 광복회 활동에 개입하지 않았다. 광복회가 독립정신을 고양하고 민족의식을 고취해 국민의 정신적 구심이 돼야 하는 데 그러지 못했다. 설립 초에는 친일 세력들이 자신들의 반민족 범죄를 가리기 위한 병풍으로 이용했다. 광복회 주축 인사들도 엉터리 사이비 독립운동가들이었다. 그때 임시정부 관련 단체에서 나온 독립운동사 책에는 일본군 출신인 박정희가 광복군 3지대 소속이었다는 내용도 있을 정도였다.

내가 재임 중 가장 먼저 하고 싶은 일은 인적 청산이었다. 광복회 상층

임원들이 그동안 권력에 추종하는 이들로 채워져 있었다. 다음으로 독립유공자 복지였다. 광복회는 그간 조직의 이해관계에만 관심을 두어 복지 확충에는 소극적이었다. 서울시 자료에 따르면, 2017년 독립유공자와 유족 1,115명을 대상으로 조사한 결과, 유공자 후손의 74.2%가 월 소득이 200만 원 미만이라고 답했다. 2019년 1월 현재 서울에 사는 독립유공자 후손은 3대손을 기준으로 1만7,000여 명이었다. 이에 독립유공자들이 경찰이나 군인 출신 등 다른 국가유공자보다 더 나은 예우를 받을 수 있도록 힘쓰려 하였다. 이 문제는 당시 서울시장이었던 박원순 씨를 만나 문제를 해결하고자 하였다, 그 결과 2020년 1월부터 독립유공자의 2, 3대 후손 중 기초생활보장 수급자거나 중위소득 70% 이하인 가구에 매달 20만 원씩 지급하기로 했다. 생활비뿐만 아니라 서울주택도시공사(SH)가 짓는 국민임대주택을 독립유공자 후손에게 특별공급하는 물량도 마련했다. 서울시는 2020년부터 입주가 시작되는 고덕강일·위례지구의 국민임대주택 178채를 독립유공자 후손에게 공급하기로 했는데, 국민임대주택 사업지구의 전체 물량 3,705채 중 5%에 해당하는 양이었다. 또한 서울시는 2020년부터 독립유공자의 4, 5대 후손 중 서울 소재 대학에 다니는 100명을 선발해 연간 장학금 300만 원을 지원하고, 4, 5대 후손들이 해외 독립운동 사적지를 찾아 자부심을 고취할 수 있도록 1년에 50명씩 선발해 해외 탐방을 지원하기로 했다. 하지만 이는 2020년 7월 박원순 시장이 사망하고 코로나 19로 인해 중단되고 말았다.

다음으로 지부의 일상 사업인 독립운동가 선양을 위한 역사 탐방이나 교육에도 관심을 두었다. 학술대회도 하고 내가 직접 교육도 하여 독립운동사를 이야기처럼 들려주려는 마음도 있었다. 내가 20여 년 전부터 이끈 '장준하 선생 장정 6천 리 답사' 기행에 그간 1천여 명이 참가했다.

나는 아버지의 모교인 한신대에서 초빙교수 자격으로 민족사나 독립운동사 강의도 한 경험이 있었기 때문에 자신 있었다.

당시 임시정부 군무부장과 의열단장을 지낸 약산 김원봉 서훈에 대해 갑론을박할 때였다. 정치권 일각과 보수언론은 김원봉 선생이 북 정권에 참여했다는 이유로 반대 목소리를 높이고 있었다. 아이러니하게도 반대편에서는 아버지의 김원봉 평을 논리 근거로 제시하여 곤욕스러운 적도 있었다. 아버지가 《돌베개》에서 김원봉을 공산주의 사상을 가진 분열주의자로 평했던 것을 들고 일어선 것이다.

그런데 그것은 당시 상황을 제대로 이해하지 못해서 빚어진 일이었다. 아버지는 일본군에서 탈출해 충칭 임시정부로 6천 리 장정할 때가 26살의 젊은 기독교인이었다. 청교도적인 생각을 하는 분이었다. 6천 리를 걸어 광복군 50명과 함께 임시정부에 도착하니 요인 한 사람에 당 하나씩이라는 말이 나올 만큼 파당이 많았다. 한데 뭉쳐 싸워도 부족한 판에 김원봉 선생이 술자리를 마련해 젊은 광복군을 끌어가는 걸 보고 화가 나셨다. 그래서 그런 말씀을 하신 것으로 알고 있다.

내가 10년 전인가 김원봉 선생의 고향인 밀양에 간 적이 있었다. 8·15 행사였다. 그때 부인 박차정 선생의 묘소를 가 봤는데 너무 외딴 곳이라 누추하였다. 독립운동가에 대한 예우가 아니라고 생각했다. 김원봉은 남한 사람이다. 친일 경찰 노덕술한테 수모를 당하고 월북하였지만 결국 김일성한테 이용만 당했다. 사회주의자냐 공산주의자냐를 떠나 나름대로 독립운동을 하신 분이다. 어찌 보면 남한이나 북 모두에 희생당한 분이다. 이제 통일로 가는 시대인만큼 그를 끌어안아야 하고, 국가보훈처도 통일을 대비한 미래 지향적인 보훈법을 만들어야 한다는 생각이다.

그때 또 하나의 이슈가 '친일찬양금지법' 제정이었다. 골수 친일파 후손은 공직에서 배제해야 한다. 지금 우리는 일본과 전쟁 중이라 해도 과언이 아니다. 임시정부는 일제가 태평양 전쟁을 일으키자 1941년 12월 10일 선전 포고했다. 우리가 해방을 맞이한 지 70여 년이 흘렀지만, 그게 아직 끝나지 않았다. 종전 선언도 없었고 일본 항복도 받지 못했다. 일본 극우는 이걸 잘 알고 있고 한국은 외교권도 없는 미국의 속국이라고 생각한다. 그들은 한국을 미국에 빼앗긴 것이라면서 언젠가 다시 가져갈 것이라는 착각 속에 있다. 1951년 9월 샌프란시스코 강화조약 때도 우리는 승전국에서 빠졌다는 것을 알아야 한다. 당시 일본은 극우주의자 아베가 총리로서 통치하던 때였다. 아베 내각은 2015년 5월 '집단자위권법안'을 결정하는가 하면, 2019년 7월 한국에 대한 수출규제 조치를 발표하였다. 그동안 간소화했던 반도체 제조에 필요한 3개 품목의 한국 수출 절차를, 90일이나 걸리는 일본 정부의 승인 절차를 거치도록 변경하겠다는 내용이었다. 한국에 대한 경제 보복 조치를 한 것이다. 당시 우리나라 대법원이 일제강점기 강제 징용 배상 판결에서 일본 기업의 자산 압류 및 매각 명령을 내렸기 때문이다. 총칼 없는 전쟁이었다.

이런 상황에서도 한국 사회는 친일과 민족진영과의 대결 구도로 굳어져 갔다. 이승만과 박정희 정권에 친일파와 지주 계층이 많았는데 지금 국민의힘에도 그 후손이 있다. 국민이 나라를 팔아 식민지가 된 게 아니다. 당시 엘리트들이 팔아먹었다. 지금 당장이라도 친일파들은 일본이 한국을 먹겠다고 나서면 협조할 것이다. 그 때문에 골수 친일파를 공직에서 정리하지 않으면 일본과 급박한 상황에서 그들이 일본 앞잡이 노릇을 할 것이다. 이런 상황을 지켜보면서 아버지가 말씀하셨던 "못난 조상이 되지 말자"라는 말이 떠올리곤 한다.

민족·국가와 나

임이출 지사와 함께 방송통신위원회를 찾은 독립운동가 후손들
(왼쪽부터 장호권·윤용황·임우철·김정육·황의형)

2020년 4월 14일, 종합편성채널 TV조선과 채널A에 대한 재승인을 결정하는 방송통신위원회를 찾았다. 생존 독립운동가 임우철(102) 지사를 비롯해 독립운동가 후손 1,544명이 "친일반민족 방송 TV조선·채널A 재승인 취소하라"라는 의견서를 제출하기 위해서였다. 독립운동가와 후손들이 특정 방송을 친일반민족 방송으로 규정해 채널 승인을 반대하는 목소리를 실명으로 낸 것은 이때가 처음이었다.

당시 시민단체나 교수들이 3년 전 조건부 재승인을 받은 상태에서 과락까지 받은 TV조선에 대해 '재승인 거부'가 내려져야 하며, 두 차례나 연거푸 봐주기 결정을 내린다면 방통위가 스스로 방송사 심사 권능을 무력화하는 셈이 되고, 기구의 존재 의미조차 부인하는 일이 된다며 거세게 항의하였다. 채널A는 언론으로서 존재를 의심케 하는 협박 취재 및 검언유착 의혹 사건으로 검찰 수사까지 받는 상황이었다. 이들 종편은 2011년 출범 이래 줄곧 막말·편파 보도, 반인권·반여성·반노동·반교육적 보도, 선정적 프로그램으로 여론을 왜곡한 주범이라고 지목을 받아왔다.

그뿐만 아니라 두 종합편성채널의 친일 반민족 방송 성향이 도를 넘었기 때문에 광복회 차원에서 재승인 취소를 엄중히 요구한 것이다. 이들 방송이 친일을 미화하는 국정교과서를 추진을 적극적으로 옹호하는가 하면 임시정부의 법통을 부정하는 '건국절' 논란, 일본군 성노예와 강제징용 관련 사법농단, '반일 종족주의' 등을 부추기고 선전, 선동하는 것을 막고자 한 것이다.

2021년 1월 31일, 뜻하지 않게 광복회로부터 '서울지부장 의원면직' 통보를 받았다. '의원면직' 형식이었지만, 일방적인 처사였다. 내가 그만두겠다는 의사를 표명한 적이 없기 때문이다. 18개월 동안 광복회 서울지부장 직을 성실히 수행해 왔는데도 나를 쫓아냈다. 표면상으로는 현실적으로 불가능한 부정을 행하려 했다는 것이지만 그 이유를 찾으라면, 당시 광복회가 회장의 사적 용도로 이용되고 국민 편 가르기가 너무 심하던 것을 비판한 것이다. 광복회장은 2021년 1월 독립운동가 최재형 선생 이름을 딴 '최재형상'을 추미애 당시 법무부 장관에게 수여하였고 이에 대해 최재형기념사업회가 "광복회가 상을 가로채 여당 정치인들에게 나눠주며 최 선생 명예를 훼손하고 있다"라고 비판하는 목소리가 커졌다.

이때 나는 김원웅 광복회장에게 정관에 명시된 것처럼 '정치적 중립'을 지키고, 재정집행을 상세히 공개하는 한편 인사의 공정성과 합리성을 지켜줄 것을 강력히 촉구하였다. 공법단체인 광복회 조직 자체가 정치성을 띠면 안 된다는 것이 나의 소신이었기 때문이다. 더욱이 광복회 내부에서는 각종 이권 사업이나 예산 집행을 불투명하게 하고 부회장과

민족·국가와 나

총무국장이 임의로 직원을 고용하거나 면직시키는 등의 비민주적인 행태로 꼬집었다. 나는 광복회가 몇 사람의 이기적인 이해관계에 얽혀서 대의명분과 정도를 망각하고 있고, 불합리한 인사행정, 방만한 재무행정, 불신과 분열을 조장하는 일부 이권 사업 등은 광복회의 존립 자체를 위태롭게 하고 있다는 점을 지적하였다.

급기야 2021년 4월 11일 용산구 백범김구기념관 야외광장에서 열린 제102주년 대한민국임시정부 수립 기념식에서 독립유공자 후손인 김임용 씨가 광복회장의 멱살을 잡는 불상사가 일어났다. 4월 23일에는 상벌위원회 회의에 앞서 광복회장을 지지하고 이해득실에 밝은 광복회 관계자와 그의 사퇴를 요구하는 광복회원이 뒤엉켜 고성과 주먹이 오가며 광복회관은 아수라장으로 변했다.

나는 이러한 광복회장의 행태를 보고 광복회의 앞날을 걱정하지 않을 수 없다. 나로서는 가만히 두고만 볼 수 없어, 일단 노동청에 일방적인 해고가 무효이고 노동법을 위반한 사항이라 판단하여 법원에 고소하였다. 정당한 절차를 밟지 않은 것은 비민주주의적일 뿐만 아니라 잘못된 것을 바로잡아야 한다는 나의 신념 때문이었다. 여기서 나는 사자성어인 '사필귀정(事必歸正)'을 되새겨 본다.

내가 이렇듯 광복회에서 쫓겨나고(?) 얼마 뒤 안타까운 일이 일어났다. 2021년 2월 15일 백기완 선생이 작고하신 것이다. 백기완 선생은 1970년대 아버지와 함께 민주화운동을 함께 했던 동지였으며 나에게는 작은아버지와 같은 존재였다. 평소 나는 백기완 선생을 삼촌이라 부르거나 백 당숙, 백 소장님이라 호칭하였다. 아버지가 홀연히 떠나가신 뒤에도 내가 많이 믿고 의지했던 분이었다. 그뿐만 아니라 끝까지 아버지 의문사의 진실을 밝히는데, 누구보다 앞장서셨고, 아버지를 기리는 일

서울대병원 장례식장에 마련된 백기완 선생 빈소에 조문하는 모습(2021.2.15)

에도 발 벗고 나섰던 분이셨다. 그분의 마지막 직함이 통일문제연구소 소장이었던 만큼 통일운동에 전 생애를 다 바쳤다고 할 정도로 열정을 가지셨다. 내가 가장 닮고자 하는 부분이다. 그랬던 분이 89세를 일기로 생을 마감하셨다. 2020년 1월 폐렴 증세로 서울대병원에 입원한 뒤로 투병 생활을 해오시다가 끝내 병마를 이기지 못하였다.

내가 돌아가시기 전에 백 선생님 병문안을 간 적이 있다. 그 때 백 선생님은 "너희 영감, 참 맑고 진짜 깨끗하게 살다간 분이었다. 그런 사람을 만나 본 적이 없어. 진짜로 너의 영감은 맑고 깨끗한 분이야. 그건 내가 보증해"라고 하시면서 눈물을 흘리셨다. 백 선생님은 아버지를 '영감'이라 불렀다. 그 자리에서도 백 선생님이 얼마나 아버지를 존경하였는지를 새삼 깨달았다.

2월 19일 오전 서울 시청광장에서 백기완 선생의 영결식이 거행되었다. 대형 영정 뒤편에는 철조망을 끊는 백 선생의 모습이 담긴 민중화가

민족·국가와 나

그려져 있었다. '임을 위한 행진곡'이 영결식의 시작을 알렸다. 그날 투쟁의 거리에서 항상 대열의 맨 앞에서 백기완 선생의 옆자리를 지켰던 문정현 신부가 조사하였다. 문 신부의 울음 섞인 채 절규하는 목소리에 나도 그만 울컥하고 말았다. 선생은 마석모란공원에 안치된 전태일 열사 옆에 묻히셨다. 지금도 언제나처럼 흰 두루마기 입고 백발을 휘날리면서 포효하던 모습이 그립다.

광복회 서울시 지부의 지회장들과
함께 6000리 대장정에 나서다.

내가 서울지회장 재임 중에 추진하였던 것 중에 가장 의미 있던 일은 '청년 광복군 6000리 대장정'을 추진한 일이다. 중국 임천, 남양, 노하구, 신농가 등을 거치는 코스였다. 『돌베개』에 근거해 일정을 짰다. 2019년 11월 13일부터 19일까지 독립유공자 후손 19명과 일반시민 14명과 함께 청년 광복군들의 흔적을 찾아 대장정을 실시하였다. 후손들이라고 하지만 대개 지회장들이었기 때문에 백발이 성성한 70대 노인들이었다. 이전에 기념사업회 차원에서 대장정 프로젝트를 추진한 적이 있었지만, 독립유공자 후손들이 단체로 대장정 6000리를 밟은 것은 그때가 처음이었다. 탐방대는 학도병들의 발자취를 느껴보려 애썼다.

33명의 탐방대는 인천공항에서 출발하여 상하이 푸둥공항을 거쳐 서주에 도착한 뒤 곧장 75년 전을 상상하며 한인 학병이 복무했던 일본 쓰카다부대 터부터 찾았다. 지금은 중국 인민군(공정병지휘학원)이 자리하고 있었다. 하지만 광복회가 2003년 설치한 기념비가 사라지고 없었다. 중국 측에서 철거 전 협의를 요청해 오지 않았다. 결국 비석의 행방이나 존재 여부조차 모르는 상황이 되고 말았다. 쓰카다부대 학병이었던 아버지를 비롯한 김영록·윤경빈·홍석훈 선생은 1944년 7월 7일에 탈출하였다. 그날은 중일전쟁 발발 7주년 기념일이었다. 일본 왕이 하사한 술과 음식으로 부대 분위기가 느슨해진 틈을 타 철조망을 넘었다. 일행은 돌산을 넘어 동북쪽으로 향했으나 이내 길을 잃고 말았다. 그렇게 하루를 헤매다가 친일본 세력인 중국 군벌 왕정위군의 추격을 받았지만, 중국 중앙군 소속 유격대에 의해 극적으로 구조됐다. 이때 평생 동지가 된 김준엽 선생을 만난다. 김준엽 선생 역시 일본군을 탈출한 뒤였다.

탐방대는 그곳을 떠나 버스로 30여 분 달려 불로하에 다다랐다. 탈출한 학병들이 몸과 마음을 씻었던 곳이다. 이곳에서 함께 애국가를 부르기도 했다. 불로하 주변은 70여 년이 흘렀지만, 예전과 마찬가지로 척박했다. 나는 그곳에서 이렇게 험한 지대에서 살아남았으니, 나라를 딱하게 생각한 신이 살려주셨다고밖에 할 수 없겠다고 생각하였다. 탐방대원들은 불로하를 배경으로 기념사진을 찍었다.

다음 행선지는 임천이었다. 1944년 8월 임천에 도착한 학병들은 중국 중앙군관학교 임천분교의 한국광복군훈련반(한광반)에 입소했다. 그들이 훈련받았던 연병장은 임천 제4중학교가 들어섰다. 탐방대가 그곳에 들리자 학생들은 신기한 듯 쳐다봤다. 시골 마을에 외국인이 방문하는 일은 좀처럼 드물었기 때문이다. 탐방대가 건네준 태극기 문양 휴대전화 고리를 받아든 학생들은 해맑게 웃었다. 학병들은 목총 한 자루도 없이 시간만 보내다가 3개월 만에 그곳을 떠나 충칭 임시정부로 향했다. 한광반을 수료한 학병들은 중국군 준위 계급장을 받았다. 이때 4명에 불과했던 학병은 53명으로 늘어났다. 이들은 일본군 보급로였던 평한선을 건너 남양을 향해 평균 100리(약 39km)를 걸었다. 나그넷길에 식사와 잠자리가 성할 리 없었고 옴에 걸려 고생하기도 하였다.

이들이 중국 중앙군 남양전구사령부에 도착했지만, 인근 마을에서 2

파촉령

주 동안 마물렀고 보급품도 제대로 지급되지 않았다. 매일같이 남양전
구사령부에 찾아가 독촉한 끝에 동복, 외투 등 보급품을 받아냈다. 그들
이 중국군 준위 계급이었고 김준엽 선생을 중심으로 중국군과 타협을
잘 이뤘기 때문이었다. 이후 학병 일행은 그곳을 떠나 사흘 만에 노하구
에 당도했다. 그곳에는 광복군 제1지대의 분견대가 있었다. 분견대의 인
원은 3명에 불과했다. 그들은 처음에는 충칭으로 가는 비행기·배편 등
편의를 제공하겠다고 했다가 돌연 제1 지대를 보강하자고 제안하였다.
자신의 세력으로 포섭하려 접근한 것이다. 학병 일행은 이를 뿌리치고
다시 길을 재촉했다.

　하지만 충분한 돈과 식량이 없으면서 험준한 파촉령을 넘는다는 것은
불가능해 보였다. 이에 학병들은 김준엽 선생을 앞세워 중국군 제5전구
사령부인 이종인 부대와 접촉했다. 이때 학병들은 이종인 부대의 종용
아래 현지 학생들의 학도병 지원을 장려하는 운동에 참여하였다. 이들
이 연출한 연극 등 연예 프로그램은 연일 무대에 올랐고 중·고등학생뿐

　　　　　　　　　　　　　　　　　　　　　　　민족·국가와 나

만 아니라 그곳 주민들에게까지 화제가 되었다. 이를 연출한 것은 아버지였다. 마지막으로 시민회관에서 공연했는데, 막이 내려올 때 아버지가 쓰러지고 말았다. 그간 너무 무리한 탓이었다. 이에 몇 곳의 병원 문을 두드렸으나 모두 거절당했고 복민병원에서 겨우 의사를 만나 진료를 받았다. 탐방대가 버스로 비포장도로를 한참 지난 끝에 복민병원 터에 도착했지만, 출입이 제한돼 들어가지는 못했다. 인근의 역사박물관에서 복민병원 사진으로 만족해야 했다.

공연을 통해 얻은 노자를 확보한 뒤 각자 양말과 가죽구두를 한 켤레씩 사서 파촉령 등반 채비를 마쳤다. 탐방대도 그곳에 도착했다. 지금은 '신농가'로 불린다. 빼어난 경관과 보존 가치를 인정받아 중국 내 유일한 '유네스코 자연과학 분야 3관왕'(세계생물권보전지역, 세계지질공원, 세계자연유산) 지역이다. 그곳에서 탐방대는 기암괴석이 펼쳐진 판벽암과 해발 3,106m로 가장 높은 봉우리인 신농정 등을 돌아봤다.

목숨을 내걸고 추운 겨울 눈 덮인 파촉령을 넘은 학병들은 마침내 양자강 지류가 흐르는 평지에 이르렀다. 노하구를 떠난 지 13일 만이었다.

중경 임시정부에서 단체 사진 촬영

이들은 파동으로 이동한 뒤 충칭행 배에 올랐다. 8일 만에 꿈에 그리던 임시정부가 머물던 충칭에 도착했다. 1945년 1월 31일 이들은 김구 주석 등 요인들로부터 환영을 받았다. 김구의 환영사에 이어 아버지가 답사하였는데, 이를 듣고 있던 김구 선생은 울음을 터뜨렸다. 이내 장내는 울음바다가 되었다.

탐방 마지막 날 충칭 임시정부를 찾았다. 흐린 날씨 속 빗방울이 조금씩 떨어졌다. 청사를 둘러본 뒤에 독립운동가 후손들은 임시정부 계단에서 기념사진을 찍으면서 그날의 감동을 체험했다. 그들이 고비를 넘길 때마다 '또다시 못난 조상이 되지 말자'라고 다짐했던 것을 되새겼다.

큰딸, 원경이를 먼저 보내다.

2021년 10월 25일, 미국에서 비보를 접했다. 미국에서 변호사로 활동하던 딸은 1년 전쯤 암이 발병돼 치료를 받던 중이었다. 1976년생으로 45살, 짧은 삶을 살다 갔다. 아버지가 1975년 8월에 세상을 떠났기에 첫 손주도 보지 못했다. 1979년 나는 국내에서는 더는 활동하기 어려워서 첫딸과 아내를 한국에 남겨두고 혼자 말레이시아로 떠나갔다. 당시 가족들에게는 정부 감시의 눈길이 끊이지 않았고 여권조차 나오지 않았다.

김영삼 정부가 들어선 1992년, 10년 만에 싱가포르에서 방 한 칸을 얻은 뒤에 가족과 상봉했다. 큰딸은 중학생이 됐고 작은딸은 네 살이었다. 가족이 도착한다는 소리에 밥솥을 빌려다 밥을 짓고 반찬을 사 왔다. 신문지를 펴놓고 일회용 접시에 밥을 먹는데 그만 젓가락, 숟가락을 못 챙겨서 밖에 나가 나무를 꺾어 젓가락을 만들어 한 끼를 해결한 적도 있었다. 가족을 불러다 놓고 어찌 살까 막막했지만, 가장으로서의 책임감에 열심히 살았더니 돈이 모이기 시작했다. 한때는 제법 비싼 집도 한때 살았던 적도 있었다. 하지만 거래했던 현대건설이 법정관리에 들어가면서 공사대금을 받지 못해 집도 날리고 원래 상태로 돌아가고 말았다.

이런 가운데 두 딸은 성장하였다. 나는 둘을 미국에 유학을 보냈다. 큰애는 미국 컬럼비아대학을 졸업하고 변호사가 되었고, 작은애는 뉴욕대학을 나와 투자 회사에서 일하였다. 그때 두 딸에게 국적을 절대 버리지 말라며 미국 시민권을 못 받게 했다. 그런데 큰애가 월급이 차이가 난다고 하는 바람에 영주권까지만 허락했다. 큰애는 한국에 들어오면, 세계를 상대로 한국의 국제적 분쟁, 법적 문제들을 해결하고 싶다고 하였는데, 그만 세상을 뜨고 말았다.

나는 미국으로 건너가지 못하고 둘째 딸로 하여금 유골을 수습하여, 2021년 11월 4일 비행기 편으로 돌아왔다. 다음날 5일 오전 파주 장준하 공원에서 노제를 지냈다. 아버지와 손녀가 한자리에 섰다. 무너지는 가슴을 헤아릴 수 없는 왠지 모를 서러움이 받쳤다. 그 뒤 아버지 묘역 근처에 있는 검단사 납골당에 안치하였다. 아버지를 높이 평가하던 사찰 측에서 딸을 위해 납골당 자리를 마련해줬다.

그런데 그곳은 10월 26일 사망한 노태우 전 대통령의 유골이 임시 안치돼있었다. 평소 노 전 대통령의 뜻에 따라 유족들은 파주 통일동산 인근에 장지를 마련하기 위해 파주시와 조율 중이었다. 아버지와 노태우 씨가 관련은 없지만, 노 씨의 뿌리인 군부 정권의 탄압으로 해외에 나가 평생 타지에서 살았던 딸이 잠시지만 노 씨와 같은 곳에 눕게 된 상황이 아이러니하고 묘했다. 당시 통일동산 인근 노 전 대통령 묘역 조성을 두고 찬반 의견이 갈렸지만, 나는 대한민국 정통성, 정체성, 역사의 문제라 노 씨의 국가장과 국립묘지 안장은 반대했지만, 파주 안장에 대해서는 입장을 따로 밝히지 않았다. 그 뒤 파주시는 "평화와 화해를 위한 대승적 차원에서 고인의 묘역 조성 요청을 수용하겠다"라고 밝혔다.

나는 11월 5일 딸의 유골을 검단사에 안치하고 이후 매일 그곳을 찾았다. 바로 옆자리에 노태우씨의 유골이 있었기 때문에 똑같이 차 공양을 하였다. 이런 소식을 전해 들은 노태우 씨의 아들 재헌 씨가 날 찾아와 고마운 마음을 전하기도 하였다.

글을 마치며

70여 년의 삶을 회고하는 글을 마치고 나니 왠지 허전한 느낌이다. 아마도 나름대로 열심히 살았다고 자부하였는데 막상 글로 정리를 하다 보니 빠지고 엉클어진 부분이 적지 않다. 아마도 더 오래 살면서 마무리를 잘 지으라는 뜻인 모양이다. 아니 그 전보다 하고 싶은 일이 많아졌는지도 모르겠다.

내가 돌아다보니 아버지로부터 물려받았다고 생각되는 것이 하나 있는데 그것이 특출한 예지력이 아닌가 한다. 아버지는 미래를 내다보는 판단력이 남달랐다. 내가 판단하건대 아버지로부터 그러한 재능을 물려받은 것처럼 느껴진다. 어릴 때부터 재떨이 심부름을 하면서 귀동냥으로 주워들었던 '훈련(?)'의 덕분이라 생각한다. 내가 고등학교에 다닐 때는 어르신들이 정치 이야기하는 걸 들으면 제 머리에 답이 나올 정도였다. 지금 80을 바라보는 나이가 되어서는 어떤 문제에 대해 정리하고 결론을 내리는 걸 유산으로 받았다는 것을 절감한다. 그렇다고 정치권에 발을 들여놓겠다는 것은 아니다.

아버지가 일구고자 한 것을 나름대로 실천하고자 하였는데 미흡한 것들이 너무 많은데 이를 마무리하는 데 전념하고자 한다.

첫째, 평안북도 의주군 고성면 연하동에 있는 아버지 생가를 방문하고 복원하는 일이다. 물론 이는 평화, 통일운동과 맞닿아 있는 나의 책무이다.

둘째, 그동안 몇 차례 추진했으나 중단하였던 ≪사상계≫를 복간하는 일이다. 복간할 사상계도 아버지가 평생 신념으로 삼았던 '민족과 민주'를 편집방침으로 정하고자 한다. 다만 세월의 흐름과 시대의 변화만큼 형식과 내용은 신세대 젊은이에게 맞게끔 바꿀 생각이다. 더욱이 과거 실패의 경험을 살펴 보다 치밀하게 계획하여 다시 시도하고자 한다. 나 혼자보다는 같이 할 수 있는 사람들을 찾는 것이 시급하다. 여하튼 내 건강이 허락하는 한 복간 사업은 계속할 생각이다.

셋째, 2015년 이후 중단된 '아, 장준하 구국장정 6000리' 프로그램을 재개하고자 한다. 나라와 민족을 위한 아버지의 발걸음은 '의문의 죽음'으로 멈췄지만, 제2, 제3의 장준하가 살아 있는 한, 진정한 독립을 향한 장정은 끝난 게 아니기 때문이다. '아, 장준하 구국장정 6000리' 답사를 통해 광복군에서의 항일 독립운동과 ≪사상계≫를 통한 지식인 운동, 반독재·민주화·통일운동에 바친 아버지의 삶을 돌아보아야 할 이유가 분명하기 때문이다.

넷째, '일주명창; 심지 하나가 창을 밝힌다'라는 생각을 가지고 나라의 미래를 위해 헌신하고자 한다. 우리 후손들이 미래에 이 땅 한반도에서 어떻게 살아야 할까를 고민하면, 결국 그 답은 통일밖에 없다고 생각한다. 이는 민족의 지상명령이다. 분단된 상태가 계속되면 미래에 우리 민족이, 후손들이 지금보다 더하면 더했지, 더 좋게는 못 살 것 같다. 그래서 미래에 우리 후손들이 좋은 땅에서 살게끔 만들어 줄 방법은 단 한 가지, 통합과 통일이라는 생각을 하며 그와 관련한 사업을 전개하고자 한다. 통일은 정치나 군사, 경제 이런 문제로 풀리는 것이 아니다. 국민이 서로가 아무 이해관계없이 소통할 때 진정한 통일을 이룰 수 있다. 이를 실천하기 위하여 파주에 장준하 통일학교를 설립하고자 한다. 이것이 아버지의 신념을 지키는 나의 마지막 임무인 듯하다.

장준하 연보

1967.3.	4자 회담을 주선, 야당 통합 추진, 신민당에 입당
1967.4.	대통령 선거운동 중 국가원수모독죄로 1달간 옥고
1967.6.	옥중 출마로 서울 동대문 을구 국회의원에 당선
1970.2.	새로운 민족세력의 규합을 위하여 신당 운동 추진
1971.	'민주 수호 국민 협의회'에 참여
1973.12.	'민주주의 회복을 위한 개헌 청원 백만인 서명 운동'주도, 구속
1973.2.	민주통일당 창당에 참여, 최고위원에 임명
1974.4.	15년 징역형을 선고받고 복역. 12월에 형 집행 정지로 석방
1975.8.17.	포천군 약사봉에서 의문사로 사망
1991.8.15.	건국훈장 애국장 추서
1993.4.15.	제1회 한신상 수상
1999.11.1.	문화훈장 금관장 추서

장호권이 걸어온 길

1949.5.14.	출생
1965.3~1967.2.	이화여자대학교 사범대학 부속고등학교 졸업
1968.6~1971.9	해군 복무
1971.9.	군 제대 후 아버지 수행비서 역할
1973.2.	제9대 국회의원 선거원으로 활동
1973.12.	'헌법개정백만인서명운동' 전개
1975.5.	결혼
1975.8.17.	아버지, 의문사를 당함
1976.3.1.	장녀 장원경 출생
1979.	말레이시아로 도피성 외유 떠남
1981.	싱가폴로 두 번째 외유 떠남
1986.11	차녀 장원희 출생
1995.5.	장준하선생20주기추모사업회(대표 김준엽) 결성
1996.8.	고 장준하선생추도식준비위원회 결성
1998.	싱가폴 한인회 부회장
1998.	민주평화통일 자문회의 자문위원
1998.11.	장준하선생기념사업회 출범(종로 기독교연합회관)
1999.8.	제1회 '아, 장준하 구국 대장정' 행사 개최
2004.12.	영구 귀국
2005.10.	《사상계》 자매지 성격의 인터넷 경제신문 <프라임경제> 창간
2007.1.	'사상계 복간추진위원회 발기인대회' 개최

2007.6.	≪사상계≫ 복간준비호 발간
2007.11.	고구려문화연구회 이사장 취임
2007.	연세대학교 언론홍보대학원 최고위과정 수료
2008.4.	제18대 총선에 출마, 낙선
2012.8.1.	장준하공원 조성과 첫 번째 개묘
2012.9.	장준하선생 암살 의혹 규명 100만인 서명운동 전개
2012.9.	'장준하선생암살의혹규명국민대책위원회' 발족
2012.9.	시대교체국민연대 자문위원
2012.10.	'장준하 암살의혹 규명 국민대책委' 출범
2012.12.	두 번째 개묘. 시묘살이
2013.1.	긴급조치 1호 위반 재심 요청
2013.12.	'장준하 사건 등 진실규명과 징의실현을 위한 과거사청산 특별법' 발의
2013.12	희망시민연대 공동대표 추대
2014.3	3.1절 기념 타종행사 참여
2015.1	한국독립유동자협회 사무총장에 취임
2016.	독립유공자협회 사무총장
2017.4.	제19대 대통령 출마 선언
2018.2.	통일광복민족회의 공동의장에 선출
2018.7.	어머니 별세(92세)
2018.8.	'장준하 100년 위원회 공동위원장' 추대
2019.1.	한신대학교 초빙교수 임명
2019.4.	장준하기념사업회 회장 취임
2019.7.	광복회 서울지부장 임명
2019.9.	장준하 평화관 건립 추진위원회 결성
2019.11.	'장준하시비이전위원회'(위원장 이경형) 결성

민족·국가와 나

1판 1쇄   2022년 2월 18일
저 자   장호권
펴낸이   유필남
표낸곳   도서출판 역사路
등 록   553-93-01280
e-mail   historyroad@naver.com
인 쇄   삼아인쇄사
ISBN   979-11-975004-2-8
가 격   20,000원